A (DE)LIMITAÇÃO DOS DIREITOS FUNDAMENTAIS

P324d Paula, Felipe de
       A (de)limitação dos direitos fundamentais / Felipe de Paula. – Porto Alegre: Livraria do Advogado Editora, 2010.
       167 p. ; 23 cm.
       ISBN 978-85-7348-658-2

       1. Direitos e garantias individuais. I. Título.

                                              CDU – 342.7

       Índice para catálogo sistemático:
       Direitos e garantias individuais   342.7

       (Bibliotecária responsável: Marta Roberto, CRB-10/652)

Felipe de Paula

A (DE)LIMITAÇÃO DOS DIREITOS FUNDAMENTAIS

Porto Alegre, 2010

© Felipe de Paula, 2010

Capa, projeto gráfico e diagramação
Livraria do Advogado Editora

Revisão
Rosane Marques Borba

Direitos desta edição reservados por
Livraria do Advogado Editora Ltda.
Rua Riachuelo, 1338
90010-273 Porto Alegre RS
Fone/fax: 0800-51-7522
editora@livrariadoadvogado.com.br
www.doadvogado.com.br

Impresso no Brasil / Printed in Brazil

Agradecimentos

Sempre observei com interesse os agradecimentos postos em dissertações e teses acadêmicas. Se o lado emotivo da gratidão tornava-se explícito, causava estranheza a opção de externalizar algo que, talvez, seja o mais pessoal dos sentimentos. Todavia, não consegui de forma alguma me afastar da tradição, compreendendo em sua plenitude o chamado que nos leva a homenagear todos aqueles que foram e são importantes em nossa trajetória. Peço desculpas ao desavisado leitor, desde já, pela razoável extensão do trecho; adianto, porém, que para o autor foi esse livre mister um dos mais prazerosos.

De início, não posso deixar de agradecer aos professores e funcionários da Faculdade de Direito da Universidade de Coimbra, em especial aos Profs. Dr. Aroso Linhares, João Loureiro e Pedro Gonçalves, pela lição de docência de qualidade aliada à simplicidade e à humanidade no trato cotidiano.

Ao Prof. Dr. José Carlos Vieira de Andrade, orientador da dissertação que originou esse trabalho, meu sincero agradecimento àquele que recebeu com simpatia e entusiasmo a mistura de timidez e petulância de um aluno que, no primeiro contato, propôs discutir uma de suas teses. Aos Prof. Dr. Jorge Reis Novais e Dra. Maria Benedita Urbano, que completaram a banca de mestrado, meu agradecimento pelo interesse ofertado e pelo debate instigante.

À Faculdade de Direito da Universidade de São Paulo, meu muito obrigado pela formação intra e extramuros, bem como pelas vitórias que suas arcadas me proporcionaram. Sou seu ferrenho crítico exatamente por acreditar em sua história, em sua força e em seu longo caminho a percorrer. Agradeço, em especial, ao Prof. Luís Virgílio Afonso da Silva, exemplo de docência comprometida, por despertar meu interesse pelos direitos fundamentais.

Aos professores da Sociedade Brasileira de Direito Público – SBDP, nas pessoas de Conrado Hübner Mendes e Carlos Ari Sundfeld, o agradecimento aos que resgataram um frustrado estudante e que lhe devolveram, ainda que inconscientemente, a crença no estudo do direito e em seu quiçá adormecido potencial transformador. E à Escola de Direito de São Paulo da Fundação Getulio Vargas – Direito GV, em especial ao seu programa de Educação Continuada e de Pós-graduação – GVlaw, meu sincero agradecimento pela abertura das primeiras portas profissionais e pelo privilégio de ter trabalhado com professores do gabarito de Marcelo Neves e José Reinaldo Lima Lopes, dentre tantos outros. Um abraço muito especial a Emerson Fabiani e Fábio Durço, partícipes do início dessa empreitada, que me emprestaram, cada um ao seu modo, seus exemplos irrepreensíveis de trabalho e humildade.

Ao Prof. Ingo Sarlet, finalmente, agradeço a docência, a crença nesse texto e o auxílio incondicional. À Livraria do Advogado expresso gratidão pelo acolhimento de um jovem autor, e a Francisco Schertel Mendes, retribuo as infindáveis discussões de mérito que me fizeram repensar uma série de posicionamentos aqui adotados.

Aos meus amigos de Ribeirão Preto, quente e querida terra natal, agradeço a convivência ainda tão forte, longa e duradoura. E principalmente a oportunidade que me oferecem de voltar, sempre que desejado e necessário, às minhas raízes. Saibam que são os irmãos que, por não os ter, verdadeiramente escolhi, e que certamente escolheria novamente.

Aos fraternos companheiros Paulo Macedo Garcia Neto, Regis Anderson Dudena, Rafael Francisco Alves, Igor Volpato Bedone, Thomaz Henrique Pereira e Daniel Campos de Carvalho, meu muito obrigado intransitivo. Tenho certeza de que toda a partilha de aflições e conquistas não será em vão, e que continuaremos lutando juntos, para todo e sempre, com brilho nos olhos.

Aos grandes cúmplices de faculdade, cuja lista de alcunhas fica inviabilizada, expresso a felicidade e o orgulho de vos ter conhecido. Nosso exemplo de companheirismo em um meio tão competitivo não nega vossa índole. Fica, ainda, um agradecimento especial a Celso Leo Yamashita e a Gabriel Ducatti Lino Machado pelo auxílio na revisão do presente texto.

Aos amigos do Programa de Mestrado da Faculdade de Direito da Universidade de Coimbra, que partilharam descobertas em terras lusitanas, um abraço sincero. Fui apresentado ao verdadeiro Brasil, em todas as suas peculiaridades, quando menos esperava. Aos colegas portugueses, por seu turno, agradeço a acolhida carinhosa, expressando meu orgulho em ver honestidade e caráter sobressaírem-se frente aos desmandos da fugacidade.

No eixo São Paulo-Brasília, agradeço inicialmente a funcionários e dirigentes do Ministério da Justiça. Laborar com a finalidade inequívoca de auxiliar, ainda que de maneira mais intermitente do que se gostaria, no desenvolvimento justo e igualitário de um país ainda tão carente e desigual é, certamente, a experiência profissional de maior satisfação que um sonhador pode ter. Nunca foi tão verdadeira a percepção de que a utopia serve para se continuar caminhando.

Nesse ponto, cabe ainda agradecimento enfático à Secretaria de Assuntos Legislativos e, em especial, a Pedro Vieira Abramovay, amigo brilhante, de futuro inconteste, cuja generosidade inigualável não cansa de surpreender todos aqueles que o cercam. A Luiz Guilherme Mendes de Paiva e Leandro Galluzzi dos Santos, companheiros de amizade e de trabalho, um muito obrigado pela partilha cotidiana, de maneira leve e agradável, do sonho comum de justiça.

Ainda nessa espécie de grande encontro, deslocado com parcimônia para a capital federal, agradeço aos que fizeram e ainda fazem os dias e as noites de Brasília mais felizes. Sintam-se devidamente abraçados. Não posso deixar de adiantar, porém, pessoas extremamente importantes para minha formação humana: falo de Ivo Corrêa, Davi Tangerino, Luiz Gustavo Bambini, André Abbud, Maria Virgínia Mesquita, Mariana Levy, Marcelo Behar e Daniel Arbix que, cada um a seu modo, ajustaram minha forma de enxergar o mundo.

Finalmente, como não poderia deixar de ser, meu agradecimento essencial: muito obrigado à pequena e predominantemente feminina família "de Paula", com leves toques de "Sezefredo", cujo ápice genealógico não poderia deixar de ser uma fantástica Margarida. Sua veia aguerrida e sua retidão ideológica são a melhor herança que alguém já sonhou receber. À Dra. Aurora Aparecida de Paula, minha querida mãe, por fim, devo tudo. Que cada linha desse trabalho valha ao menos uma gota de seu incansável esforço e de seu exemplo. Nossa luta por um mundo melhor continua, pra fazer valer a pena. Sua presença é fundamental, nossos laços são imanentes, meu amor é ilimitado.

Prefácio

Há temas que não perdem em atualidade e relevância. A problemática relativa aos limites e restrições de direitos fundamentais seguramente constitui um desses tópicos que seguem merecendo a atenção da doutrina e da jurisprudência, ainda mais considerando o perfil do direito constitucional positivo brasileiro e a ainda relativamente escassa (embora a existência já de diversas monografias de elevado valor entre nós) literatura, enfrentando aspectos específicos da dogmática dos direitos fundamentais, como é o caso, precisamente, da obra que ora tenho a honra e o privilégio de poder prefaciar.

Trata-se, como convém destacar, de texto que corresponde à dissertação de Mestrado apresentada pelo autor, Felipe de Paula, na prestigiada Faculdade de Direito da Universidade de Coimbra, onde obteve grau máximo, nota que resulta ainda mais valorizada considerando que se cuida de dissertação orientada pelo Professor Catedrático Doutor José Carlos Vieira de Andrade, autor de referencial e festejada obra sobre os Direitos Fundamentais na Constituição da República Portuguesa de 1976, publicada pela Editora Almedina, de Coimbra, além de arguida pelo Professor Jorge Reis Novais, da Universidade de Lisboa, autor de paradigmático trabalho sobre as restrições não expressamente autorizadas a direitos fundamentais, publicada pela Coimbra Editora, tendo a banca examinadora contado ainda com a ilustre presença da Professora Doutora Maria Benedita Urbano, igualmente da Universidade de Coimbra. Tais credenciais, por si não apenas legitimam como mesmo tornam cogente a publicação da obra, de modo a ocupar o seu merecido lugar na constelação dos importantes estudos sobre o tema em língua portuguesa, com destaque para o cenário brasileiro.

Sem que se pretenda formular um juízo sobre as posições esgrimidas pelo autor, o que nos move, para o efeito de contribuir para a difusão do trabalho no meio acadêmico e – é o que se espera – também na seara dos profissionais encarregados da concretização da gramática constitucional dos direitos fundamentais, é destacar a qualidade do texto e a felicidade da escolha do enfoque, qual seja, o dos assim designados limites imanentes dos direitos fundamentais, tema que embora tenha sido versado no contexto de outros trabalhos de envergadura e qualidade (destaque-se, no Brasil, a recente publicação da tese de titularidade defendida por Virgílio Afonso da Silva na USP), fazia por merecer um tratamento monográfico dedicado, em face da sua relevância e dos diversos aspectos polêmicos (de ordem teórica e prática) que lhe são inerentes. Embora a nossa formação pessoal de matriz germânica sempre possa lamentar a ausência de importantes textos de autores alemães, onde o tema encontrou o seu maior desenvolvimento, em termos quantitativos e qualitativos, o autor logrou, de modo notável, rastrear e bem aproveitar (o que nem sempre ocorre) as bibliografias nacional, portuguesa e espanhola mais representativas e atualizadas, que, em boa parte, remetem aos principais textos alemães, além de considerar as traduções dos referenciais trabalhos de Robert ALexy, Martin Borowski, Peter Häberle e Konrad Hesse, apenas para citar alguns dos mais ilustres autores que se dedicaram ao tema na Alemanha.

O sumário, bem estruturado, por si só já revela a capacidade de análise sistemática e crítico-reflexiva do autor, a organização da linha de raciocínio, a avaliação das principais posições doutrinárias e a necessária dose de criatividade, tanto no que diz com a apresentação das ideias dos autores acessados, quanto no concernente às posições próprias e mesmo às proposições elaboradas. O texto, escorreito e bem vazado, torna a leitura agradável e, o que é mais importante, obedece aos padrões de clareza e consistência argumentativa corretamente cobrados pelo autor em relação ao processo decisório em sede de limitação de direitos fundamentais. A inserção de um epílogo, contendo a essência das críticas formuladas pela banca examinadora, assim como a posição do autor em relação às objeções que foram endereçadas ao texto da dissertação, revela sua honestidade intelectual e a saudável humildade que deveria caracterizar todo aquele que sabe que nenhum trabalho é completo ou definitivo, muito menos imune a críticas, mas que existem trabalhos sérios, cientificamente robustos, sustentados e sustentáveis argumentativamente, destinados a contribuir para o desenvolvimento do tema. Que o livro ora prefaciado e levado a público por meio da Livraria do Advogado Editora (que mais uma vez soube apostar em jovens talentos e obras promissoras) integra este seleto rol, é algo que deve ser enfatizado. A nossa esperança é de que o Felipe de Paula e sua obra sobre a (De)Limitação dos Direitos Fundamentais encontrem a merecida acolhida pelo público leitor e no âmbito da crítica acadêmica.

Porto Alegre, julho de 2009.

Prof. Dr. Ingo Wolfgang Sarlet
Titular da Faculdade de Direito da PUCRS,
Professor da Escola Superior da Magistratura (AJURIS)
e Juiz de Direito

Sumário

Nota de apresentação 17

Introdução
1. Apresentação 19
2. Delimitações e pressupostos metodológicos 20
3. Desenvolvimento argumentativo 25

Capítulo I
Delimitação temática e conceitos prévios: objeto, conteúdo, âmbito de proteção e suporte fático dos direitos fundamentais

1. Precisões temáticas e conceituais 27
   1.1. Texto, norma e direito fundamental 27
   1.2. A opção pelos direitos, liberdades e garantias 30
   1.3. Limites, restrições e direitos fundamentais 33
       1.3.1. A possibilidade de limitação de direitos fundamentais 34
       1.3.2. Dois problemas posteriores 36
       1.3.2.1 A questão da reserva de lei e as modalidades de restrição 36
       1.3.2.2. A questão dos limites aos limites 40
       1.3.3. Limites e restrições 45
   1.4. Objeto de análise 48
2. Objeto, conteúdo, âmbito de proteção e suporte fático dos direitos fundamentais ... 49
   2.1. As visões tradicionais 50
   2.2. O conceito de suporte fático 52
3. Suporte fático e teorias de limites e restrições a direitos fundamentais 53
   3.1. Suporte fático restrito 54
   3.2. Suporte fático amplo 60
   3.3. Visões híbridas: a concepção restritiva mitigada de J. Reis Novais 63

Capítulo II
Teoria interna, teoria externa e os limites imanentes dos direitos fundamentais

1. Proposta de Desenvolvimento 65
2. Comunitarismo e Individualismo 67
3. Teoria Interna 69

3.1. Histórico e Características 69
3.2. A dificuldade de uma conceituação homogênea 72
3.3. Estratégias de limitação interna: os limites imanentes dos direitos
fundamentais 74
   3.3.1. Tentativa de sistematização e ressalvas metodológicas 75
   3.3.2. Estratégias dogmático-interpretativas de limitação imanente 77
      3.3.2.1. Abuso de direito 77
      3.3.2.2. Os direitos de terceiros ou os limites de não perturbação 79
      3.3.2.3. A cláusula de comunidade ou exigências mínimas de vida em
            sociedade 80
      3.3.2.4. As leis gerais 81
      3.3.2.5. A ordem pública e a cláusula geral de polícia 82
      3.3.2.6. As relações especiais de poder ou de sujeição 83
      3.3.2.7. O art. 29, n. 2, da Declaração Universal dos Direitos do Homem 85
   3.3.3. construções teóricas de relevo: as visões de F. Müller e de P. Häberle 86
4. Teoria externa 91
   4.1. Histórico e características 91
   4.2. Teoria externa e teoria dos princípios 93
      4.2.1. Os pressupostos da teoria dos direitos fundamentais de R. Alexy 95
      4.2.2. Princípios e regras 96
      4.2.3. A regra da proporcionalidade 98
         4.2.3.1. Aspectos gerais 98
         4.2.3.2. A proporcionalidade na matriz teórica de R. Alexy 101
      4.2.4. R. Alexy e teoria externa 103
5. Visões híbridas e sincretismo metodológico 104
   5.1. Insustentabilidade do modelo binário e premissas metodológicas 104
   5.2. Visões híbridas 105
   5.3. Situações-limite e eventual sincretismo 109
6. Os limites imanentes na teoria jusfundamental de Vieira de Andrade 111
   6.1. Pressupostos teóricos iniciais 111
   6.2. Restrição, regulamentação e harmonização de direitos fundamentais 115
   6.3. Limites e restrições dos direitos, liberdades e garantias nas situações de conflito . 121
   6.4. A delimitação do âmbito normativo dos direitos: os limites imanentes 123
   6.5. Análise crítica: uma teoria híbrida? 125

Capítulo III
Os limites imanentes dos direitos fundamentais:
um modelo apropriado à legitimidade jurídico-decisória?

1. Proposta de desenvolvimento 129
2. Análise crítica e conclusões preliminares 130
   2.1. Críticas à doutrina da teoria externa 130
      2.1.1. Contradição lógica 132
      2.1.2. Ilusão desonesta 132
      2.1.3. Irrealidade 133
      2.1.4. Inflação de pretensões 134
      2.1.5. Racionalidade e segurança jurídica 135

    2.1.6. Liberdade constituída e liberdade negativa 136
    2.1.7. Pensamento espacial 137
    2.1.8. Argumento simbólico e força legitimadora 137
  2.2. Críticas à doutrina da teoria interna 139
    2.2.1. Dificuldades gerais 140
    2.2.2. Problemas do critério de evidência 143
  2.3. Conclusões Preliminares 145
  2.4. Um falso debate? 147
3. Os limites imanentes na jurisprudência constitucional 148
  3.1. Ressalvas Metodológicas 148
  3.2. Os limites imanentes nos tribunais 150

Tópico conclusivo 155

Epílogo 157

Referências bibliográficas 161

Nota de apresentação

A presente obra reproduz, com pequenas adaptações, dissertação apresentada com fins de obtenção do grau de mestre em ciências jurídico-políticas à Faculdade de Direito da Universidade de Coimbra, em setembro de 2008, sob o titulo "Os Limites Imanentes dos Direitos Fundamentais: consistência, funcionalidade e adequação à argumentação jurídica". A banca julgadora, formada por Prof. Dr. José Carlos Vieira de Andrade (Universidade de Coimbra – orientador), Prof. Dr. Jorge Reis Novais (Universidade de Lisboa – arguente) e Profa. Dra. Maria Benedita Urbano (Universidade de Coimbra), atribuiu-lhe nota máxima (muito bom), indicando-a para a publicação que agora se consuma.

Apesar dos acalorados debates ocorridos frente ao júri, optamos, por lealdade acadêmica, pela manutenção substancial da proposta original. Da dissertação ao texto que segue foram realizadas, em essência, breves adaptações e pequenas correções formais, mantendo-se praticamente intacta a linha conceitual adotada.

Por fim, e com o fito de contribuir da melhor maneira possível ao debate, agregamos ao texto um epílogo em que revelamos, de maneira breve, as principais críticas mobilizadas na arguição. Fica a critério do leitor, por óbvio, a análise criteriosa da obra, bem como de suas eventuais limitações.

Introdução

1. Apresentação

Ao ler pela primeira vez a terceira edição de *Os Direitos Fundamentais na Constituição Portuguesa de 1976*, de José Carlos Vieira de Andrade, e, em especial, seu capítulo VIII, causou estranheza a figura teórica dos chamados limites imanentes dos direitos fundamentais.[1] Formado na tradição principiológica que se baseia na possibilidade de ocorrência de restrições jusfundamentais somente *a posteriori*, foi inicialmente difícil considerar uma proposta de "delimitação" que permitia a exclusão apriorística do amparo constitucional de determinadas parcelas tanto do objeto quanto do conteúdo dos direitos fundamentais.

A desconfiança, todavia, tornou-se curiosidade acadêmica. Seria esse modelo efetivamente consistente, mais funcional e adequado à argumentação jurídica, apto a oferecer maior legitimidade decisória? Tal dúvida somente poderia ser sanada após pesquisa específica na doutrina das restrições, das limitações e na teoria geral dos direitos fundamentais.

O objetivo do texto que segue é, pois, a análise crítica do modelo teórico dos limites imanentes dos direitos fundamentais e de sua mobilização no discurso jurídico, inserido de forma inequívoca no debate entre as teorias interna e externa do direito, em abordagem com um duplo viés de inquirição: (i) sua consistência lógico-jurídica sob o ponto de vista interno; (ii) a possibilidade de a proposta conferir maior legitimidade argumentativa ao processo decisório de agentes públicos – legisladores e magistrados, em específico.

Para tanto, e considerando a sugestão de elaboração teórico-evolutiva, com a apresentação sequencial de construções conceituais relevantes ao texto, faz-se obrigatório um estudo amplo que, sem perder de vista seu eixo central, passa obrigatoriamente por temas conexos e inter-relacio-

---

[1] Cf. J. C. Vieira de Andrade, *Os Direitos Fundamentais na Constituição Portuguesa de 1976*, cap. VIII, essencialmente p. 292-295.

nados. São fundamentais ao percurso argumentativo a apresentação de conceitos como o de delimitação, âmbito de proteção e suporte fático, o exame detalhado do debate entre teoria interna e externa – com histórico, principais características e ferramentas dogmáticas –, as discussões sobre a possibilidade de restrições ou de limitações aos direitos fundamentais, a análise de alguns dos diferentes métodos de solução de conflitos ou colisões jusfundamentais e, finalmente, o problema da interpretação constitucional.

Afigura-se ponto essencial, ademais, a contraposição da teoria interna em sua principal modalidade, qual seja, a vigente sob a égide da figura dos limites imanentes, com a chamada teoria dos princípios – exposta aqui na ótica particular de Robert Alexy e de Luís Virgílio Afonso da Silva – que, como bem se verá adiante, assume alguns dos pilares básicos da teoria externa.

Mais do que isso, e embora se saiba ser vital o apontamento de nossos pressupostos, não se almeja aqui uma espécie de reconstrução da teoria dos direitos fundamentais, partindo-se da edificação do conceito de norma, de dispositivo normativo, de direito fundamental, suas diferentes espécies e classificações. Ainda que algumas definições tenham papel fulcral para os rumos do trabalho, parece mais adequado focar o debate no objeto recortado. Fique claro, no entanto, que algumas regressões são fundamentais ao embasamento lógico-teórico das abordagens apresentadas, e que, se uma vez necessárias, pretende-se que tais premissas fiquem suficientemente expostas.

2. Delimitações e pressupostos metodológicos

Enquanto metodologia a ser empregada, almeja-se a realização de estudo eminentemente teorético-dogmático de direitos fundamentais, cuja tônica repousa em sua dimensão analítica (abordagem sistemático--conceitual), privilegiando a mobilização lógico-estrutural dos conceitos na esteira do proposto por R. Alexy.[2] Há, ademais, e ressalvado desde já

---

[2] Frente a eventuais críticas ao termo "teorético-dogmático" composto, é bom lembrar que para o autor a teoria se aproxima da dogmática no momento em que uma teoria *jurídica* dos direitos fundamentais é, em verdade, uma teoria dogmática. A dogmática jurídica, *in verbis*, "*es el intento de dar una respuesta racionalmente fundamentada a cuestiones valorativas que han quedado pendientes de solución en el material autoritativamente ya dado. Esto confronta a la dogmática jurídica con el problema de la fundamentabilidad racional de los juícios de valor*". Cf. *Teoría de los Derechos Fundamentales*, p. 32. Ainda segundo Alexy, seria possível distinguir ao menos três dimensões da dogmática, quais sejam, (i) a analítica, (ii) a empírica e (iii) a normativa, que vinculadas formariam o jurídico em sentido estrito. Para diferentes possibilidades de abordagem teórica dos direitos fundamentais e conceitos aqui utilizados, cf. R. Alexy, *Teoría de los Derechos Fundamentales*, p.21-46, em especial p. 31 e ss.; também J. C. Vieira de

não ser este um pilar metodológico nuclear do argumento, consciência de que por vezes se tangencia um enfoque investigativo próximo do que se qualifica como "zetético", mais especificamente da zetética analítica, em que a preocupação repousa nos pressupostos últimos e condicionantes do direito ou do fenômeno social e em sua instrumentalidade.[3] De se destacar, apenas, não serem tais opções sinônimo de mero manejo lógico-sistêmico do direito, puro formalismo jurídico, que fecha os olhos ao seu caráter histórico-político ou à função que a academia deve ter na sociedade.

Com esse intuito, foi realizado levantamento doutrinário específico dos temas aqui abordados, com ênfase nas literaturas brasileira, portuguesa e espanhola – embora o debate no Brasil, como se verá adiante, ainda esteja em seu início.[4] Por certo que a doutrina alemã, nascedouro de grande parte das discussões, também está bastante presente nos debates – seja por via direta (mediante as traduções), seja por via oblíqua (citações e análises dos doutrinadores ibéricos). Sempre que possível, o material foi trabalhado tendo como base o método de leitura estrutural, cuja preocupação primordial está calcada na concatenação argumentativa das teses de um autor, sua estrutura e coerência interna.[5]

Importante notar que, em que pesem as advertências acerca dos limites das abordagens teórico-abstratas que não elegem um determinado ordenamento jurídico como objeto,[6] parece razoável assinalar algumas características tipológicas básicas das teorias mobilizadas, sendo possível, pois, apresentar um debate de suficiente lastro com a realidade constitucional dos países abordados. Como bem anota T. Bustamante, aliás, com

---

Andrade, *Os Direitos Fundamentais na Constituição Portuguesa de 1976*, cap. I; J. J. Gomes Canotilho, *Tópicos de um Curso de Mestrado Sobre Direitos Fundamentais, Procedimento, Processo e Organização*, p. 159-163; G. Peces-Barba Martinez, *Curso de Derechos Fundamentales: teoría general*, cap. I-III.

[3] Para zetética jurídica e sua contraposição ao enfoque dogmático, com base em T. Viehweg, cf. T. S. Ferraz Jr, *Introdução ao Estudo do Direito: técnica, decisão, dominação*, p. 39-51.

[4] Cf. L. Virgílio Afonso da Silva, *O Conteúdo Essencial dos Direitos Fundamentais e a Eficácia das Normas Constitucionais*. Tese (Titularidade junto ao Departamento de Direito do Estado da Universidade de São Paulo) – Faculdade de Direito, Universidade de São Paulo, p. 164, n. 1. (cf., para publicação da tese, *Direitos fundamentais: conteúdo essencial, restrições e eficácia*. São Paulo: Malheiros, 2009, no prelo). Para breve resumo escrito pelo próprio autor, cf. artigo homônimo publicado na *Revista de Direito do Estado*, n. 4, out/dez 2006, p. 23-51. Aproveita-se a nota explicativa para a indicação da excelente obra de Jane Reis Gonçalves Pereira, *Interpretação Constitucional e Direitos Fundamentais*, não citada no texto original da dissertação, mas que trata com profundidade de seu tema – embora com conclusões diversas.

[5] Cf. Ronaldo Porto Macedo Jr, *O Método de Leitura Estrutural*, passim.

[6] Para crítica ao tópico, embora feita no âmbito do exame do desenho jurídico-institucional das agências reguladoras, cf. C. H. Mendes, *Reforma do Estado e Agências Reguladoras: estabelecendo os parâmetros de discussão*, p. 124 e ss. Vieira de Andrade, por exemplo, é explícito ao deixar claro que seu estudo incide *"sobre os direitos fundamentais constitucionais, ou seja, sobre os direitos fundamentais propriamente ditos e, mais concretamente, sobre os direitos da Constituição portuguesa de 1976"*. Cf. *Os Direitos Fundamentais na Constituição Portuguesa de 1976*, p. 38. Cf., ainda, F. Müller, *Métodos de Trabalho do Direito Constitucional*, p. 54-55.

base na ideia de identidade sistemática, em todos os ordenamentos que preveem constitucionalmente um amplo catálogo de direitos fundamentais há questões idênticas – melhor seria dizer bastante similares – que justificam a emergência de uma autêntica ciência dos direitos fundamentais, capaz de transcender qualquer Estado determinado.[7]

Outro vetor cuja obediência é almejada é o de tentar evitar a reprodução do modelo de pesquisa jurídica realizada no Brasil por grande parte da doutrina. Fala-se do "modelo parecerista" apontado por M. Nobre, que confunde prática profissional e pesquisa acadêmica.[8] Embora com importantes avanços nos últimos anos, é fato que a pesquisa jurídica no contexto brasileiro se entrincheirou e não acompanhou o avanço obtido pelas demais ciências sociais nas últimas décadas. Isso se deve, dentre outros fatores, ao padrão de nossa investigação jurídica – ou à falta dele – e ao que aqui se chama de modelo parecerista, "um tipo de investigação científica que já possui uma resposta antes de perguntar ao material"[9]. Trata-se de espécie de trabalho em que a escolha dos argumentos doutrinários, jurisprudenciais e legislativos se dá meramente em função da tese a ser defendida, que por sua vez já está predeterminada, não se buscando um "padrão de racionalidade e inteligibilidade para depois formular uma tese explicativa".[10] Até mesmo a alusão aos dissensos, quando existente, dá-se por mera justaposição de posicionamentos de autores renomados para posterior escolha de um dentre os apontados, em uma legitimação carismático-terminológica dos resultados sem o exame crítico a que se faz jus. Buscar-se-á, portanto, o afastamento do procedimento descrito, optando-se por tentativa em direção oposta.

Encerrados os parênteses, mister retornar às críticas de que a análise sistemático-conceitual pode ser alvo, com o fito de clarear o posicionamento assumido. Nesse ponto, é capital afiançar nossa inclinação pela academia crítica, sendo sua função o exame e o esforço propositivo com base nos dados de realidade. Sob nossa ótica, a pura redução da ciência jurídica à dimensão analítica é empobrecedora, despolitizante[11] e, pois, benéfica apenas e tão somente às parcelas sociais privilegiadas. É impe-

---

[7] Cf. *Princípios, Regras e a Fórmula de Ponderação de Alexy: um modelo funcional para a argumentação jurídica?*, p. 77-79.

[8] Para críticas ao modelo brasileiro de pesquisa e de ensino jurídico, cf. M. Nobre *et alli*, *O que é Pesquisa em Direito no Brasil?*, passim; também, do mesmo autor, *Apontamentos Sobre a Pesquisa em Direito no Brasil*, passim. Por fim, quiçá como precursor da crítica e sob um outro viés, cf. F. K. Comparato, *Reflexões Sobre o Método do Ensino Jurídico*, passim.

[9] Cf. M. Nobre *et alli*, *O que é Pesquisa em Direito no Brasil?*, p. 32.

[10] Cf. M. Nobre *et alli*, *O que é Pesquisa em Direito no Brasil?*, p. 31.

[11] Não se fala aqui, claro, de despolitização em um sentido político-partidário, mas apenas e tão somente em um viés de preocupação pública, de relação necessária com as questões relevantes da *polis*.

rioso negar, não obstante, que a consideração sistemático-conceitual do fenômeno jurídico implique, necessariamente, a adiantada "redução". Parece que, de fato, ela amplia – ou tem o condão de ampliar – o esforço argumentativo necessário à tomada de decisão por parte de instâncias com papel essencial na comunicação jurídica, reduzindo o espaço retórico dos detentores de poder e exercendo, pois, papel fundamental de elemento crítico essencial ao debate sociopolítico.

Assim, embora o texto que segue esteja calcado em uma abordagem eminentemente dogmática, própria do sistema jurídico, tem-se plena consciência de que os problemas relativos aos direitos fundamentais, ou, para ser mais preciso, de que os problemas de interpretação dos preceitos relativos aos direitos fundamentais têm como base disputas pela hegemonia em uma verdadeira batalha entre posições ideológicas, filosóficas e sociais, históricas ou contemporâneas, que pela evolução do constitucionalismo enquanto técnica de limitação do poder com fins garantísticos[12] juridicizaram-se. O que se pretende, pois, é desenvolver o tema partindo da percepção de que se esbarra em um ponto vital das democracias constitucionais, qual seja, o da necessidade da garantia da legitimidade dos poderes decisórios.[13]

Ter-se-á como foco, em suma, e descartando qualquer tipo de "otimismo metodológico" exacerbado,[14] a obrigatoriedade que se apresenta às democracias constitucionais contemporâneas em dar respostas racionalmente fundamentadas às questões vinculadas aos direitos fundamentais, em objetivo que acaba por aproximar quanto à finalidade visões teóricas tão díspares como a teoria dos princípios de R. Alexy e a metódica estruturante de F. Müller.[15] Trata-se de perceber a importância do estabeleci-

---

[12] Para constitucionalismo(s) e suas definições, cf. J. J. Gomes Canotilho, *Direito Constitucional e Teoria da Constituição*, parte I, cap. I, p. 49-62.

[13] A noção de legitimidade aqui sugerida será pormenorizada adiante, dadas as inúmeras abordagens possíveis; aponte-se desde já, porém, para a ideia de justificação e fundamentação das decisões enquanto elementos legitimadores importantes – mas não exclusivos – dos órgãos decisórios.

[14] Expressão emprestada de L. Virgilio Afonso da Silva, a significar crença no método como elemento essencial e único à interpretação, esquecendo-se da necessária teoria constitucional (conteúdo) que lhe deve ser subjacente. In: *Interpretação Constitucional e Sincretismo Metodológico*, p. 143.

[15] Para aproximação dos autores nesse vetor, em que pese a existência de pontos teoricamente inconciliáveis em cada uma as propostas, cf. T. Bustamante, *Sobre o Conceito de Norma e a Função dos Enunciados Empíricos na Argumentação Jurídica Segundo Friedrich Müller e Robert Alexy*, p. 98 e ss. Para delimitação necessária da separação entre as teorias, visto que metodologicamente inconciliáveis, cf. L. Virgilio Afonso da Silva, *Interpretação Constitucional e Sincretismo Metodológico*, p. 136 e ss. Cf. também R. Alexy, *Teoría de los Derechos Fundamentales*, p. 24, e, no mesmo sentido, F. Müller, ao discutir a metódica jurídica, a importância dos modos de trabalho e a importância da racionalidade enquanto instrumento de produção de efeito legitimador, *"à medida em que* (sic) *a transparência dos processos decisórios ou ao menos das razões da decisão devem tornar a decisão acessível à crítica e ao controle"*. Continua o autor: *"O trabalho jurídico só disporá de um método científico se ele operar de uma maneira intersubjetivamente controlável e diferenciável segundo os passos parciais reais de seu trabalho; se ele puder universalizar, se ele explicitar e revelar seu próprio procedimento. (...) O Estado constitucional da Idade Moderna, à medida*

mento de critérios racionais que diminuam a margem de arbitrariedade judicante, ou a seriedade da construção de um aparelho metodológico de controle das decisões judiciais. Insere-se, pois, no combate ao decisionismo proveniente de inúmeras teorias normativas e, para alguns, oriundo da própria "moldura kelseniana" que, ao permitir a escolha entre as interpretações possíveis pelo aplicador, torna-se dependente de um incontrolável – ou racionalmente injustificável – ato de vontade.[16]

Não é outra a preocupação de F. Müller, aliás, quando afirma:

> "Métodos" de prática jurídica e "teorias" dogmáticas são sempre meros recursos auxiliares do trabalho jurídico. São, no entanto, recursos auxiliares cuja peculiaridade, cujos limites, fundamentabilidade e nexo material de modo nenhum estão abandonados à gratuidade de modos individuais de trabalho. No âmbito da objetividade restrita que lhe é possível e, não obstante, com caráter de obrigatoriedade, a metódica jurídica deve empreender a tentativa de uma conscientização dos operadores jurídicos acerca da fundamentabilidade, da defensabilidade e da admissibilidade das suas formas de trabalho.[17]

Ou ainda:

> No Estado Democrático de Direito, a ciência jurídica não pode abrir mão da discutibilidade ótima dos seus resultados e dos seus modos de fundamentação.[18]

Finalmente, como última ressalva, aponte-se haver consciência de que seguem embutidos no modelo de abordagem e no próprio texto alguns pressupostos que devem ser obrigatoriamente assumidos, já que conformam requisitos lógicos ao desenvolvimento do projeto – existe, pois, respeito ao chamado princípio da inegabilidade (de alguns) dos pontos de partida que baseiam as discussões decorrentes. Não obstante, é importante assinalar que isso não significa defender uma espécie de "imunidade" a questionamentos sob outras perspectivas, essencialmente sob a ótica jusfilosófica.

Assim, não discutiremos problemas inerentes ao constitucionalismo contemporâneo – fundamentalmente no contexto global e de crise pós-11 de setembro –, o papel do Poder Judiciário na conjuntura sociopolítica dos países periféricos, ou ainda a necessária redefinição e readequação

---

que ele se constitui como Estado de Direito, exige e permite uma metódica, que opera com a pretensão de controlabilidade e com isso de racionalidade, isto é, de uma metódica científica no sentido definido". Cf. *Direito, Linguagem e Violência,* p. 26 e ss. O problema da transparência e da efetividade do controle de eventuais restrições a direitos fundamentais, saliente-se, é também a preocupação de base presente na obra de J. Reis Novais. Cf. *As Restrições aos Direitos Fundamentais Não Expressamente Autorizadas pela Constituição,* p. 443 e *passim.*

[16] Nesse sentido, cf. T. Bustamante, *Sobre o Conceito de Norma e a Função dos Enunciados Empíricos na Argumentação Jurídica Segundo Friedrich Müller e Robert Alexy,* p. 98 e ss. Para moldura kelseniana, cf. H. Kelsen, *Teoria Pura do Direito,* em especial cap. VIII.

[17] Cf. *Métodos de Trabalho do Direito Constitucional,* p. 1-2.

[18] Cf. *Métodos de Trabalho do Direito Constitucional,* p. 53.

do dogma da separação de poderes para a atualidade. Também não se amplia a discussão para temas ainda mais basilares de filosofia do direito como as questões da acessibilidade à verdade, da "desabsolutização da razão", da indeterminação linguística ou da presença da política como elemento inerente ao discurso jurídico.

Todos esses questionamentos exemplificativos – válidos, pertinentes e essenciais à base das discussões dogmáticas – atingem alguns dos pilares do sistema em que se pretende trabalhar. Colocam em causa, desde a fundação, o edifício teórico-argumentativo, como bem ocorreria em qualquer outro trabalho jurídico-dogmático. Considerando, no entanto, a economia do trabalho, a necessidade de assunção de pressupostos para sua delimitação e até mesmo a impossibilidade técnico-jurídica de aprofundamento no presente momento, tais abordagens não serão, ao menos de forma direta e imediata, esmiuçadas.

3. Desenvolvimento argumentativo

Ao terminar a presente introdução, cabe apresentar o *iter* do texto subsequente. Far-se-á fundamental, de início, em parte da obra por certo mais descritiva, espécie de clareamento temático e terminológico em que algumas ideias-chave serão sucintamente discutidas – objeto, conteúdo, âmbito de proteção e suporte fático (amplo e restrito) dos direitos fundamentais –, bem como as noções de restrição e de (de)limitação jusfundamental. Depois, a pretensão é a de realizar a exposição tipológica do debate entre a teoria interna e a teoria externa, com breve histórico, elementos centrais, principais correntes e dificuldades de abordagem homogênea.

Serão mobilizadas nesse ponto, dentre outras, as principais ferramentas dogmáticas e as sugestões teóricas de relevo inseridas no debate, não se esquecendo, finalmente, das chamadas propostas híbridas. Também será apresentada com maior ênfase, e em sua especificidade, a teoria dos limites imanentes dos direitos fundamentais defendida por Vieira de Andrade, com seus pressupostos e peculiaridades, no intuito de analisar eventual encaixe teórico-metodológico nas categorias anteriormente apresentadas.

Considerando os resultados alcançados, serão realizadas as discussões de base da presente obra. A primeira, relativa ao exame da consistência lógico-jurídica do modelo de limites imanentes sob o ponto de vista interno, utilizando como parâmetros essenciais os contrapontos apresentados pela teoria dos princípios; a segunda, em requisito lógico subsequente, referente à eventual possibilidade de a teoria conferir maior legitimidade argumentativa ao processo decisório de legisladores e magistrados.

Já a título conclusivo, serão aventadas mais duas breves discussões: (i) a eventual existência de um "falso debate" – meramente nominal ou terminológico – entre teoria interna e externa, já que em muitos casos, embora a base teórico-metodológica seja rigorosamente distinta, os efeitos práticos para o caso concreto são praticamente os mesmos; (ii) os eventuais problemas de sincretismo metodológico que acompanham algumas das decisões judiciais das Cortes Constitucionais, bem como de seu impacto nos imperativos de coerência e correção dos percursos argumentativos enquanto requisitos de legitimidade à atividade judicante.

Capítulo I

Delimitação temática e conceitos prévios: objeto, conteúdo, âmbito de proteção e suporte fático dos direitos fundamentais

1. Precisões temáticas e conceituais

Na proposta de desenvolvimento apresentada, foram tracejadas algumas restrições materiais e metodológicas à amplitude do trabalho que se abre. Cabe aqui, no entanto, breve estruturação de alguns de seus pontos de partida, com o clareamento de alguns conceitos essenciais à sua sequência.

Assim, esboça-se primeiramente curta diferenciação entre texto, norma e direito fundamental, para, a partir daqui, definir como objeto principal os chamados direitos de defesa, as liberdades públicas, deixando de lado direitos cujo conteúdo-chave é prestacional. Posteriormente, é colocado o problema da delimitação do âmbito de proteção e do suporte fático dos direitos fundamentais que, como se verá, se apresenta de maneira prévia à questão das restrições, com a mera indicação de discussões que, apesar de importantes à dogmática jusfundamental, não são abordadas a fundo nesta dissertação. O debate acerca das acepções de suporte fático amplo ou restrito conduz, finalmente, à mera apresentação das chamadas teorias externa e interna do direito, a posicionar as correntes posteriormente manejadas.

1.1. Texto, norma e direito fundamental

De início, é importante apontar a adoção de um pressuposto que tem nitidez na distinção ou na não identificação entre texto e norma. Embora pareça desprovida de importância na atualidade, faz-se mister tal colocação porque, em que pese se tenha tornado verdadeiro *topos* na literatura jurídica, é fato que muitas das correntes interpretativas ainda carregam de forma implícita em sua metódica essa falta de clareza.[19]

A título de precaução, porém, não se pretende adentrar nas intermináveis discussões sobre os diferentes conceitos de norma ou da eventual necessidade de se incluírem no conceito elementos de validade[20] ou outros componentes, responsáveis, por exemplo, pela diferenciação de teorias como a de R. Alexy e a de F. Müller.[21] Para o tópico, parece suficiente apresentar norma como o significado de um texto, de um enunciado normativo.[22]

A definição é importante porque, ao retirar do texto em si seu caráter normativo, considerando-o adquirido apenas após o processo interpretativo, é aceitável desvincular um conceito de outro. Assim, torna-se factível que um enunciado (dispositivo, texto) apresente apenas uma ou várias normas, bem como é possível obter uma mesma norma mediante a aglutinação de diferentes enunciados normativos ou, ainda, uma norma sem a necessidade de recurso a um texto escrito, como no caso dos chamados princípios implícitos.[23]

Os mesmos argumentos são válidos, de forma integral, para o caso específico do sistema de direitos fundamentais, qualificado aqui sob essa nomenclatura – e não, por exemplo, como direitos humanos – por já se trabalhar sob a ótica do direito positivado.[24] E isso sem a necessidade de se questionar, em um primeiro momento, quais os critérios materiais, estruturais e formais que permitem afirmar que determinado enunciado

---

[19] Cf. F. Müller, *Métodos de Trabalho em Direito Constitucional*, p. 38 e ss.

[20] Para R. Alexy, por exemplo, seria possível expressar normas que não são válidas, inexistindo, pois, relação direta entre validade e o conceito normativo. Cf. *Teoría de los Derechos Fundamentales*, p. 55-62. Para abordagens gerais a respeito do conceito de norma e apresentação de diferentes visões, cf. T. S. Ferraz Jr, *Introdução ao Estudo do Direito: técnica, decisão, dominação*, p. 95 e ss.; Von L. Philipps, *Teoria das Normas*, in A Kaufmann / W. Hassemer, *Introdução à Filosofia do Direito e à Teoria do Direito Contemporâneas*, cap. 7, p. 353-365, bem como a literatura ali indicada.

[21] Cf. R. Alexy, *Teoría de los Derechos Fundamentales*, cap. II; F. Müller, *Tesis Acerca de la Estructura de las Normas Jurídicas* e *Métodos de Trabalho do Direito Constitucional*; também, do mesmo autor, *Direito, Linguagem e Violência: elementos de uma teoria constitucional*, e *Teoria Moderna e Interpretação dos Direitos Fundamentais, Especialmente com Base na Teoria Estruturante do Direito* (também publicado em outro periódico sob o título *Concepções Modernas e a Interpretação dos Direitos Humanos*). Cf. ainda, para comparação entre as abordagens, T. Bustamante, *Sobre o Conceito de Norma e a Função dos Enunciados Empíricos na Argumentação Jurídica Segundo Friedrich Müller e Robert Alexy*, passim.

[22] Aproxima-se, pois, de um conceito semântico de norma, próximo da concepção de R. Alexy.

[23] Cf., a propósito, R. Brandão, *Emendas Constitucionais e Restrições a Direitos Fundamentais*, p. 7-8.

[24] Cf. R. Alexy, *La Institucionalización de los Derechos Humanos en el Estado Constitucional Democrático*, passim; G. Peces-Barba Martinez, *Curso de Derechos Fundamentales: teoría general*, cap. I-III; e J. J. Gomes Canotilho, *Direito Constitucional e Teoria da Constituição*, parte III, título III, em especial cap.1-2. Para ideia de *sistema* de direitos fundamentais, cf. J. C. Vieira de Andrade, *Os Direitos Fundamentais na Constituição Portuguesa de 1976*, p. 107; e para sua crítica, cf. F. Müller, *Métodos de Trabalho do Direito Constitucional*, passim. Finalmente, para relação entre constituição formal e constituição material, intimamente ligada ao debate, cf. Rogério E. Soares, *O Conceito Ocidental de Constituição*, p. 11 e ss.; e J. Miranda, *Direitos Fundamentais*, p. 71 e ss.

é ou não de direito fundamental, ou ainda quais os juízos que permitem afirmar que uma norma é, por certo, jusfundamental[25]. Para o nosso desenvolvimento, ao contrário, o relevante é apontar em qual momento há possibilidade de se diferenciar, efetivamente, norma de direito fundamental e direito fundamental por si só.

Nesse ponto, note-se que as normas de direitos fundamentais apresentam, por assim dizer, uma estrutura típica cujo conteúdo consiste na imposição ao Estado e às entidades públicas – e também aqui, já com alguma divergência, aos próprios particulares e entidades privadas – de obrigações e deveres que ensejam aos indivíduos, em maior ou menor medida, posições de vantagem juridicamente tuteladas, consideradas, pois, como direitos fundamentais.[26] Na mesma linha, J. Miranda apresenta o conceito como o de "posições jurídicas subjetivas das pessoas, individual ou institucionalmente consideradas, perante o Estado e assentes na Constituição (...)".[27]

É razoável afirmar, dessa forma, que todo direito fundamental provém de – ou tem por base – uma norma de direito fundamental, enquanto o inverso não é verdadeiro: há normas jusfundamentais nos catálogos constitucionais que não outorgam posições subjetivas jusfundamentais ou, na terminologia empregada por Vieira de Andrade, direitos subjetivos fundamentais,[28] como, por exemplo, no caso das chamadas garantias institucionais.

Mais do que isso, revela-se ainda essencial ter em vista, enquanto elemento adicional de diferenciação, que ao contrário das normas jusfundamentais um direito fundamental como um todo pode e deve ser considerado tendo em conta tanto seu objeto quanto a sua multiplicidade de conteúdos e a pluralidade de normas a ele adstritas. Compreende, em sua totalidade, uma espécie de feixe de posições jusfundamentais prima facie

---

[25] R. Alexy, por exemplo, propõe serem adequados apenas critérios formais para o encontro de dispositivos de direitos fundamentais; ao conceito de norma de direito fundamental, por sua vez, válido tanto para normas propriamente ditas quanto para normas a elas adstritas, estende o autor a necessidade de fundamentação jusfundamental correta. Cf. *Teoría de los Derechos Fundamentales*, p. 62-73.

[26] Cf. J. Reis Novais, *As Restrições aos Direitos Fundamentais Não Expressamente Autorizadas pela Constituição*, p. 51-57, em especial p. 54.

[27] Cf. J. Miranda, *Direitos Fundamentais*, p. 71.

[28] Para J. C. Vieira de Andrade, a definição de *direitos subjetivos fundamentais* partiria do conceito amplo de direito subjetivo enquanto *"posição jurídica subjetiva activa ou de vantagem"*, e poderia ser posta como *"posições jurídicas subjetivas individuais, universais e fundamentais"*, com todos os esclarecimentos pertinentes. Cf. *idem, Os Direitos Fundamentais na Constituição Portuguesa de 1976*, p. 117 e ss. Ressalve-se, aqui, que não se está esquecendo da chamada dimensão objetiva dos direitos fundamentais; tal temática, não obstante, não é foco essencial do trabalho.

e definitivas, aliado às relações entre elas existentes, a configurar, com R. Alexy, uma espécie de conceito de caráter dinâmico.[29]

1.2. A opção pelos direitos, liberdades e garantias

Consideradas as preliminares expostas, cabe agora apontar com qual categoria de direitos fundamentais o presente estudo almeja unicamente trabalhar. A delimitação pretendida afigura-se essencial para evitar equívocos de abordagem e críticas descabidas, dado que o recorte obrigatoriamente deixará de lado questões demasiado polêmicas na doutrina contemporânea como, por exemplo, as dificuldades oriundas da positivação dos direitos sociais prestacionais – e a consequente judicialização das políticas públicas – ou os efeitos que a percepção da dimensão objetiva dos direitos fundamentais – e de seu papel "ofensivo", nos termos de P. Häberle[30] – têm trazido para o próprio conceito jusfundamental e para o ordenamento jurídico como um todo.[31]

Importa dizer, portanto, que a mobilização da categoria "direitos fundamentais" no texto refere-se, essencialmente, àquilo que a Constituição da República Portuguesa qualifica como direitos, liberdades e garantias, com a exceção de seu último aspecto, essencialmente ao que se pode caracterizar como liberdades públicas em sentido estrito, direitos de liberdade ou mesmo direitos de defesa, deixando de lado – para além das garantias – a análise pormenorizada dos direitos sociais, econômicos e culturais.[32]

---

[29] Cf. *Teoría de los Derechos Fundamentales*, cap. II e IV, em especial p. 240-245. Saliente-se ser possível, por óbvio, falar de apenas uma das dimensões desse feixe de posições jusfundamentais, a configurar *um* direito específico. Para o ponto, cf. J. Reis Novais, *As Restrições aos Direitos Fundamentais Não Expressamente Autorizadas pela Constituição*, p. 55.

[30] Cf. *Die Wesengehaltsgarantie dês Art. 19 Abs 2 Grundgesetz* (com tradução parcial para o espanhol *La Liberdad Fundamental en el Estado Constitucional*), p. 422-424, *apud* A. Martínez-Pujalte, *La Garantia del Contenido Esencial de los Derechos Fundamentales*, p. 83.

[31] Muitos autores apostam em significativa alteração da abordagem dos direitos fundamentais a partir do afastamento da ideia unívoca de defesa frente ao Estado e da percepção da importância de sua dimensão objetiva. Sem adentrar na temática, é válida a citação exemplificativa de J. Habermas que, ao apresentar as ideias de Denninger e perceber novos conceitos-chave de direito constitucional como *reserva do possível* e *proporcionalidade* [princípios procedimentais], aponta como inevitável a transmutação do conceito de direitos fundamentais para algo assemelhado a *princípios da ordem jurídica geral*, a basear o sistema de regras por completo. De se notar que a partir daí o autor qualifica o debate acerca dos limites imanentes, nosso foco, como uma "discussão complexa". Cf. *Direito e Democracia: entre faticidade e validade*, vol. I, p. 307 e ss.

[32] A diferenciação apresentada, para além de constitucionalmente positivada em Portugal, é moeda corrente na doutrina, não cabendo nota explicativa exaustiva. Para critérios de diferenciação, diferenças entre regimes jurídicos e principais debates específicos a cada categoria em Portugal, cf., exemplificativamente, J. J. Gomes Canotilho, *Direito Constitucional e Teoria da Constituição*, parte III, Título III, em especial cap. 3-5, e, do mesmo autor, *Tomemos a Sério os Direitos os Direitos Econômicos, Sociais e Culturais*, *passim*; J. C.Vieira de Andrade, *Os Direitos Fundamentais na Constituição Portuguesa de 1976*, *passim*, em especial cap. III (em que apresenta relevância à ordem em que os direitos estão sistemati-

Vale aqui, aliás, breve digressão, dado que as abordagens tipológicas dos direitos fundamentais apontadas pela doutrina são as mais diversas possíveis, com a ênfase em determinado aspecto variando em conformidade com a finalidade da classificação adotada. De se notar, além disso, como são extremamente comuns as referências à teoria quatripartite dos *status* proposta por G. Jellinek,[33] mesmo que para fundamentar propostas distintas. Na academia brasileira, contudo, e salvo exceções como a de I. Wolfgang Sarlet, a categorização dos direitos fundamentais é normalmente apresentada mediante um critério "geracional", umbilicalmente ligado ao momento histórico de surgimento de seus grandes grupos, que pouco considera a multiplicidade de conteúdos de cada um dos tipos de direitos existentes.[34]

---

camente dispostos na CRP, acentuando o valor da liberdade e da autonomia individual como prévio e anterior ao contexto econômico) e cap. V (em que discute as diferenças estruturais entre os dois gêneros, propondo como critério definidor o chamado *critério de determinabilidade*); Jorge Miranda, *Manual de Direito Constitucional (Tomo IV – Direitos Fundamentais)*, p. 90-114 e Título II, e, do mesmo autor, *Direitos Fundamentais*, p. 78-80; J. Reis Novais, *As Restrições aos Direitos Fundamentais Não Expressamente Autorizadas pela Constituição*, p. 125-153, em especial p. 145 e ss.; Cristina M. M. Queiroz, *Direitos Fundamentais*, p. 149 e ss.; J. Bacelar Gouveia, *Manual de Direito Constitucional*, p. 1047-1056; J. Casalta Nabais, *Os Direitos Fundamentais na Jurisprudência do Tribunal Constitucional*, p. 67 e ss. Cf. ainda, para evolução, I. W. Sarlet, *A Eficácia dos Direitos Fundamentais*, p. 43-68; Clémerson M. Clève, *A Eficácia dos Direitos Fundamentais Sociais, passim*; P. C. Villalon, *Formacion y Evolucion de los Derechos Fundamentales, passim*. Para possibilidades de aproximação linguística do que aqui se qualifica, sem grande precisão, de liberdades públicas ou direitos de defesa, cf. G. Peces-Barba Martinez, *Curso de Derechos Fundamentales*, p. 21-38.

[33] Seriam eles, sem maior aprofundamento: (i) o passivo (ou *status subiectionis*), (ii) o negativo (ou *status libertatis*), (iii) o positivo (ou *status civitatis*) e (iv) o ativo (ou *status de cidadani ativa*). Cf. G. Jellinek, *System der subjektiven öffentlichen Rechte* e também *Allgemeine Sttatslehre*. Apud R. Alexy, *Teoría de los Derechos Fundamentales*, p. 248. Cf., a título exemplificativo de tratamento expositivo e crítico, *idem, ibidem*, p. 247-266; também J. C. Gavara de Cara, *Derechos Fundamentales e Desarrollo Legislativo: la garantía del contenido esencial de los derechos fundamentales en la ley fundamental de Bonn*, p. 232 e ss.; J. Reis Novais, *As Restrições aos Direitos Fundamentais Não Expressamente Autorizadas pela Constituição*, p. 126 e ss.; para o caso brasileiro, Gilmar F. Mendes *et alli, Hermenêutica Constitucional e Direitos Fundamentais*, p.198 e ss; I. W. Sarlet, *A Eficácia dos Direitos Fundamentais*, p. 182-186.

[34] A Constituição brasileira também traz, em seus artigos 5º e 6º, uma separação entre *"direitos e deveres individuais e coletivos"* e *"direitos sociais"*. Já na doutrina, como adiantado, a classificação é "geracional", disseminada de maneira desvinculada das diferenças efetivamente relevantes para a dogmática jusfundamental. Cf., exemplificativamente, José Afonso da Silva, *Curso de Direito Constitucional Positivo*, 2ª parte; Alexandre de Moraes, *Direito Constitucional*, p. 25 e ss; M. G. Ferreira Filho, *Direitos Humanos Fundamentais*, parte I. Para críticas, como a da falsa impressão de substituição gradativa que a abordagem geracional empresta aos conceitos, cf. L. Virgilio Afonso da Silva, *A Evolução dos Direitos Fundamentais, passim*; I. W. Sarlet, *A Eficácia dos Direitos Fundamentais*, p. 54-55; A. M. D'ávila Lopes, *Hierarquização dos Direitos Fundamentais*, p. 174 e ss. Cf. ainda, para evolução jusfundamental não restrita ao caso brasileiro, F. K. Comparato, *A Afirmação Histórica dos Direitos Humanos, passim*. A proposta de Sarlet, aliás, parece ser mesmo exceção à regra, já que apresenta maior preocupação com a efetiva produção de efeitos. Para o autor, é possível falar em duas grandes categorias: (i) direitos fundamentais enquanto direitos de defesa; (ii) direitos a prestações. A primeira poderia ser subdividida em (i.i) direitos à não impedimento de ações, (i.ii) direitos à não afetação e (i.iii) direitos à não eliminação de posições jurídicas; a segunda, por sua vez, subdividir-se-ia em (ii.i) direitos a prestações em sentido amplo – direitos à proteção e à participação na organização e no procedimento e (ii.ii) direitos a prestações em sentido estrito. Cf. para desenvolvimento I. W. Sarlet, *A Eficácia dos Direitos Fundamentais*, p. 43-68 e p. 182-241; cf. também L. F. Calil de Freitas, *Direitos*

Para a dogmática dos direitos fundamentais, no entanto, mais importante que adotar determinada classificação ou apontar o momento estatal de seu surgimento – se liberdades características do Estado Liberal-burguês ou se direitos a prestações característicos do Estado Social – é perceber que diferentes tipos de direitos fundamentais trazem consigo outras diferenças preciosas para sua aplicação e efetivação. Assim, e ainda que se tenha consciência da multiplicidade e da heterogeneidade de conteúdos de cada um dos direitos fundamentais, em que, como num feixe multifacetado de faculdades e poderes, é possível distinguir um conteúdo principal frente a inúmeros outros conteúdos secundários ou instrumentais, é razoável afirmar que entre os direitos individuais e os direitos sociais, por exemplo, há significantes distinções de conformação de âmbito normativo, de regime jurídico e de tutela. Nem mesmo dentro de cada um desses gêneros, aliás, há homogeneidade funcional e de estrutura jurídica.[35]

Aponte-se, a propósito, a usual separação utilizada pela doutrina: enquanto a dimensão principal dos direitos da chamada 1ª geração se traduz na abstenção estatal, com uma função primária de defesa da autonomia pessoal ou, nos dizeres de Jorge Miranda, na necessidade de uma atitude geral de respeito, resultante do reconhecimento da liberdade da pessoa de conformar a sua personalidade e de reger sua vida e os seus interesses,[36] a dos direitos de 2ª geração – melhor dizer dimensão, para evitar a equívoca percepção de que as "gerações" de direito se sucederiam em vez de se complementarem sem qualquer tipo de substituição gradativa – requer exatamente o contrário: uma prestação estatal, vista – não sob inúmeras reservas doutrinárias – sob a ótica da chamada reserva do possível.[37] [38]

Fundamentais: limites e restrições, p. 62-75; e Gilmar Ferreira Mendes *et alli*, *Hermenêutica Constitucional e Direitos Fundamentais*, 3ª parte, cap. I.

[35] Cf. J. J. Gomes Canotilho, *Direito Constitucional e Teoria da Constituição*, parte III, Título III, em especial p. 393 e ss. e p. 477.

[36] Jorge Miranda, *Manual de Direito Constitucional (Tomo IV – Direitos Fundamentais)*, p. 110.

[37] Fala-se aqui em dimensão principal, domínio típico ou conteúdo principal típico porque, como já adiantado, nem os direitos individuais contêm apenas uma função primária de defesa da autonomia pessoal (dimensão negativa estatal) nem os direitos culturais, econômicos e sociais necessitam apenas de prestações positivas. São essas, apenas, suas características mais típicas, que não excluem demais implicações de prestações e de abstenções que a grande maioria dos direitos traz consigo. Caso exemplificativo, aliás, o do direito de manifestação trazido por Vieira de Andrade, em que para além da abstenção do Estado se requer necessária e conjuntamente a proteção dos manifestantes frente a outras contra-manifestações (ação por excelência). Cf. J. C. Vieira de Andrade, *Os Direitos Fundamentais na Constituição Portuguesa de 1976*, p. 180 [n. 19].

[38] Para breve estudo acerca da chamada *reserva do possível* em sua relação com os direitos sociais, cf., também exemplificativamente (dada a avalanche doutrinária sobre o tema), I. W. Sarlet, *A Eficácia dos Direitos Fundamentais*, p. 296 e ss. e, em especial, p. 301-305; também A. J. Krell, *Direitos Sociais e Controle Judicial no Brasil e na Alemanha: os (des)caminhos de um direito constitucional 'comparado'*, passim, em especial p. 51-57; cf. ainda J. J. Gomes Canotilho, *Direito Constitucional e Teoria da Constituição*, p. 481,

Assim sendo, e fechados os parênteses, a presente diferenciação e a consequente delimitação de nosso objeto é necessária porque, considerada a diferença de estrutura normativa entre os direitos prioritariamente de defesa e os prestacionais, o debate acerca da delimitação de seu suporte fático e de sua eventual limitação ganha necessidades teóricas distintas. O foco dar-se-á, portanto, no regime jurídico das chamadas liberdades públicas, em que uma restrição pode ser aceita sem maiores problemas como um prejuízo da liberdade.[39] Evitam-se, assim, conflitos com elementos essenciais ao bom entendimento dos direitos sociais e de seu impacto no ordenamento jurídico global, para os quais as teorias aqui discutidas não se apresentam adequadas.

1.3. Limites, restrições e direitos fundamentais

Para um debate apropriado sobre a teoria da limitação imanente dos direitos fundamentais, é ainda fulcral tangenciar o problema de seus limites e de suas restrições. A dificuldade, de fato, põe-se, ao menos, em dois sentidos complementares: (i) a possibilidade de limitação dos direitos por si só e, em se aceitando esse primeiro pressuposto, (ii) a perturbação teórica causada pela possibilidade de eventuais restrições infraconstitucionais – ou não expressamente constitucionais, para se abranger todas as alternativas existentes – de direitos constitucionalmente assegurados, em uma situação que parece ser, à partida, de verdadeira inversão da ordem normativa.[40]

A doutrina já tratou de maneira bastante cuidadosa do tema e das perplexidades dele oriundas, bem como das hipóteses possíveis de oferecer solução satisfatória ao paradoxo apresentado. Cabe, portanto, breve tentativa de definição prévia dos conceitos a serem utilizados pelas teorias que, como se verá, tentam explicar o fenômeno. Compete também apontar algumas questões paralelas – ou posteriores – que, embora irremediavelmente ligadas ao tema em análise, não serão pormenorizadas por não se caracterizarem como objeto central deste estudo.

---

e, do mesmo autor, *Tomemos a Sério os Direitos Econômicos, Sociais e Culturais*, passim, e *Metodologia 'Fuzzy' e 'Camaleões Normativos' na Problemática Actual dos Direitos Econômicos, Sociais e Culturais*, passim; J. Reis Novais, *As Restrições aos Direitos Fundamentais Não Expressamente Autorizadas pela Constituição*, p. 138 e ss.; e Clémerson M. Clève, *A Eficácia dos Direitos Fundamentais Sociais*, em especial p. 38-39. Para reserva do possível enquanto limitação dos direitos fundamentais, cf. L. F. Calil de Freitas, *Direitos Fundamentais: limites e restrições*, p. 172-175.

[39] Cf. J. Reis Novais, *As Restrições aos Direitos Fundamentais Não Expressamente Autorizadas pela Constituição*, p. 172 e ss, em especial p. 192-194.

[40] Para tratamento em específico desse questionamento, remete-se o leitor à obra de J. Reis Novais, *ibidem*, p. 289 e ss., p. 363-367 e *passim*.

Comece-se, pois, por sintética discussão acerca da possibilidade de limitação dos direitos fundamentais, seguindo-se curta apresentação das discussões relativas às previsões constitucionais de reserva de lei e ao tema dos limites aos limites, chegando-se, então, ao nosso ponto de estudo propriamente dito.

1.3.1. A possibilidade de limitação de direitos fundamentais

De início, conste aqui a repisada defesa da inexistência de direitos fundamentais ilimitados. A própria Declaração Universal dos Direitos Humanos da ONU, de 1948, em seu artigo 29.2, já apontava para esse sentido,[41] e a afirmação peremptória deve-se, por exemplo, e dentre inúmeras outras abordagens possíveis,[42] à historicidade e à conflituosidade inerente ao sistema de direitos positivos evolutivamente constituído.

Faz-se essencial, primeiro, pontuar a dimensão constitutiva da historicidade. É que a insuperável contingência histórica e, portanto, a mutabilidade (variação dos limites) dos direitos fundamentais nos eixos de tempo e espaço possibilitam abordagens distintas em diferentes períodos ou localidades (mais amplas ou mais restritas, em maior ou menor grau protetivo). Por óbvio que a aludida variabilidade dá ensejo a diferentes delimitações e, portanto, a diferentes graus de choques e conflitos, a depender da visão defendida. Tais dados de realidade, com lastro nas diferentes concepções de sociedade, parecem ser suficientes para, pelo menos sob o ponto de vista fático, derrubar a advocacia da existência de direitos ilimitados no sentido de validade absoluta e equânime em esfera universal.

---

[41] *In verbis:* "*No exercício de seus direitos e liberdades, toda pessoa estará sujeita apenas às limitações determinadas por lei, exclusivamente com o fim de assegurar o devido reconhecimento e respeito dos direitos e liberdades de outrem e de satisfazer às justas exigências da moral, da ordem pública e do bem-estar de uma sociedade democrática*". Disponível *[on line]* na Biblioteca Virtual de Direitos Humanos da Universidade de São Paulo [acesso em 11.01.2008], em <http://www.direitoshumanos.usp.br/counter/declaracao/declaracao_univ.html>. A passagem do instrumento internacional será tema de análise posterior, dado que fundamentaria autonomamente, ao menos para parte da doutrina, uma espécie de *cláusula geral restritiva*. Cf. cap. II, tópico 3.3.2.7, *infra*.

[42] Para variados grupos de limites que *incidem* sobre o conceito e a configuração dos direitos fundamentais, cf. R. de A. Roig, *Sobre los Límites de los Derechos, passim*; também L. Aguiar de Luque, *Los Limites de los Derechos Fundamentales, passim*, para quem a limitabilidade é condição lógica da teoria jurídica da Constituição; J. J. Solozábal Echavarría, *Alcunas Cuestiones Básicas de la Teoria de los Derechos Fundamentales*, em especial p. 96 e ss. Por fim, a peculiar posição de J. G. Amuchástegui, *Los Limites delos Derechos Fundamentales*, p. 437 e ss. e, em especial, p. 444 e ss., para quem seria possível defender retoricamente os direitos fundamentais como absolutos somente como estratégia de reforço moral de sua posição enquanto a mais importante do sistema normativo.

Ademais, como um segundo aspecto, já é clara desde o início do bombardeio ao pensamento jurídico moderno, à racionalidade liberal-burguesa e ao método racional-dedutivo que lhes são característicos a impossibilidade da efetiva construção e manutenção de um sistema jurídico totalmente lógico e consistente, completo, unitário, sem lacunas ou sobreposições em suas previsões.[43] A impossibilidade de existência de um "encaixe racional perfeito" do direito positivo e, em específico, das disposições de direitos fundamentais, alimenta e amplia a atenção que deve ser dispensada à inevitabilidade de choques e à normalidade do estado interconflituoso em que se encontram. Cabe, pois, às democracias contemporâneas, a elaboração de modelos adequados para lidar com tal situação, e a apresentação de soluções suficientemente legítimas e passíveis de controle público.

Para evitar dificuldades posteriores, todavia, cabem aqui duas ressalvas materiais de relevo. Em primeiro lugar, frise-se que a defesa da inexistência de direitos absolutos, ilimitáveis, de validade equânime universal, não significa que não se possa ou que não se deva defender a necessidade de *standards* mínimos de garantias jusfundamentais aplicáveis de forma ampla, como maneira de se proteger verdadeiramente sua eficácia.[44] Sob nosso olhar, tal amparo é não só desejável como essencial.

Em um segundo eixo, o que aqui se apresenta também pode passar uma falsa impressão de que se defende a possibilidade, por exemplo, de condutas como a da tortura ou a do tratamento cruel ou degradante. Ora, para além da ideia de *standards* mínimos já adiantada, é importante perceber que a defesa teórica da limitação não significa a necessária existência de situações fáticas de afastamento para todos os direitos fundamentais. Assim, e especificamente para os casos trazidos, não conseguimos enxergar com muita facilidade – para não dizer de modo algum – casos de conflitos ou colisões jusfundamentais que justifiquem seus afastamentos na sociedade contemporânea.

Ainda a título de ressalva, convém apresentar pequeno problema vindouro com intuito de desfazer, desde já, qualquer mal-entendido: é que não se deve confundir a "ilimitabilidade" dos direitos fundamentais defendida em certa medida por F. Müller, I. de Otto y Pardo e Martínez-Pujalte

---

[43] Cf., a propósito, e por todos por sua abordagem filosófica, A. Castanheira Neves, *Método Jurídico*, p. 295 e ss., e, em especial para críticas acerca de seus pressupostos metodológicos, p. 310 e ss.; também, do mesmo autor, *O Direito Hoje e com que Sentido? – o problema actual da autonomia do direito*, p. 11 e ss.; *A Crise Actual da Filosofia do Direito no Contexto da Crise Global da Filosofia*, passim.

[44] Cf., dentre outros, com base na antiga doutrina de E. Laboulaye, W. de M. Agra, *A Legitimação da Jurisdição Constitucional pelos Direitos Fundamentais*, p. 131-132.

com o que aqui se tentou apresentar e afastar.[45] Como se poderá observar adiante, a ilimitabilidade sustentada pelos autores citados resulta de suas visões teóricas acerca da delimitação do suporte fático dos direitos e da defesa de seu conteúdo essencial, que, se uma vez concebidos de modo estanque a evitar seu enfraquecimento, "tornam" os direitos de certa forma ilimitados. É patente perceber que nesses casos a delimitação ou a limitação – nos moldes aqui colocados – dar-se-á de maneira prévia, no momento de se balizar cada um dos direitos, não havendo margem para tal confusão. Martínez-Pujalte é expresso, aliás, ao afirmar que, embora seja possível dizer que os direitos fundamentais são ilimitáveis, é evidente que os mesmos possuem limites.[46]

1.3.2. Dois problemas posteriores

Também fazem parte do debate travado no domínio das limitações e restrições dos direitos fundamentais outras questões relevantes à dogmática jurídica como um todo. São, todavia, pontos que, embora essenciais à temática dos direitos fundamentais e, em especial, aos momentos de aplicação e decisão jurídica, não sofrerão discussões aprofundadas por se tratarem de problemas posteriores, já mais próximos ao mister legislativo e judicante, a configurar, pois, verdadeiras consequências das querelas ora em exame. Segue, pois, apenas breve alusão aos assuntos em causa.

1.3.2.1. A questão da reserva de lei e as modalidades de restrição

Inicialmente, cabe abordar as questões relativas ao chamado sistema diferenciado de reservas constitucionais, também qualificadas como – relacionadas com – o problema da reserva de lei ou o da reserva de limitação legal, com suas categorias de direitos previstos sem reserva legal expressa ou com reserva de lei – simples ou qualificada –, bem como o problema análogo das restrições expressamente previstas, expressamente autorizadas ou não expressamente autorizadas pela Constituição.

Nesse campo, cuja obra essencial em língua portuguesa é, sem dúvida, a de Reis Novais,[47] e cujo desenvolvimento doutrinário foi muito bem

---

[45] Cf. por todos A. Martinez-Pujalte, *La Garantía del Contenido Esencial de los Derechos Fundamentales*, p. 48.
[46] A. Martinez-Pujalte, *La Garantía del Contenido Esencial de los Derechos Fundamentales*, p. 48.
[47] *As Restrições aos Direitos Fundamentais Não Expressamente Autorizadas pela Constituição*, passim, em especial p. 279-286 e p. 367-378.

apresentado recentemente no Brasil por Calil de Freitas,[48] há algumas pendências teóricas em aberto. Os debates vão desde (i) a possibilidade de existência de um modelo coerente e intencionalmente hierarquizado de limites e restrições constitucionalmente previsto até (ii) a factibilidade de se trabalhar apenas com restrições expressamente previstas ou autorizadas – o que engloba, por certo, (iii) a questão das restrições não expressamente autorizadas pela Constituição[49] –, passando (iv) pela conturbada questão da concorrência de direitos fundamentais com reservas de restrição divergentes – caso em que, para a solução de conflitos, importaria também a categoria constitucional de reserva de lei atribuída a cada um. Ademais, e aqui partindo especificamente de um pressuposto de existência de limites imanentes, outra proeminente questão em pauta seria (v) a da ativação ou não da reserva de lei – melhor dizer reserva de limitação legal – para a aposição (declaração) de limites imanentes ou intrínsecos.[50]

Por certo que a temática faz mais eco doutrinário em países com previsão restritiva expressa no texto constitucional – casos de Portugal, Espanha e Alemanha, em que é possível apreender modelos distintos de

---

[48] Cf. *Direitos Fundamentais: limites e restrições*, passim e, em especial, p. 145 e ss. Cf. também Virgilio Afonso da Silva, *Os Direitos Fundamentais e a Lei: a constituição brasileira tem um sistema de reserva legal?*, p. 605 e ss., em que o autor critica a transposição da ideia de reserva legal para o constitucionalismo brasileiro; Gilmar F. Mendes *et alli*, *Curso de Direito Constitucional*, p. 299 e ss. e, dos mesmos autores, *Hermenêutica Constitucional e Direitos Fundamentais*, p. 223 e ss.; R. Brandão, *Emendas Constitucionais e Restrições aos Direitos Fundamentais*, p. 28-30; E. Rocha Dias, *Os Limites às Restrições de Direitos Fundamentais na Constituição Brasileira de 1988*.

[49] A propósito, cf. J. Reis Novais, *ibidem*, em especial p. 367-378, ao apontar autores que enxergam no sistema intencional de reservas de limitação legal uma verdadeira *trapalhada teórico-dogmática*. Para o debate da concorrência de direitos com reservas divergentes ou mesmo sem reservas, problematizando, em específico, situações em que uma restrição autorizada e necessária a um direito fundamental eventualmente atingisse outro direito não coberto por qualquer reserva de limitação, cf., por todos, *idem, ibidem*, p. 379-390.

[50] Para debate a respeito do tema, cf. M. Bacigalupo / F. Velasco Caballero, '*Limites Inmanentes'de los Derechos Fundamentales y Reserva de Ley*, p. 119 e ss e p.125 e ss. Também M. Bacigalupo, *La Aplicación de la Doctrina de los "Limites Inmanentes" a los Derechos Fundamentales Sometidos a Reserva de Limitación Legal*, p. 307 e ss. Saliente-se que para M. Bacigalupo, com base em discussão acerca de decisões do Tribunal Constitucional espanhol e ao contrário do que aqui se defende, pode haver diferença entre limites imanentes e limites intrínsecos. O coautor F. Velasco Caballero, por sua vez, refuta a diferenciação, ao considerar-lhe cultural e não dogmática. Desde já se aponte a utilização sinônima entre as expressões no âmbito do presente trabalho. Também, por fim, J. Reis Novais, *As Restrições aos Direitos Fundamentais Não Expressamente Autorizadas pela Constituição*, em especial cap. II a IV, que aponta ainda como tema importante relacionado à questão da reserva de lei sua essencialidade no âmbito da separação de poderes em favor do legislador (*cit.*, p. 531).

desenvolvimento e aplicação[51][52] – do que, propriamente, em países de vazio normativo – ao menos em termos literais – como é o caso brasileiro. O reduzido número de trabalhos no Brasil sobre o tema, em comparação ao ferrenho debate que se trava em outras ordens jurídico-estatais, corrobora a afirmação, sendo possível afirmar que em sede doutrinária a questão

---

[51] Na Constituição da República Portuguesa de 1976, há previsão expressa no art. 18: "2. *A lei só pode restringir os direitos, liberdades e garantias nos casos expressamente previstos na Constituição, devendo as restrições limitar-se ao necessário para salvaguardar outros direitos ou interesses constitucionalmente protegidos.* 3. *As leis restritivas de direitos, liberdades e garantias têm de revestir caráter geral e abstracto e não podem ter efeito retroactivo nem diminuir a extensão e o alcance do conteúdo essencial dos preceitos constitucionais"* (alterado pela Revisão Constitucional de 1982). A Constituição espanhola, por sua vez, traz em seu art. 53, item 1: *"Los derechos y libertades reconocidos en el Capítulo II del presente Título vinculan a todos los poderes públicos. Sólo por ley, que en todo caso deberá respetar su contenido esencial, podrá regularse el ejercicio de tales derechos y libertades, que se tutelarán de acuerdo con lo previsto en el art. 16.1.a)".* Por fim, a Lei Fundamental alemã – fonte histórica das demais previsões – prega em seu art. 19: *19.1. Soweit nach diesem Grundgesetz ein Grundrecht durch Gesetz oder auf Grund eines Gesetzes eingeschränkt werden kann, muß das Gesetz allgemein und nicht nur für den Einzelfall gelten. Außerdem muß das Gesetz das Grundrecht unter Angabe des Artikels nennen* (em tradução livre: "na medida em que, nos termos desta Lei fundamental, um direito fundamental pode ser restringido por meio de uma lei ou com fundamento em uma lei, a lei precisa ter validade geral, não apenas para o caso particular. Além disso, a lei precisa designar o direito fundamental por meio da indicação de seu artigo"); e *19.2. In keinem Falle darf ein Grundrecht in seinem Wesensgehalt angetastet werden* (em tradução livre: "em nenhum caso um direito fundamental pode ser violado em seu conteúdo essencial") – agradeço a Regis Anderson Dudena e a Francisco Mendes pelo valioso auxílio na tradução livre.

[52] Nesses países, o debate é inegavelmente amplo. Cf., a propósito do fecundo debate na doutrina espanhola, L. Aguiar de Luque, *Los Limites de los derechos Fundamentales*, p. 13-15; L. Prieto Sanchís, *La Limitación de los Derechos Fundamentales y la Norma de Clausura del Sistema de Liberdades*, em especial p. 437 e ss.; M. Bacigalupo / F. Velasco Caballero, *'Limites Inmanentes'de los Derechos Fundamentales y Reserva de Ley*, passim; M. Bacigalupo, *La Aplicación de la Doctrina de los "Limites Inmanentes" a los Derechos Fundamentales Sometidos a Reserva de Limitación Legal*, passim; G. Peces-Barba Martinez, *Curso de Derechos Fundamentales*, cap. XXI; A. Martinez-Pujalte, *La Garantía Del Contenido Esencial de los Derechos Fundamentales*, passim; L. M. Díez-Picazo, *Sistema de Derechos Fundamentales*, cap. IV; L. M.Baquer / I. de Otto y Pardo, *Derechos Fundamentales y Constitución*, p. 107-170, em especial p. 151 e ss.; P. C. Villalon, *El Legislador de los Derechos Fundamentales*, p. 7-17; J. J. Solozábal Echavarría, *Alcunas Cuestiones Básicas de la Teoria de los Derechos Fundamentales*, p. 99 e ss.. Para debate na Alemanha e para a distinção entre os modelos alemão e francês cf., por todos, J. C. Gavara de Cara, *Derechos Fundamentales e Desarrollo Legislativo: la garantía del contenido esencial de los derechos fundamentales em la ley fundamental de Bonn*, em especial p. 137 e ss. e p. 201 e ss.; cf. também R. Alexy, *Teoría de los Derechos Fundamentales*, cap. VI; P. Häberle, *Die Wesensgehaltgarantie des Art. 19 Abs. 2 Grundgezetz*, passim (traduzida parcialmente para o espanhol em *La Liberdad Fundamental en el Estado Constitucional*, que traz os capítulos I e II da obra original aliados ao capítulo IV da edição atualizada de 1982, sem o debate específico da garantia do conteúdo essencial dos direitos fundamentais na doutrina alemã). Para Portugal, finalmente, cf. J. J. Gomes Canotilho, *Direito Constitucional e Teoria da Constituição*, p. 448 e ss. e p. 1275 e ss.; J. C. Vieira de Andrade, *Os Direitos Fundamentais na Constituição de 1976*, cap. VI e cap. VIII; Jorge Miranda, *Manual de Direito Constitucional (Tomo IV – Direitos Fundamentais)*, p. 327 e ss. e, em especial, p. 337 e ss.; J. Reis Novais, *As Restrições aos Direitos Fundamentais Não Expressamente Autorizadas pela Constituição*, passim e, em especial, p. 279-286; Cristina M. M. Queiroz, *Direitos Fundamentais*, cap. VIII, em especial p. 199 e ss.; J. Casalta Nabais, *Os Direitos Fundamentais na Jurisprudência do Tribunal Constitucional*, p. 77 e ss.; J. Bacelar Gouveia, *Manual de Direito Constitucional*, p. 1076 e ss. e p. 1106 e ss. e, do mesmo autor, *Regulação e Limites dos Direitos Fundamentais*, p. 453 e ss.; M. Afonso Vaz, *Reserva de Lei*, p. 472-482, em abordagem mais genérica; A. Souza Pinheiro, *Restrições aos Direitos, Liberdades e Garantias*,em especial p. 283 e ss.; J. J. Gomes Canotilho / Vital Moreira, *Constituição da República Portuguesa Anotada*, vol. I, p. 379-396, em especial p. 388 e ss.; Jônatas Machado, *Liberdade de Expressão: dimensão constitucional da esfera pública no sistema social*, cap. 8, em especial p. 720 e ss.; J. Loureiro, *Constituição e Biomedicina*, p. 751-768.

é tratada, essencialmente, no âmbito da discussão teórica sobre a eficácia e a aplicabilidade das normas constitucionais.[53]

Seja como for, o fato é que esse ângulo teórico-dogmático de observação se apresenta com alguns pressupostos previamente assumidos, já mais próximo do direito positivo e relacionado de maneira mais íntima com as possibilidades de restrições ou limitações por parte do legislador. Há, em verdade, e como acima exposto, questão anterior que lhe é basilar, mais ampla, que se coloca a todos indistintamente e de forma prévia: trata-se da possibilidade ou da impossibilidade em si da limitação de direitos fundamentais e, a partir daí, como bem percebido por M. Borowski, da reconstrução teórico-jurídica do processo de restrição, de seu momento de ocorrência e da relação entre restrição e configuração dos direitos.[54]

Caso pareça necessário colocarmo-nos em algum dos eixos eventualmente em causa, o que aqui não nos surge como realmente exigido, seria aceitável afirmar que nossa questão tangencia, de maneira mais aguda, o problema dos limites ou das restrições (entendidas aqui em um sentido amplo) não expressamente autorizadas pela Constituição.

---

[53] No caso brasileiro, a previsão legislativa normalmente apontada por pequena parcela da doutrina a esse respeito é a que se convencionou chamar de *princípio geral da reserva legal*, previsto no art 5º, II, da CF/88: *"ninguém será obrigado a fazer ou deixar de fazer alguma coisa senão em virtude de lei"*. R Brandão, por seu turno, afirma que o princípio da reserva de lei restritiva no Brasil pode ser inferido de uma interpretação sistemática de alguns dispositivos constitucionais como, para além do já citado, o art. 37, *caput*, o art. 62, II, e o art. 68, II da CF/88. Como dito, no entanto, o debate acerca da possibilidade das restrições legislativas de direitos fundamentais trava-se essencialmente no âmbito da discussão teórica sobre a eficácia e a aplicabilidade das normas constitucionais, cuja proposta clássica mais aceita é a apresentada ao final da década de 60 por José Afonso da Silva: normas de eficácia plena, limitada e contida (também conhecidas como restringíveis). Para o assunto, cf. os clássicos J. Afonso da Silva, *Aplicabilidade das Normas Constitucionais, passim*; Maria Helena Diniz, *Norma Constitucional e seus Efeitos, passim*; Celso Bastos e Carlos Ayres Britto, *Interpretação e Aplicação das Normas Constitucionais, passim*. Para desenvolvimentos mais recentes, cf. Virgilio Afonso da Silva, *Os Direitos Fundamentais e a Lei: a constituição brasileira tem um sistema de reserva legal?*, p. 605 e ss.; Gilmar F. Mendes *et alli, Curso de Direito Constitucional*, p. 299 e ss. e, do mesmo autor, *Hermenêutica Constitucional e Direitos Fundamentais*, 3ª parte, cap. II, p. 223 e ss.; I. W. Sarlet, *A Eficácia dos Direitos Fundamentais*, 2ª parte, p. 243 e ss.; Jane Reis Gonçalves Pereira, *Interpretação Constitucional e Direitos Fundamentais*, em especial parte II; L. Roberto Barroso, *O Direito Constitucional e a Efetividade de Suas Normas: limites e possibilidades da Constituição brasileira*, em especial sua 2ª parte; S. de T. Barros, *O Princípio da Proporcionalidade e o Controle de Constitucionalidade das Leis Restritivas de Direitos Fundamentais, passim*; E. R. de Vasconcelos, *As Leis Restritivas de Direitos Fundamentais e as Cláusulas Pétreas, passim*; A. B. Freire Jr, *Restrição a Direitos Fundamentais: a questão da interceptação de e-mail e a reserva de jurisdição*, em especial p. 56 e ss.; S. Nahmias Melo, *A Garantia do Conteúdo Essencial dos Direitos Fundamentais*, p. 82-97. Por fim, com viés crítico, L. Virgilio Afonso da Silva, *O Conteúdo Essencial dos Direitos Fundamentais e a Eficácia das Normas Constitucionais (Tese)*, em especial o cap. VI.

[54] Cf. *La Restricción de los Derechos Fundamentales*, p. 29-30. Cf. também, para colocação correta do problema, L. Prieto Sanchís, *La Limitación de los Derechos Fundamentales y la Norma de Clausura Del Sistema de Libertades*, p. 429 e ss.

1.3.2.2. A questão dos limites aos limites

Fortemente ligado à problemática da reserva da lei e da autorização constitucional oferecida ao poder público para a restrição de direitos fundamentais está, por certo, o conhecido tema dos "limites aos limites", na expressão cunhada em âmbito germânico (*Schranken-Schranken*) em meados da década de 60, por K. A. Betterman,[55] em que melhor talvez fosse dizer – como bem se verá – "limites às restrições". De maneira bastante simplista, trata-se de saber (i) se existem e (ii) quais são os limites (enquanto requisitos) que se apresentam a uma eventual restrição de direitos fundamentais. Na definição de Aguiar de Luque, trata-se do "conjunto de institutos que, en cuanto requisitos formales e materiales para las leyes restrictivas de los derechos y liberdades, operan a modo de límites de la capacidad limitadora del legislador em dicha materia".[56]

Alguns ordenamentos tratam especificamente do tema, como o alemão, o espanhol e o português, que positivam, dentre outros, a chamada garantia do conteúdo ou do núcleo essencial dos direitos[57] – também conhecido como "o direito fundamental como tal" ou o "conteúdo sem mas".[58] Não é esse, entretanto, o único instrumento garantístico – formal ou material – apontado pela doutrina, sendo possível encontrar quem considere como "limite aos limites" (i) a proibição de restrições casuístas ou não igualitárias, (ii) a clareza e a determinação das normas restritivas, (iii) a obediência à proporcionalidade (devido processo legal substantivo) ou ainda, o que a depender da corrente teórica pode ser visto como sinônimo, (iv) a existência de justificativa constitucional para a restrição que se pretenda realizar.[59] Há, por fim, quem aponte a necessidade de

---

[55] Cf. R. Brandão, *Emendas Constitucionais e Restrições aos Direitos Fundamentais*, p. 31.

[56] Cf. *Los Limites de los Derechos Fundamentales*, p. 25.

[57] Cabem aqui as mesmas citações dos documentos constitucionais realizadas acima. De se notar que a Constituição alemã prevê ainda outros limites formais, como, por exemplo, a necessidade de se citar em lei, com seu artigo correspondente, o direito que se está limitando.

[58] Cf. P. C. Villalon, com base na previsão constitucional da República Democrática da Alemanha de 7 de outubro de 1949 e na discussão teórica de I. de Otto y Pardo. In *El Legislador de los Derechos Fundamentales*, p. 11-12. Cf. também, claro, I. de Otto y Pardo, *Derechos Fundamentales y Constitución*, p. 125-135 e p. 161.

[59] No tema em questão, também há enorme divergência nominal e material entre os estudiosos. Cf., para o debate alemão, R. Alexy, *Teoría de los Derechos Fundamentales*, p. 286-291; P. Haberle, *Die Wesensgehaltgarantie des Art. 19 Abs. 2 Grundgezetz* (em sua tradução parcial ao espanhol *La Liberdad Fundamental en el Estado Constitucional*), p. 4 e ss. e, em especial, p. 106 e ss. e p. 114-118, em que aponta ser a escolha entre as teorias absoluta e relativa do conteúdo essencial uma alternativa apenas aparente; J. J. Gavara de Cara, *Derechos Fundamentales e Desarrollo Legislativo: la garantía del contenido essencial de los derechos fundamentales em la ley fundamental de Bonn*, cap. III, p. 218 e ss.; M. Bacigalupo, *La Aplicación de la Doctrina de los "Limites Inmanentes" a los Derechos Fundamentales Sometidos a Reserva de Limitación Legal*, p. 299 e ss. e, em especial, p. 306 e ss., em que aponta os limites aos limites também foram denominados ou identificados com o princípio da concordância prática. Para debate português, cf. J. J. Gomes Canotilho, *Direito Constitucional e Teoria da Constituição*, p. 451-461 e p. 1284; J. C. Vieira de Andrade, *Os Direitos Fundamentais na Constituição de 1976*, cap. VIII,

se diferenciar a concepção dos limites, por exemplo, para os momentos legislativo e aplicativo.[60]

Elementos como obediência à proporcionalidade e necessidade de justificação constitucional de restrições serão analisados com mais cuidado. Para o momento, e até mesmo por configurar quiçá o ponto fulcral desse debate – embora haja quem relute em enxergar no instituto verdadeiro limite aos limites[61] –, cabe breve inserção na questão do conteúdo essencial dos direitos fundamentais, que apresenta correntes antagônicas em ao menos dois eixos. Fala-se aqui dos embates entre (i) teorias subjetiva e objetiva e (ii) teorias absoluta e relativa, os quais, para alguns autores, podem mesmo estar relacionados.[62]

---

em especial, p. 303 e ss., que enxerga no núcleo essencial dos direitos um reflexo da dignidade da pessoa humana; Jorge Miranda, *Manual de Direito Constitucional (Tomo IV – Direitos Fundamentais)*, p. 340-341; J. Reis Novais, *As Restrições aos Direitos Fundamentais Não Expressamente Autorizadas pela Constituição, passim*; J. Bacelar Gouveia, *Manual de Direito Constitucional*, p. 1106 e ss., em especial p. 1111 e ss. e, do mesmo autor, *Regulação e Limites dos Direitos Fundamentais*, p. 453; A. Souza Pinheiro, *Restrições aos Direitos, Liberdades e Garantias*, em especial p. 284-285; J. J. Gomes Canotilho / Vital Moreira, *Constituição da República Portuguesa Anotada*, vol. I, p. 379-396, em especial p. 394 e ss.; Jônatas Machado, *Liberdade de Expressão: dimensão constitucional da esfera pública no sistema social*, cap. 8, em especial p. 741 e ss. Para debate espanhol, cuja decisão-chave para o tema parece ser a STC 11/1981, embora com muitas referências à decisão STC 5/1981, cf. L. Prieto Sanchís, *La Limitación de los Derechos Fundamentales y la Norma de Clausura del Sistema de Libertades*, p. 437 e ss.; L. Aguiar de Luque, *Los Limites de los Derechos Fundamentales*, p. 25 e ss.; A. Martínez-Pujalte, *La Garantia del Contenido Esencial de los Derechos Fundamentales*, cap. 1 e *passim*; P. C. Villalon, *El Legislador de los Derechos Fundamentales*, p. 7-17; A. E. Perez Luño, *Derechos Humanos, Estado de Derecho y Constitución*, p. 311-312; L. M. Díez-Picazo, *Sistema de Derechos Fundamentales*, cap. IV; L. M.Baquer / I. de Otto y Pardo, *Derechos Fundamentales y Constitución*, p. 125-135. Finalmente, para debate brasileiro, em que novamente não há previsão constitucional expressa, cf. L. Virgilio Afonso da Silva, *O Conteúdo Essencial dos Direitos Fundamentais e a Eficácia das Normas Constitucionais (Tese)*, cap. V, p 243 e ss.; Gilmar F. Mendes, *Direitos Fundamentais e Controle de Constitucionalidade*, p. 38 e ss.; do mesmo autor, *Hermenêutica Constitucional e Direitos Fundamentais*, 3ª parte, cap. III, p. 241 e ss.; L. F. Calil de Freitas, *Direitos Fundamentais: limites e restrições*, cap. 3, p. 185 e ss. e, em especial, p. 192 e ss.; S. de T. Barros, *O Princípio da Proporcionalidade e o Controle de Constitucionalidade das Leis Restritivas de Direitos Fundamentais, passim*; R. Brandão, *Emendas Constitucionais e Restrições aos Direitos Fundamentais*, p. 31 e ss.; S. Nahmias Melo, *A Garantia do Conteúdo Essencial dos Direitos Fundamentais*, p. 82-97; E. Rocha Dias, *Os Limites às Restrições de Direitos Fundamentais na Constituição Brasileira de 1988, passim*; L. Martins, *Proporcionalidade como Critério de Controle de Constitucionalidade: problemas de sua recepção pelo direito e jurisdição constitucional brasileiros*, p. 24.

[60] Cf. M. Bacigalupo, *La Aplicación de la Doctrina de los "Limites Inmanentes" a los Derechos Fundamentales Sometidos a Reserva de Limitación Legal*, p. 299 e ss.

[61] É o caso de A. Martinez-Pujalte, que propõe revisão da compreensão do instituto. Para o autor, a garantia do conteúdo essencial seria de fato não um limite aos limites, mas sim um *"mandato incondicionado aos poderes públicos de respeito ao conteúdo dos direitos"*. Cf. *La Garantia del Contenido Esencial de los Derechos Fundamentales*, p. 37-38 e cap. 2, p. 41 e ss; para conceito, p. 73.

[62] A. Martinez-Pujalte aponta haver correlação, embora não estrita, entre, de um lado, as teorias relativa e objetiva, e, de outro, entre as teorias absoluta e subjetiva. *In verbis*: *"Aun cuando no puede establecerse una correlación estricta, en términos generales cabe decir que los los defensores de la tesis absoluta, en tanto que se afirman la existencia de un núcleo esencial radicalmente invulnerable de los derechos fundamentales, sostienen la teoría subjetiva y consideran no traspasable esse núcleo tampoco de modo individualizado; mientars que la teoría objetiva guardaría a su vez conexión con las tesis relativas, que tratan de dilucidar ante todo el problema de la justificación de las restricciones, y se preocupan preferentemente por la preservación em abstracto de los derechos fundamentales"*. Ibidem, p. 34-35.

No que tange ao primeiro eixo, é possível afirmar que a teoria objetiva absorve os resultados da percepção do caráter dúplice dos direitos fundamentais e, em especial, de sua dimensão objetiva, defendendo a garantia de seu núcleo essencial como requisito inerente ao valor coletivo que o mesmo representa, à sua função para a vida social – trata-se, pois, de uma garantia institucional; a visão subjetiva, por sua vez, relaciona essa garantia às posições individuais de cada um dos titulares, almejando manter intangível o núcleo essencial do direito de modo que ao indivíduo ainda faça sentido seu exercício. Há, aqui, embora com ressalvas, possibilidade de convivência entre as abordagens, já que antes de se configurarem como visões absolutamente excludentes podem ser elas observadas, efetivamente, como componentes da estrutura dos direitos fundamentais.

Já na segunda querela, aponta-se uma contraposição doutrinária entre as teorias absoluta e relativa. A abordagem absoluta clássica defende a possibilidade de definição em abstrato de um conteúdo mínimo intangível, de uma esfera permanente inatacável em caso algum por parte do legislador ou do aplicador do direito, muitas vezes identificada como uma espécie de reflexo da dignidade da pessoa humana[63]. Em uma representação geométrica, como bem ilustrado por Suzana de Toledo Barros, ter-se-ia algo similar ao modelo de uma célula humana, com dois círculos concêntricos de tamanhos distintos, em que o menor representaria o núcleo essencial em analogia ao núcleo celular.[64]

Defensores da teoria relativa, por sua vez, defendem que o núcleo essencial do direito não pode significar uma medida fixa e preestabelecida para todos os casos, não tendo, pois, autonomia conceitual, sendo atingível somente no caso concreto e equivalendo ao resultado de um processo de ponderação – com observância da necessária justificação das eventuais medidas restritivas. A representação geométrica estanque, sob esse enfoque, deixaria de fazer sentido, valendo por sua vez o seguinte silogismo: (1) restrições que atingem o conteúdo essencial são inconstitucionais; (2) restrições que passem pelo teste da proporcionalidade são constitucionais; (3) conclusão: restrições que passem pelo teste da proporcionalidade não atingem o conteúdo essencial.[65]

---

[63] Cf., para desenvolvimento dessa identificação – seja em sede de teoria absoluta, seja em sede de teoria relativa –, cap. II, tópico 6.1., em que se analisam os pressupostos teóricos da visão jusfundamental de J. C. Vieira de Andrade.

[64] S. de T. Barros, *O Princípio da Proporcionalidade e o Controle de Constitucionalidade das Leis Restritivas de Direitos Fundamentais*, p. 95. Cf. também L. Virgilio Afonso da Silva, *O Conteúdo Essencial dos Direitos Fundamentais e a Eficácia das Normas Constitucionais (Tese)*, p. 250-251.

[65] Cf. L. Virgilio Afonso da Silva, *O Conteúdo Essencial dos Direitos Fundamentais e a Eficácia das Normas Constitucionais (Tese)*, p. 271-273.

Há ainda, por fim, quem pareça almejar conjugar ambas, apontando a exigência de uma dupla garantia: tanto a proporcionalidade quanto a garantia do núcleo essencial.[66] Tal proposta deixa de fazer sentido, não obstante, para grande parte dos defensores das correntes relativas que enxergam aqui, em vez de um reforço garantístico, verdadeira redundância a agregar problemas teóricos falsos ou desnecessários.[67] Parece existir, em verdade, antes de uma fusão teórica, uma efetiva variante da teoria absoluta, já que seu elemento central posto em causa pela doutrina divergente permanece intacado.

É importante notar, ademais, que cada uma dessas correntes apresenta cisões. No modelo absoluto, por exemplo, encontram-se ao menos duas linhas conceituais que, a partir de proposta de Claudia Drews, podem ser classificadas entre teorias absolutas (i) estáticas e (ii) dinâmicas, conforme sua mutabilidade frente à evolução temporal[68]. Para as primeiras, por certo bastante minoritárias, a intangibilidade de núcleo essencial pode e deve significar também imutabilidade material-temporal, ou seja, verdadeira imutabilidade e independência frente a ideologias ou mutações sociais; para as segundas, por seu turno, o conteúdo absoluto não é sinônimo de conteúdo imutável, implicando apenas que "aquilo que é protegido pelo conteúdo essencial não sofre relativizações de acordo com urgências e contingências".[69]

Por fim, e a título meramente informativo, de se salientar a ressalva de R. Brandão, para quem a doutrina vem percebendo uma certa prevalência da teoria absoluta – ou de algumas de suas variantes – na jurisprudência das Cortes Constitucionais alemã, espanhola e, também, da portuguesa[70].

---

[66] Parece ser o caso, por exemplo, de L. Prieto Sanchis. In: *La Limitación de los Derechos Fundamentales y la Norma de Clausura del Sistema de* Liberdades, p. 437 e ss. Cf. ainda para o tema e para o afastamento das duas visões P. Häberle, *Die Wesensgehaltgarantie des Art. 19 Abs. 2 Grundgezetz* (em sua tradução parcial para o espanhol *La Liberdad Fundamental en el Estado Constitucional*), *passim*; I. de Otto y Pardo, *Derechos Fundamentales y Constitución*, p. 125-135, que enxerga as duas correntes como verdadeira relativização dos direitos fundamentais.

[67] É o que se passa para L. Virgilio Afonso da Silva e para muitos dos defensores da teoria relativa, em que o conteúdo essencial é identificado com o resultado da aplicação da regra da proporcionalidade. *In verbis*: "essa dupla exigência, que aparenta conferir um maior grau de proteção aos direitos fundamentais é, na verdade, pelo menos a partir dos pressupostos das teorias relativas, uma redundância. E é essa redundância que gera os problemas interpretativos (...).Cf. L. Virgilio Afonso da Silva, *O Conteúdo Essencial dos Direitos Fundamentais e a Eficácia das Normas Constitucionais* (Tese), p. 264. Para essa linha teórica, as previsões constitucionais de garantia do conteúdo essencial teriam caráter meramente declaratório, não constitutivo.

[68] Cf. Claudia Drews, *Die Wesensgehaltgarantie des Art. 19 II GG*, Baden-Baden: Nomos, 2005, p. 65 e ss; *apud* L. Virgilio Afonso da Silva, *ibidem*, p. 246 e ss.

[69] Cf. L. Virgilio Afonso da Silva, *ibidem*, p. 248. O autor aponta Werner Knülliig como, talvez, o único defensor do modelo absoluto estático.

[70] Cf., a propósito, exemplificativo levantamento jurisprudencial feito pelo autor nos três países citados, para além de breve discussão sobre o problema no Brasil. In *idem*, *Emendas Constitucionais e Restrições aos Direitos Fundamentais*, p. 43.

Expostas as principais linhas de força do debate, aponte-se que várias são as críticas cruzadas pelas correntes contrapostas, sendo aqui relevante resgatar, novamente, que muito do que aqui é discutido deriva de nosso objeto de estudo, qual seja, a possibilidade de limitação apriorística ou não do âmbito de proteção ou do suporte fático de um direito fundamental. É possível mesmo adiantar que, em visões puristas mais radicais, em especial da teoria interna, as dificuldades aqui mobilizadas perdem um pouco do seu sentido. Como bem pontua Virgilio Afonso da Silva, aliás, a assunção de uma das abordagens em detrimento de outra não se trata de mera escolha, mas sim de decorrência quase que necessária dos pressupostos assumidos,[71] havendo, pois, óbvia possibilidade de manejo dos argumentos de uma discussão a outra.

Como se verá adiante, pois, os pilares da visão absoluta assemelham-se em certa medida com as preocupações da teoria interna, valendo o contrário para a relação entre visão relativa e teoria externa. De maneira geral, críticos da ideia de um núcleo absoluto, intangível, são opositores da teoria interna e da noção de limites imanentes, apontando perda de grande parte da operatividade do instrumento em face da regra da proporcionalidade;[72] oponentes de uma teoria relativa, na outra mão, mantêm seu bordão garantístico e levantam questionamentos à desconfiguração da previsão constitucional de garantia – relegada à mera fiança formal – e à fluidez do uso de técnicas como a da ponderação.[73]

Como único ponto de relevo que foge de nosso desenvolvimento posterior, cabe apenas levantar uma das críticas apontadas à teoria absoluta. É que a defesa de um núcleo duro intangível acaba por criar dois conteúdos distintos, um essencial e outro não, chamado de acessório, acidental ou periférico, tornando grande parcela do âmbito de proteção do direito fundamental passível de restrição pela via legislativa. Esse movimento argumentativo, embora de intuito assumidamente garantístico, pode atingir resultados verdadeiramente inversos, relativizando a proteção constitucional e enfraquecendo a garantia jusfundamental ao invés de a robustecer.[74]

---

[71] Virgilio Afonso da Silva. *Emendas Constitucionais e Restrições aos Direitos Fundamentais*, p. 241-243.

[72] Cf., a propósito do último ponto, M. Bacigalupo, *La Aplicación de la Doctrina de los "Límites Inmanentes" a los Derechos Fundamentales Sometidos a Reserva de Limitación Legal*, p. 301 e ss.

[73] Para crítica e respostas à suposta confusão feita pelos defensores das teorias relativas entre proporcionalidade e conteúdo essencial, cf. J. Miranda, *Manual de Direito Constitucional (Tomo IV – Direitos Fundamentais)*, p. 341; J. C. Vieira de Andrade, *Os Direitos Fundamentais na Constituição de 1976*, p. 305-306; L. Virgilio Afonso da Silva, *O Conteúdo Essencial dos Direitos Fundamentais e a Eficácia das Normas Constitucionais (Tese)*, p. 260-264.

[74] Para desenvolvimentos, cf. P. C. Villalon, *El Legislador de los Derechos Fundamentales, passim*; A. Martinez-Pujalte, *La Garantia del Contenido Esencial de los Derechos Fundamentales*, p. 30-33 e p. 37-38;

1.3.3. Limites e restrições

No que tange em específico à abordagem e à possível diferenciação entre os conceitos de limites e restrições, é importante notar que tais definições não são mobilizadas de forma uniforme – seja pelas diferentes correntes teóricas, seja em tratamento esparso pelos autores –, em que pesem, no entanto, as noções relativamente comuns de afetação, ablação ou intervenção no campo de um direito fundamental.[75] Muito ao contrário, aliás, são enormes as divergências existentes, o que complica sobremaneira a realização de um estudo temático que se proponha a construir o debate a partir da apresentação linear e sequencial de conceitos.

É razoável propor, no entanto, que a definição pretendida depende de prévia determinação dos pressupostos teóricos a que se filia cada uma das abordagens em causa. Nesse ponto, e a título de conceito operativo, há possibilidade se de adiantar que, grosso modo, uma noção mais estrita de limite está para a teoria interna assim como uma visão mais rigorosa de restrição está para a teoria externa.[76]

Também são frequentes, porém, definições até certo ponto dúbias, ou ainda que tratam ora de forma diversa, ora de forma equânime, as duas figuras em questão, contribuindo, por certo, para a manutenção da percepção de certa "artificialidade" das caracterizações propostas. Veja-se, a propósito, a sinuosa definição de Jorge Miranda:

> A restrição tem que ver com o direito em si, com a sua extensão objectiva; o limite ao exercício de direitos contende com a sua manifestação, com o modo de se exteriorizar através da prática de seu titular. A restrição afecta certo direito (em geral ou quanto a certa categoria de pessoas ou situações), envolvendo a sua compreensão ou, doutro prisma, a amputação de faculdades que *a priori* estariam nele compreendidas; o limite reporta-se a quaisquer direitos. A restrição funda-se em razões específicas; o limite decorre de razões ou condições de carácter geral, válidas para quaisquer direitos (a moral, a ordem pública e o bem-estar numa sociedade democrática, para recordar, de novo, o art. 29 da Declaração Universal).
>
> O limite pode desembocar ou traduzir-se qualificadamente em *condicionamento*, ou seja, num requisito de natureza cautelar de que se faz depender o exercício de algum direito, como a prescrição de um prazo (para o seu exercício), ou de participação prévia (v.g., para realização de manifestações) (...). O condicionamento não reduz o âmbito do direito, apenas implica, umas vezes, uma disciplina ou uma limitação da margem da liberdade do seu exercício, outras vezes um ónus.[77] (grifos do autor)

---

[75] Para largo rol terminológico utilizado em Portugal e em Alemanha cf., por todos, J. Reis Novais, *As Restrições aos Direitos Fundamentais Não Expressamente Autorizadas pela Constituição*, p. 254 e ss e p.390 e ss.

[76] Tais teorias serão explicadas adiante.

[77] Cf. *Manual de Direito Constitucional*, tomo IV, p. 329-330. A título meramente exemplificativo, compare-se a diferença exposta com o que é conceitualmente trazido por J. Bacelar Gouveia em *Restrições e Limites dos Direitos Fundamentais*, p. 450-472, em texto que parece identificar sem ressalvas limites e restrições, considerando ambos como instrumentos de compressão ou de amputação de aspectos do conteúdo ou do objeto do direito fundamental, deixando a tarefa da *delimitar* o direito para a égide da regulação.

Embora completa e com o auxílio de exemplos com o intuito de facilitar o entendimento, sob nossa ótica parece haver relativa dificuldade em se definir com clareza se os "limites", em sua diferenciação frente às "restrições", são gerais e se referem efetivamente a todos os direitos (como nos casos de respeito à moral ou à ordem pública) ou, ao revés, se são condicionamentos bastante específicos como o existente para o direito de manifestação – dificuldade que, como se verá, é quase inerente às estratégias de limitação imanente dos direitos fundamentais. Há ainda uma terceira possibilidade, qual seja, a da primeira opção poder ser transmutada em alguns casos – não fica claro em quais ou qual o critério para tanto – em condicionamentos específicos, que seriam diferentes das previsões restritivas.

Em tentativa de esclarecimento ou de definição a servir de base ao presente texto, o que, como já se viu, afigura-se importante frente à confusão nominal instalada, faz-se fundamental nova referência à obra de Reis Novais, que em sua abordagem parte da diferença etimológica entre os conceitos. Enquanto restrição (do latim *restringere*) significa supressão ou diminuição de algo, limite (do latim *limitare* ou *delimitare*) refere-se à fronteira, à estrema. Dessa forma,

> (...) enquanto que *restrição* procura traduzir a idéia de uma intervenção ablativa num conteúdo pré-determinado, *limite* sugere a revelação ou colocação dos contornos desse conteúdo, ainda que na colocação de limites a alguma coisa venha sempre implicado o deixar de fora da delimitação algo que poderia estar dentro.[78]

Ao se partir da presente diferenciação e ao se aceitarem suas decorrências, é possível identificar de alguma forma a ideia de restrição com algo que é externo ou que se impõe externamente ao direito – ou ao seu conteúdo predeterminado –, valendo exatamente o oposto para a concepção de limite. Tem-se, pois, a opção por uma visão mais restrita ou específica, que concebe a figura interventiva como eminentemente passível de ocorrência apenas *a posteriori*, ressalvando-se desde já escolha diversa feita por Reis Novais no que tange ao sentido de restrição que utiliza em sua tese – qual seja, uma definição mais alargada que a considera como uma ação ou omissão estatal que, eliminando ou reduzindo possibilidades de acesso ao bem jusfundamentalmente protegido e a sua fruição por parte dos titulares, ou enfraquecendo os deveres e obrigações criados ao Estado, afeta desvantajosamente o conteúdo de um direito fundamental, em verdadeiro prejuízo na liberdade.[79]

---

[78] Cf. *As Restrições aos Direitos Fundamentais Não Expressamente Autorizadas pela Constituição*, p. 155. Cf. também J. G. Amuchástegui, *Los Limites de los Derechos Fundamentales*, p. 440 e ss.

[79] Cf. *As Restrições aos Direitos Fundamentais Não Expressamente Autorizadas pela Constituição*, p. 156 e ss. e p. 192-254, em especial p. 192-194, p. 247-254 e p. 390 e ss, em especial p. 420 e ss. O próprio autor, ao optar pelo conceito mais amplo, não só aceita a existência da visão mais restrita ("*considerando a*

Saliente-se que a opção por um conceito mais estrito de restrição, próximo ao sentido estrito apresentado por Reis Novais mas que, aparentemente, não pode ser com ele identificado, já que inclui a necessidade de imposição externa ou posterior, bem como a decisão por um conceito mais estrito de limite – que o identifica com a determinação do âmbito de proteção ou, para melhor dizer e como adiante se verá, do suporte fático do direito –, busca facilitar a identificação dos diferentes efeitos dogmáticos que a assunção típica de cada teoria pode acarretar. Embora se saiba de antemão que os conceitos eleitos não são unânimes nem necessários, almeja-se com a escolha tornar mais clara a relação que a ideia de limites trava com a teoria interna, bem como, ao inverso, a relação existente entre restrição e teoria externa.[80]

Isso porque, ao contrário das teorias que colocam em evidência o momento único da delimitação do direito[81] (internas) e ainda que se considerem as diferentes abordagens acerca do conceito de limites, é fato que a utilização da noção de restrição nos termos assumidos implica necessariamente a presença de dois momentos lógicos distintos: (i) o da existência *prima facie* do direito em si e (ii) o da restrição propriamente dita, da intervenção externa (desvantajosa) no conteúdo predefinido, que pode

---

nossa definição específica para restrição em sentido estrito, só há alteração *da norma de direito fundamental quando admitimos a possibilidade de apuramento de uma* primeira *norma de direito fundamental")* (grifos do autor, *cit.*, p. 251) como também assume utilizar indiferentemente algumas fórmulas como a de restrições e a de limites *"sem preocupações de compartimentalização formal excessivamente rigorosa"* (*cit.*, p. 250). De fato, e sem pretensões de transposição exata dos conceitos utilizados, Reis Novais qualifica as restrições aos direitos fundamentais como restrições em sentido amplo, apresentando quiçá como componentes ou subdivisões do conceito tanto uma visão de *restrição em sentido estrito* – em que o chamado *prejuízo da liberdade* se identifica com uma alteração ou uma *redefinição* da norma jusfundamental (âmbito de proteção) em que há redução, amputação ou eliminação de conteúdo do direito fundamental (*cit.*, p. 227 e ss.) – quanto o interessantíssimo conceito mais concreto de *intervenções restritivas*, pouco tratado pela doutrina especializada se considerarmos sua importância no que tange à admissão de tutela jurisdicional jusfundamental – em que por ação específica há afetação negativa de posição individual de um titular de direito fundamental sem a alteração de seu conteúdo (*cit.*, p. 205-227). Também aqui cf. L. F. Calil de Freitas, *Direitos Fundamentais: limites e restrições*, p. 77-78. Quanto ao conceito de *limite*, por sua vez, e ao contrário do que aqui tipologicamente se apresenta, Reis Novais opta justificadamente por autonomizar a determinação do âmbito de proteção do direito da ideia de limite, que em rigor não se colocaria no momento da fixação abstrata dos contornos do conteúdo ou da proteção normativa do direito fundamental. Para tanto, aponta adeptos dessa visão, inclusive, na doutrina germânica, como Starck e Heyde. Essa acepção permitiria, dentre outras possibilidades, a separação entre duas estratégias distintas – (i) uma baseada na concepção restritiva da previsão normativa dos direitos fundamentais e (ii) outra autônoma, calcada na figura dos limites imanentes –, além de uma aproximação da ideia de limites imanentes com os juízos de valoração ou ponderação de interesses no plano concreto, o que, sob a égide de nossos pressupostos teórico-terminológicos, não se afigura possível (*cit.*, p. 391-396 e p. 420 e ss.).

[80] Assim, fique claro que a apresentação *infra* das teorias parte de um pressuposto conceitual distinto do utilizado pelo autor em causa e, portanto, também nesse desenvolvimento haverá pequenas divergências de abordagem.

[81] São vários os autores que contrapõem *restrição* (externa) e *delimitação* (interna) dos direitos, assemelhando o último conceito à ideia de limitação aqui trabalhada. Utilizamos aqui os conceitos de limitação e de delimitação, nestes termos e salvo ressalva explícita, como sinônimos.

ocorrer na definição do caso concreto.[82] Não é outra, aliás, a visão de R. Alexy, ao definir que "el concepto de restricción de um derecho sugiere la suposición de que existen dos cosas – el derecho y sus restricciones – entre las cuales se da uma relación de tipo especial, es decir, la de la restricción".[83]

Por certo ainda que, dependendo da ênfase empregada ou da importância atribuída a cada uma das eventuais fases de definição de um direito definitivo, a ideia de restrição apresenta relevância e possibilidade de utilização variada: se a ênfase é colocada na primeira etapa, qual seja, a da imposição e da correta delimitação do suporte fático do direito mediante os limites, a possibilidade de exclusão *a priori* de determinadas parcelas de conteúdo reduz – ou verdadeiramente aniquila – a possibilidade de restrições posteriores, salvo, claro, as abordagens teóricas que enxergam a possibilidade de convivência de um modelo de delimitação estrito com os diferentes desenhos de reserva legal.[84]

1.4. Objeto de análise

É na seara prévia dos limites, portanto, que se coloca o problema do presente estudo. Embora seja quase óbvia a ideia de que os direitos são limitados ou limitáveis, há aqui definições pendentes de impacto dogmático importante. Aos nossos olhos, há necessidade de superação de algumas das temáticas anteriores com o direcionamento de foco naquilo

---

[82] Com o intuito de evitar equívocos, permita-se breve explicação do que se quer aqui dizer com o uso da expressão "caso concreto". Na esteira de L. Virgilio Afonso da Silva, é fundamental perceber que a expressão pode significar ao menos duas coisas distintas: (i) uma situação fática que se coloca para decisão por parte do Judiciário e (ii) uma decisão do legislador – positivada em norma jurídica – sobre uma eventual colisão de direitos fundamentais. Embora no senso comum seja corriqueira apenas a primeira acepção, a segunda também deve ser considerada por se tratar de decisão com dimensão concreta no momento em que apresenta solução a uma determinada situação hipotética. Como exemplifica o autor e para facilitar a compreensão do que aqui se traz, a previsão legislativa do tipo penal de calúnia caracteriza-se por uma situação hipotética de colisão entre o direito à honra e a liberdade de expressão descrita e "resolvida" pelo legislador em determinado sentido ou posicionamento. Tal explicação, em suma, evita que se tenha que indicar, a todo momento, que para além do caso concreto que se apresenta ao Judiciário se fala também de decisões legislativas. Para desenvolvimento mais aprofundado, cf. *idem, O Conteúdo Essencial dos Direitos Fundamentais e a Eficácia das Normas Constitucionais (Tese)*, p. 182 [n. 64]. Por fim, aproveite-se a ressalva para pontuar que se fala em "colisão" ou "colisão autêntica" quando há choque entre direitos, e em "conflito" ou "colisão inautêntica" quando há choque entre direitos e valores comunitários. Cf., por exemplo, L. Roriz, *Conflito Entre Normas Constitucionais*, p. 13 e ss. Para outros sentidos da ideia de colisão, como internas e externas, cf. T. Bustamante, *Princípios, Regras e a Fórmula de Ponderação de Alexy: um modelo funcional para a argumentação jurídica?*, p. 84 [n. 34]; também L. F. Castillo Córdova, *¿Existen los Llamados Conflictos entre Derechos Fundamentales?*, p. 102 [n. 7].

[83] *Teoría de los Derechos Fundamentales*, p. 268. Também, no mesmo, sentido, M. Borowski, *La Restricción de los Derechos Fundamentales*, p. 31 e ss. Para crítica ao conceito de R. Alexy, cf. J. Reis Novais, *As Restrições aos Direitos Fundamentais Não Expressamente Autorizadas pela Constituição*, p. 252-254.

[84] Como parece ser o caso, por exemplo, da teoria jusfundamental de Vieira de Andrade. Cf. cap. II, tópico 6.

que diz respeito à discussão de base: (i) quais são esses limites; (ii) quais seus critérios de identificação; e, de importância essencial ao nosso estudo, (iii) qual seu momento de surgimento (se prévios ou posteriores, se internos ou externos, a englobar de maneira obrigatória o debate acerca das restrições aos direitos fundamentais).

Em feliz redução das dificuldades postas, embora sem utilizar diferenciação terminológica entre restrição e limite, questiona Jorge Miranda:

> As restrições constituem algo exterior aos direitos, algo que lhes justapõe, comprimindo ou reduzindo o seu âmbito ou, diversamente, algo que entra no seu próprio conteúdo, definindo-o desde logo? Cada direito, liberdade e garantia existe em si e a restrição vem lhe acrescer ou, pelo contrário, o direito só existe com o conteúdo recortado a partir da restrição?[85]

Ou ainda, em sucinta apresentação das questões vindouras proposta por Gomes Canotilho,

> Em termos teóricos, o que está em causa é saber: (1) se devemos lidar com uma *teoria restritiva* ou uma *teoria alargada* do *Tatbestand*; (2) se devemos escolher uma *teoria externa* ou uma *teoria interna* na compreensão das restrições.[86] (grifos no original)

Tem-se aqui, de maneira expressa e inequívoca, a colocação do debate entre teoria interna e teoria externa do direito, que antes de ser questão específica da dogmática dos direitos fundamentais é querela basilar do direito como um todo. Além disso, instala-se a necessidade de pesquisa inicial umbilicalmente relacionada à primeira, qual seja, a tentativa de apreensão e definição de conceitos como objeto, conteúdo, modos de exercício, âmbito de proteção, conteúdo juridicamente protegido e suporte fático dos direitos fundamentais. Tais acepções devem ser devidamente sedimentadas com o fim de identificar o que pode e o que não pode ser – o que é e o que não é – objeto de eventual restrição ou, por ser turno, de limitação.

2. Objeto, conteúdo, âmbito de proteção e suporte fático dos direitos fundamentais

Ultrapassada a disputa acerca da possibilidade teórica da limitação de direitos e definido nosso objeto de análise, frise-se que a condição lógica *sine qua non* de qualquer ideia de limite ou restrição é a definição do

---

[85] Jorge Miranda, *Manual de Direito Constitucional (Tomo IV – Direitos Fundamentais)*, p. 336.
[86] J. J. Gomes Canotilho, *Dogmática de Direitos Fundamentais e Direito Privado*, p. 348. Considera-se aqui *Tatbestand* como suporte fático ou pressuposto fático do direito.

objeto ou do substrato a ser, respectivamente, limitado ou restringido. Questiona-se acerca da delimitação dos direitos fundamentais, da configuração de suas fronteiras, da parcela ou do domínio da realidade social que serve de referente ao direito em questão. É o que Gilmar Ferreira Mendes, com base em P. Lerche, aponta ser seu pressuposto primário.[87]

É importante ressaltar, todavia, que o caráter mais geral e abstrato das disposições constitucionais, para além de outras implicações – como a tentativa de impor métodos e princípios específicos para a interpretação constitucional[88] –, acentua as dificuldades desse tipo de formulação. No entanto, é ele fundamental ao bom manejo dogmático dos preceitos, sendo, pois, essencial à correta argumentação jurídica e à legitimidade decisória dos órgãos e agentes competentes para tanto no Estado Democrático de Direito. É debate relevante, portanto, ao texto em desenvolvimento.

Nesse âmbito, contudo, há nova divergência quanto ao momento de apresentar a formulação abstrata em suas categorias essenciais. O que para alguns configura o âmbito de proteção do direito para outros recebe o nome de suporte fático, não obstante ser possível verificar em quase todas as abordagens a presença de um substrato fático (para alguns objeto ou âmbito de proteção do direito fundamental) aliado a um delineamento jurídico (convencionado normalmente como sendo seu conteúdo).

2.1. As visões tradicionais

As abordagens mais comuns – e também de longe as mais aceitas – nesse aspecto da teoria jusfundamental apontam para uma identificação entre, por um lado, o objeto e o âmbito de proteção do direito, enquanto elementos fáticos ou recorte da realidade constitucionalmente relevante, e, de outro lado, o conteúdo e os aspectos jurídico-normativos do direito propriamente dito, enquanto faculdades ou poderes jurídicos dali provenientes. Mas há nos autores, por certo, algumas peculiaridades.

---

[87] Cf. *Hermenêutica Constitucional e Direitos Fundamentais*, p. 210 e ss.; também *Curso de Direito Constitucional*, p. 294 e ss.

[88] Cf., a propósito da chamada "interpretação constitucional moderna" – em que se defende a necessidade de métodos e princípios interpretativos específicos para o âmbito jurídico-constitucional, fugindo-se do modelo interpretativo clássico atribuído a Savigny –, K. Hesse, *Elementos de Direito Constitucional da República Federal da Alemanha*, p. 53 e ss. Também F. Müller, *Métodos de Trabalho do Direito Constitucional*, p. 27 e ss. e, em especial, p. 60 e ss.; do mesmo autor, *Tesis Acerca de la Estructura de las Normas Jurídicas*, p. 117 e ss.; para grande apresentação do tema, cf. J. J. Gomes Canotilho, *Direito Constitucional e Teoria da Constituição*, p. 1195 e ss., em especial p. 1223 e ss.; também, do mesmo autor, '*Método de Interpretação de Normas Constitucionais. Peregrinação Constitucionalista em Torno de um Prefácio de Manuel de Andrade à Obra 'Interpretação e Aplicação das Leis de Francisco Ferrara'*, p. 883 e ss. Em posição bastante crítica, cf. L. Virgílio Afonso da Silva, *Interpretação Constitucional e Sincretismo Metodológico*, passim; e *La Interpretación Conforme a la Constitución: entre la trivialidad y la centralización judicial*, p. 3-28.

Para Villaverde,[89] por exemplo, a delimitação de um direito fundamental é proveniente de três perguntas essenciais. Questiona-se (i) o que se protege, configurando seu objeto – esfera de liberdade individual, condutas obrigatórias, permitidas ou proibidas; (ii) como se protege, configurando seu conteúdo – técnicas de garantia jurídica do objeto, conjunto de faculdades ou poderes jurídicos que constituem a garantia de cada direito;[90] e (iii) o que não se protege, configurando, finalmente, seus limites – condutas excluídas da garantia jusfundamental.

Aparentemente em esteira similar, embora com diferenças de nomenclatura, está a proposta de Vieira de Andrade, que aponta a existência de (i) limites em sentido material – limites do objeto, qual seja, o bem jurídico protegido ou a parcela de realidade incluída na hipótese normativa que dá ensejo ao âmbito abrangido pelo direito – e (ii) limites em sentido jurídico – limites de conteúdo, situações, formas ou modos de exercício de cada direito.[91] Também do mesmo lado, somente e em específico para esse ponto, a visão de Gomes Canotilho, ao separar metodologicamente (i) âmbito de proteção e (ii) conteúdo juridicamente garantido enquanto momentos descritivo e normativo do direito fundamental.[92]

Já para Gilmar Ferreira Mendes, em posição que se aproxima da teoria externa – a ser detalhada a seguir – e claramente baseada na proposta de Pieroth / Schlink, o âmbito de proteção não se confunde com a proteção efetiva ou definitiva de um direito fundamental; a sugestão também abrange, contudo, os diferentes pressupostos fáticos contemplados na norma jurídica e sua consequência comum, a proteção jusfundamental, sendo, pois, relevante identificar (i) o que é protegido e (ii) contra que tipo de agressão ou restrição se outorga essa proteção. Tal definição poderia ser alcançada (i) pela identificação dos bens jurídicos e a amplitude de sua proteção e (ii) pela verificação das possíveis restrições expressamente positivadas na própria Constituição.[93]

---

[89] Cf. I. Villaverde, *Concepto, Contenido, Objeto y Limites de los Derechos Fundamentales*, p. 332 e ss.

[90] Importante salientar que, para o autor, a diferença entre o conteúdo do direito fundamental e o seu exercício é apenas de grau de abstração (o segundo seria a realização do primeiro), não sendo possível limitar o exercício sem afetar o conteúdo; diferentes seriam, por sua vez, os meios de exercício do direito, instrumentos auxiliares e complementares da conduta (liberdades instrumentais) que poderiam sim ser limitados sem que se atinja o conteúdo jusfundamental. *Idem*, p. 352-356.

[91] Cf. J. C. Vieira de Andrade, *Os Direitos Fundamentais na Constituição Portuguesa de 1976*, p. 292 e ss.

[92] Cf. J. J. Gomes Canotilho, *Direito Constitucional e Teoria da* Constituição, p. 448-450. De se notar, todavia, a *metódica das três instâncias do procedimento jurídico-constitucional de restrição de direitos* proposta pelo autor (*cit.*, p. 1275 e ss.), a ser analisada *infra*, cap. II, tópico 5.1., em que seu posicionamento é melhor explicitado.

[93] Cf. *Hermenêutica Constitucional e Direitos Fundamentais*, p. 210-213. Cf. ainda *Curso de Direito Constitucional*, p. 294 e ss., em que o autor desenvolve bastante o tema e introduz o conceito de "âmbito de proteção estritamente normativo", pertinente àqueles casos em que *"não se limita o legislador ordinário a estabelecer restrições a eventual direito, cabendo-lhe definir, em determinada medida, a amplitude e a conformação desses direitos individuais"*, aos *"direitos individuais que têm o âmbito de proteção instituído direta e*

2.2. O conceito de suporte fático

O desenho conceitual aqui discutido se coloca de maneira um pouco diversa, entretanto, para autores como R. Alexy e tributários de sua teoria como M. Borowski e L. Virgílio Afonso da Silva.[94] Para o grupo, cuja base teórico-filosófica indica clara separação entre o direito existente *prima facie* e o direito efetivamente protegido, fundamental ao debate acerca das restrições de direitos fundamentais – em específico dos direitos de defesa – seria o conceito de suporte fático, no qual a ideia de âmbito de proteção é apenas um dos elementos existentes. Como ponto distintivo dessa linha doutrinária, à visão tradicional deve ser somado, obrigatoriamente, o elemento da intervenção estatal.

Para L. Virgilio Afonso da Silva, por exemplo, são quatro as perguntas necessárias para a delimitação de suporte fático: (i) o que é protegido – tida usualmente como a única questão necessária para a definição do âmbito de proteção jusfundamental; (ii) contra o quê; (iii) qual é a consequência jurídica que poderá ocorrer; e, finalmente, (iv) o que é necessário ocorrer para que a conseqüência jurídica possa também ocorrer.[95] Desse modo, o conceito de suporte fático pode ser então assumido como "o conjunto de elementos fáticos que a norma jurídica em abstrato prevê e a ele imputa determinada conseqüência".[96]

Fica clara na apresentação do conceito a presença do âmbito de proteção, enquanto substrato fático-material (âmbito temático ou âmbito da vida) do direito, de maneira similar ou até idêntica às demais visões. Mas note-se que para o autor – em conjunto com Alexy e Borowski – é fundamental que se some a ele o elemento da intervenção estatal,[97] sem o qual não é possível existir consequência jurídica alguma.[98] Somente com a in-

---

expressamente pelo ordenamento jurídico". Ibidem, p. 295 e p. 298-299. Embora não seja essa a linha teórica adotada nesse trabalho, parece-nos que um melhor desenvolvimento desse tópico pode colocar em causa – ao menos para um relevante grupo de direitos fundamentais – alguns dos pressupostos aqui defendidos.

[94] Cf. R. Alexy, *Teoría de los Derechos Fundamentales*, p. 292-298; L. Virgilio Afonso da Silva, *O Conteúdo Essencial dos Direitos Fundamentais e a Eficácia das Normas Constitucionais (Tese)*, p. 79-92; M. Borowski, *La restricción de los Derechos Fundamentales*, p. 29-56, e *Grundrechte als Prinzipien. Die Unterscheidung von prima-facie Position und definitiver Position als fundamentaler Konstruktionsgrundsatz der Grundrechte*, apud J. J. Gomes Canotilho, *Dogmática de Direitos Fundamentais e Direito Privado*, p. 349 e ss.

[95] Cf. *O Conteúdo Essencial dos Direitos Fundamentais e a Eficácia das Normas Constitucionais (Tese)*, p. 86.

[96] Cf. *idem, ibidem*, p. 82. Saliente-se estar aqui posto o conceito de suporte fático em abstrato, diferente do conceito de suporte fático concreto: *"ocorrência concreta, no mundo da vida, dos fatos ou atos que a norma jurídica, em abstrato, juridicizou"*.

[97] Cf. R. Alexy, para quem o conceito é gênero que engloba as noções de impedimento, afetação e eliminação. Para o autor, é possível relacionar um conceito estrito de âmbito de proteção com a ideia de bem jurídico e um conceito amplo de âmbito de proteção com a ideia de suporte fático (bem jurídico + restrição), a ser utilizada em sua tese. *Teoría de los Derechos Fundamentales*, p. 294-296.

[98] Um exemplo trazido pelo autor ilustra com clareza o que se quer significar com a inclusão do elemento "intervenção estatal": *"aquele que, todos os dias, antes de dormir, ora em agradecimento ao seu deus,*

tervenção ou com a agressão ao que é protegido se pode ter consequência jurídica e, portanto, só assim é que é possível falar, de maneira efetiva e completa, do suporte fático de um direito.

O professor ainda ressalta como último ponto, embora de maneira já isolada, a necessária inclusão de um terceiro elemento a oferecer fechamento rígido ao círculo conceitual: trata-se da ausência de fundamentação constitucional para a intervenção, já que se a mesma for constitucionalmente fundamentada não há verdadeiramente ocorrência apta a ativar a consequência jurídica prevista.

3. Suporte fático e teorias de limites e restrições a direitos fundamentais

Partir-se-á aqui, portanto, do conceito de suporte fático, subutilizado e praticamente desconhecido no Brasil,[99] por parecer mais abrangente e adequado aos nossos propósitos, embora não haja maiores problemas em se recorrer, às vezes, apenas ao seu elemento do âmbito de proteção.[100] Afigura-se primordial, dessa forma, apresentar suas diferentes visões e as necessárias consequências daí oriundas, sendo relevante associar as concepções de sua amplitude ou extensão – ampla e restrita – com as diferentes formas de aplicação dos direitos fundamentais.

De maneira geral, e embora não sejam essas relações necessárias, é possível afirmar que teorias restritivas de suporte fático dialogam com a teoria interna, em cuja categoria tipológica mais usual ou extrema é possível delimitar o objeto ou o conteúdo de um direito *a priori*; fala-se

---

exerce algo protegido pela liberdade religiosa. A ação 'orar antes de dormir' é abarcada, sem dúvida alguma, pelo âmbito de proteção da liberdade religiosa. Mas a consequência jurídica típica de um direito de liberdade – como é o caso da liberdade religiosa – não ocorre. Como direito de defesa, essa consequência é a exigência de cessação de uma intervenção. Isso simplesmente porque o suporte fático dessa liberdade não foi preenchido, pois não houve nenhuma intervenção naquilo que é protegido pela liberdade religiosa".(grifo no original). Cf. *idem, ibidem*, p. 87.

[99] É possível afirmar que a noção de suporte fático na academia brasileira permeia apenas as áreas do direito penal e do direito tributário, onde se trabalha, respectivamente, com os conceitos de tipo e de fato gerador/hipótese de incidência. Para sua não utilização no direito constitucional, há ao menos duas hipóteses plausíveis: (i) a tradição do estudo do direito constitucional enquanto mero direito da organização estatal (já adiantada) e (ii) a falta de tradição do método de trabalho analítico. Cf. L. Virgilio Afonso da Silva, *O Conteúdo Essencial dos Direitos Fundamentais e a Eficácia das Normas Constitucionais (Tese)*, p. 79-80.

[100] Como a figura do âmbito de proteção é de uso corrente e intensamente mobilizada por grande parte da doutrina aqui citada, faz-se a ressalva de que a expressão será mantida sempre que convier ao bom entendimento de um autor ou de uma proposta teórica. Sua utilização nesse trabalho, pois, carrega em si a carga semântica de que consiste a mesma em um elemento do conceito de suporte fático, todavia sem a necessidade de maior preocupação de uso diferenciado ao longo do texto.

aqui, dentro da categorização proposta, de limites, de posições jusfundamentais definitivas e de configuração do direito. Teorias amplas, por sua vez, baseiam as percepções centrais da teoria externa, em que de modo geral o direito em si e sua possível restrição se encontram em momentos distintos; os direitos podem ser vistos, portanto, enquanto posições prima facie, passíveis de restrição *a posteriori* e exterior para a determinação do direito em definitivo.[101] Nas palavras de R. Alexy, a reiterar e resumir o último ponto:

> (...) según la teoría externa, no existe ninguna relación necesaria entre el concepto de derecho y el de restricción. La relación es creada sólo a través de una necesidad externa al derecho, de compatibilizar los derechos de diferentes indivíduos como así también los derechos individuales y los bienes coletivos. (...) Una imagen totalmente distinta subyace a la llamada teoría interna. Según ella, no existen dos cosas, el derecho y sus restricciones, sino sólo una: el derecho con un determinado contenido. El concepto de restricción es sustituido por el de límite.[102]

Falemos, portanto, das acepções de suporte fático, para tratamento posterior das teorias interna e externa.

3.1. Suporte fático restrito

As concepções de suporte fático restrito dos direitos fundamentais mais típicas caracterizam-se por afastar de plano do âmbito de proteção da norma algumas ações, condutas ou meios de exercício do direito. Trata-se de uma exclusão a priori, que se consagra com a não proteção de determinadas hipóteses subsuntivas e com o estabelecimento de limites que configuram ou delimitam o suporte fático do direito.

Essa delimitação é, para significativa parcela de seus defensores, calcada em critérios abstratos de intuição ou evidência,[103] que almejam al-

---

[101] Para o tema específico da amplitude do suporte fático. cf. R. Alexy, *Teoría de los Derechos Fundamentales*, p. 267 e ss. e p. 292-329; L. Virgilio Afonso da Silva, *O Conteúdo Essencial dos Direitos Fundamentais e a Eficácia das Normas Constitucionais (Tese)*, cap. III; J. J. Gomes Canotilho, *Dogmática de Direitos Fundamentais e Direito Privado*, passim; J. Reis Novais, *As Restrições aos Direitos Fundamentais Não Expressamente Autorizadas pela Constituição*, p. 390 e ss.; K. Hesse, *Elementos de Direito Constitucional da República Federal da Alemanha*, p. 250 e ss.; e E. Rocha Dias, *Os Limites às Restrições de Direitos Fundamentais na Constituição Brasileira de 1988*, item 4. Por fim, Gilmar F. Mendes que, embora se utilizando do conceito de âmbito de proteção e não do de suporte fático, define bem a questão em pauta: "na dimensão dos direitos de defesa, âmbito de proteção dos direitos individuais e restrições a esses direitos são conceitos correlatos. Quanto mais amplo for o âmbito de proteção de um direito fundamental, tanto mais se afigura possível qualificar qualquer ato do Estado como restrição. Ao revés, quanto mais restrito for o âmbito de proteção, menor possibilidade existe para a configuração de um conflito entre o Estado e o indivíduo". Cf. *Hermenêutica Constitucional e Direitos Fundamentais*, p. 212.

[102] Cf. *Teoría de los Derechos Fundamentales*, p. 268-269. No mesmo sentido, cf. M. Borowski, *La Restricción de los Derechos Fundamentales*, p. 31 e ss.

[103] É o critério proposto, por exemplo, e embora não com essa nomenclatura, por J. C. Vieira de Andrade. Cf. *Os Direitos Fundamentais na Constituição Portuguesa de 1976*, p. 295. No mesmo sentido, J. Reis Novais, *As Restrições aos Direitos Fundamentais Não Expressamente Autorizadas pela Constituição*,

cançar ou defender a essência de determinado direito fundamental, ainda que o mesmo seja visto como inserido no ordenamento como um todo e dependente, pois, das definições de suas fronteiras para uma apropriada coexistência jusfundamental. O que se encontrar fora dessa configuração não é assegurado, em definitivo e de uma só vez, pela hipótese normativa.

O trabalho jurídico-dogmático assentado nessas bases teria como vantagem imediata permitir a exclusão apriorística de determinadas condutas, tidas pela doutrina majoritária como evidentemente absurdas, de qualquer âmbito de proteção jusfundamental, sem a necessidade de se recorrer a ferramentas como a ponderação. É comum, nesse aspecto, o uso de exemplos extremos a justificar essa necessidade:

> Por exemplo, terá sentido invocar a liberdade religiosa para efectuar sacrifícios humanos ou, associada ao direito de contrair casamento, para justificar a poligamia ou a poliandria? Ou invocar a liberdade artística para legitimar a morte de um actor no palco, para pintar no meio da rua, ou para furtar o material necessário à execução de uma obra de arte? Ou apelar ao direito de propriedade para não pagar impostos ou ao direito de educar os filhos para os espancar violentamente? Ou invocar a liberdade de reunião para utilizar um edifício privado sem autorização, ou a liberdade de circulação para atravessar a via pública sem vestuário, (...). Ou invocar o direito ao casamento para contrair matrimónio com uma pessoa do mesmo sexo? Ou invocar a liberdade de expressão para injuriar uma pessoa? (...).[104]

Considerada, enfim, a proposta em voga, ao menos duas consequências imediatas emergem[105]: (i) como já tratado, não há possibilidade de se falar em restrição do direito – há, de fato, delimitação em ato único que considera o que é e o que não é abarcado; (ii) não há que se falar em colisão ou em conflitos entre direitos fundamentais – haveria, em verdade, meros conflitos aparentes ou intervenções absolutamente permitidas para determinadas situações, dado que não abarcadas por hipóteses protetivas.[106]

---

p. 427 e ss., que, entretanto, expressamente não enxerga ligação necessária entre restrição de suporte fático e teoria interna. Saliente-se a título de ressalva, todavia, que ambos os autores não podem e não devem ser alinhados em uma concepção purista de suporte fático restrito ou ainda da teoria interna. Muito ao contrário, e como se verá, propõem teorias híbridas em que a limitação do suporte fático de um direito, embora possa ocorrer em casos extremos, é bastante mitigada. Ainda, e em expressa concordância com J. C. Vieira de Andrade, cf. L. F. Calil de Freitas, *Direitos Fundamentais: limites e restrições*, p. 225 e ss. Para crítica, cf. R. Alexy, *Teoría de los Derechos Fundamentales*, p. 121-124.

[104] Cf. J. C. Vieira de Andrade, *Os Direitos Fundamentais na Constituição Portuguesa de 1976*, p. 294. Ressalte-se novamente a impossibilidade de se alinhar o autor em questão com a teoria interna ou com a aposição de limites imanentes para todos os questionamentos apresentados. O presente trecho, bem como as peculiaridades de sua utilização pelo autor, serão retomados no capítulo III, *infra*.

[105] Avaliando-se, claro, as visões puristas típicas, que no limite aceitam a possibilidade de perfeita justaposição entre os suportes fáticos dos direitos fundamentais.

[106] Cf. L. Virgilio Afonso da Silva, *O Conteúdo Essencial dos Direitos Fundamentais e a Eficácia das Normas Constitucionais (Tese)*, p. 98 e ss.; R. Brandão, *Emendas Constitucionais e Restrições a Direitos Fundamentais*, p. 10. Para existência, apenas, de conflitos aparentes, cf. L. F. Castillo Córdova, *¿Existen los*

De se notar ainda que para a defesa de um suporte fático restrito e, mediatamente, ao menos em uma de suas principais correntes, da concepção de limites utilizada pela teoria interna, diferentes estratégias podem ser mobilizadas.[107] Há também distintas propostas de origens e critérios para os limites que o configuram – inseridas aqui, por certo, as variações conceituais acolhidas sob o "conceito guarda-chuva" de limites imanentes, tratadas de maneira aprofundada no capítulo seguinte.[108]

De maneira geral, porém, e em breve avanço de discussões posteriores, é factível apontar as seguintes "táticas" que podem basear – ainda que de forma não explícita e às vezes de maneira sobreposta – a defesa de um suporte fático restrito ou restringível *a priori*, de certo modo identificável com a teoria interna e com a ferramenta da limitação imanente:[109] (i) a interpretação histórico-sistemática; (ii) a chamada "cláusula de comunidade" ou as exigências mínimas de vida em sociedade; (iii) os direitos titulados por outros sujeitos ou limites de não perturbação; (iv) as chamadas leis gerais; (v) a ordem ou pública ou cláusula geral de polícia; e (vi) o abuso de direito. Assinalem-se ainda, embora com menos força, os fundamentos (vii) das relações especiais e de poder ou de sujeição e (viii) o art. 29, n. 2, da Declaração Universal dos Direitos do Homem. Já em especial atenção a autores relevantes, e para além (ix) do amparo da teoria interna feita pela teoria institucional de P. Häberle a ser oportunamente analisado,[110] cite-se ainda como exemplo de modelo que se relaciona com tal visão (x) a delimitação do âmbito da norma proposta pela teoria do alcance objetivo e pela metódica jurídica estruturante de F. Müller.

Tendo em vista o desenvolvimento desse ponto no capítulo seguinte, com especial discussão sobre a possibilidade de considerarem tais estratégias como verdadeiras situações de limitação imanente e sobre a eventual identificação dessa caracterização com a ideia de recorte do suporte fático, parece válido focar atenções em apenas dois exemplos elucidativos: a utilização da interpretação histórico-sistemática e a teoria de F. Müller.

Llamados Conflictos de Derechos Fundamentales?, passim. Para ótima reprsentação gráfica de conflitos aparentes e reais,cf. J. Casalta Nabais, *O Dever Fundamental de Pagar Impostos: contributo para a compreensão constitucional do estado fiscal contemporâneo*, p. 25 e ss. [n. 26].

[107] Utiliza-se aqui o verbo *poder* com a intenção de assegurar tratar-se de mera possibilidade. Isso porque as estratégias apresentadas não são inerentes à ideia de suporte fático restrito, não há relação necessária; algumas delas podem ser mobilizadas, inclusive, em sentido absolutamente inverso.

[108] Cf. cap. II, tópico 3.

[109] Aceitando-se aqui a teoria que identifica restrição de suporte fático com uma espécie de "gênero" limites imanentes. Cf., para suporte fático restrito, L. Virgilio Afonso da Silva, *O Conteúdo Essencial dos Direitos Fundamentais e a Eficácia das Normas Constitucionais (Tese)*, p. 102 e ss.; R. Alexy, *Teoría de los Derechos Fundamentales*, p. 300 e ss.; J. C. Gavara de Cara, *Derechos Fundamentales e Desarrollo Legislativo: la garantía del contenido esencial de los derechos fundamentales en la ley fundamental de Bonn*, p. 171 e ss.; L. F. Calil de Freitas, *Direitos Fundamentais: limites e restrições*, p. 77 e ss.; J. C. Vieira de Andrade, *Os Direitos Fundamentais na Constituição de 1976*, p. 292 e ss.

[110] Cf. cap. II, tópico 3.3.3.

No caso da utilização estratégica da interpretação histórico-sistemática, primeiramente, subjaz a ideia de que caberia à interpretação constitucional a delimitação do que diz ou não respeito à essência de um direito, configurando como parâmetros analíticos o contexto histórico-evolutivo da norma e sua inserção no sistema de direitos fundamentais e no sistema jurídico como um todo.[111] Seria possível apontar, portanto, com base no histórico e na posição da norma no sistema, que algumas parcelas do objeto ou do conteúdo de um direito fundamental não estariam efetivamente abrangidas pelo seu suporte fático.

Pense-se, por exemplo, no caso da morte de um ator no palco em nome da liberdade artística, que deveria ser afastada a priori do âmbito de proteção (elemento do suporte fático) do direito com base em uma abordagem sistemática; ou ainda no debate real ocorrido no famigerado caso Ellwanger, julgado pelo Supremo Tribunal Federal brasileiro, em que os ministros discutiram se o conceito de racismo constitucionalmente positivado pela CF/88 dizia respeito apenas aos negros ou se abrangia, também, os judeus (já que o grupo não configuraria, em específico, uma verdadeira "raça").[112]

Como segundo arquétipo de estratégia intimamente relacionada com a teoria restrita do suporte fático dos direitos fundamentais, tenha-se a empregada por F. Müller em sua teoria do alcance objetivo e em sua metódica jurídica estruturante "pós-positivista", de enorme repercussão

---

[111] Cf. L. Virgilio Afonso da Silva, *O Conteúdo Essencial dos Direitos Fundamentais e a Eficácia das Normas Constitucionais (Tese)*, p. 103-106, que aponta como autores filiados à estratégia exposta T. Maunz e R. Zippelius. Talvez também seja possível enquadrar aqui, ainda que de forma bastante mitigada, P. Häberle, *La Libertad Fundamental en el Estado Constitucional*, p. 30, p.73, p. 79 e *passim*; e também I. de Otto y Pardo, *Derechos Fundamentales y Constitución*, p. 137 e ss., em que afirma: *"si se delimita el alcance de la protección que presta el derecho fundamental, los problemas tratados como 'limitación para proteger otros bienes constitucionales' muestran ser en realidad, cuando se trata verdaderamente de bienes de esa índole, problemas de interpretación sistemática y unitaria de la Constitución en los que no es precisa ponderación alguna de bienes y valores, ni consiguientemente jerarquización de esa naturaleza, sino un examen pormenorizado del contenido de cada una de las normas. (...) Nada, por tanto, de jerasquía de bienes y valores, sino exégesis de los preceptos constitucionales en presencia, determinación de su objeto propio y del contenido de su tratamiento jurídico. En definitiva interpretación unitaria y sistemática de la Constitución"*. (cit., p. 143-144). É possível que se enxergue aqui, a propósito, o que J. Loureiro qualifica como teorias *ultra-restritivas* do *Tatbestand*, que por óbvio se contrapõem às teorias do *Tatbestand* ultra-alargado. Cf. Idem, *Constituição e Biomedicina: contributo para uma teoria dos deveres bioconstitucionais na esfera da genética humana*, p. 751 e ss.

[112] O chamado "caso Ellwanger" (HC 82424) discutiu se determinada obra literário-científica elaborada por Siegfried Ellwanger que, sob a proteção de um pretenso revisionismo histórico, negava o holocausto, configurava ou não racismo, em detrimento da liberdade de expressão. A decisão final do Corte foi dada em setembro de 2003, por sete votos a três, não concedendo o *habeas corpus* (para trancar a ação penal). No caso, os votos dos ministros ilustram com primazia a busca pela origem histórica da positivação do crime de racismo no art. 5º., XLII, da CF/88, acentuando o debate acerca da constituição de seu suporte fático. Cf., a propósito, L. Virgilio Afonso da Silva, *O Conteúdo Essencial dos Direitos Fundamentais e a Eficácia das Normas Constitucionais (Tese)*, p. 104-106. Cf. também notícia institucional do STF acerca da decisão: disponível [*on line*] em <http://www.stf.gov.br/portal/cms/verNoticiaDetalhe.asp?idConteudo=61291&caixaBusca=N> (acesso em 20.08.2007).

contemporânea não só na Alemanha como também nos demais países que acompanham seus debates.[113] Cabe, contudo, breve e despretensiosa apresentação dos pressupostos de sua abordagem.[114]

Em sua metódica jurídica estruturante – que, partindo inicialmente da distinção entre texto e norma almeja ao seu final chegar à concretização do direito –, Müller defende ser falsa a dicotomia ou o dualismo polarizado entre "realidade" e "direito", afirmando que a norma também é integrada pela realidade ou faticidade social. Embora para alguns autores o conceito seja quase que incompreensível,[115] esse recorte fático-social deve ser compreendido como constituinte do âmbito da norma, que não se confunde com seu programa.

Aliás, os conceitos de programa da norma e de âmbito da norma, relacionados respectivamente com os dados linguísticos do texto normativo e com a realidade social por ele abrangida, bem como a sua conexão hermenêutica, são elementos centrais da teoria do autor. O próprio assim os define:

> O teor literal expressa o "programa da norma", a "ordem jurídica" tradicionalmente assim compreendida. Pertence adicionalmente à norma, em nível hierárquico igual, o âmbito da norma,

---

[113] Veja-se, por exemplo, e sob indicação do próprio autor, a repercussão do caso *Mephisto* julgado pelo Tribunal Constitucional Federal alemão em 1971 – embora com a adoção de teoria da imanência diferente da aplicada anos antes pelo Tribunal Federal Administrativo Alemão – e, a partir daí, a assunção dos pressupostos que basearam essa decisão. Cf. F. Müller, *Teoria Moderna e Interpretação dos Direitos Fundamentais Especialmente com Base na Teoria Estruturante do Direito*, p. 316. Cf. também J. C. Gavara de Cara, *Derechos Fundamentales y Desarrollo Legislativo*, p. 282.

[114] Para a teoria de Müller, cf. do próprio autor, dentre outras obras: *Métodos de Trabalho do Direito Constitucional*; *Tesis Acerca de la Estructura de las Normas Jurídicas*; *Direito, Linguagem, Violência: elementos de uma teoria constitucional*; e *Teoria Moderna e Interpretação dos Direitos Fundamentais Especialmente com Base na Teoria Estruturante do Direito*. Cf. também F. Müller, *Die Positivität der Grundrechte*, trazida à baila e devidamente analisada pelos demais autores que seguem na presente nota. Cf. J. C. Gavara de Cara, *Derechos Fundamentales e Desarrollo Legislativo: la garantía del contenido esencial de los derechos fundamentales en la ley fundamental de Bonn*, p. 107-110, p. 170 e ss. e p. 280 e ss.; L. F. Calil de Freitas, *Direitos Fundamentais: limites e restrições*, p. 21 e ss., p. 80 e p. 155 [n. 565]; J. J. Gomes Canotilho, *Direito Constitucional e Teoria da Constituição*, em especial p. 1117 e ss.; J. Reis Novais, *As Restrições aos Direitos Fundamentais Não Expressamente Autorizadas pela Constituição*, p. 398-402 e p. 416-420. Cf. ainda, de maneira bastante crítica, R. Alexy, *Teoría de los Derechos Fundamentales*, p.73-80 e p. 300-306; L. Virgilio Afonso da Silva, *O Conteúdo Essencial dos Direitos Fundamentais e a Eficácia das Normas Constitucionais* (Tese), p. 107-110 e, do mesmo autor, *Interpretação Constitucional e Sincretismo Metodológico*, em especial p. 136 e ss. Para a visão de que, antes de significar completa ruptura com o positivismo jurídico reinante na primeira metade do século passado, a teoria de Müller afigurou-se verdadeira tentativa de conciliação entre o último e elementos da tópica e do sociologismo, cf. T. Bustamante, *Sobre o Conceito de Norma e a Função dos Enunciados Empíricos na Argumentação Jurídica Segundo Friedrich Müller e Robert Alexy*, em especial p. 102-104. Por fim, para crítica à ideia de metódica utilizada por F. Müller, cf. C. Neves, *Método Jurídico*, p. 283 e ss.

[115] Hans-Joachim Koch aponta, por exemplo, que *"exatamente este ponto central da nova teoria estrutural de Müller [o âmbito da norma] é (...) – para falar de forma direta – simplesmente incompreensível"*. In *Die Begründung Von Grundrechtsinterpretationen*, p. 353, apud L. Virgilio Afonso da Silva, *O Conteúdo Essencial dos Direitos Fundamentais e a Eficácia das Normas Constitucionais* (Tese), p. 108 [n. 61].

isto é, o recorte de realidade social na sua estrutura básica, que o programa da norma 'escolheu' para si ou em parte criou para si como seu âmbito de regulamentação.[116]

Conforme bem percebem Alexy e Virgilio Afonso da Silva, a ideia de âmbito da norma na teoria de Müller assume com clareza o papel de âmbito de proteção e, portanto, de suporte fático. E considerando o tratamento que o autor dá à ideia de delimitação do direito quando, por exemplo, aponta que "nenhum direito fundamental está garantido sem limites por conseqüência de sua própria qualidade jurídica de direito fundamental",[117] que "definir o conteúdo daquilo que é protegido por cada direito fundamental é, portanto, o mesmo que definir seus limites",[118] ou ainda que "a questão dogmática principal não é saber, portanto, por meio de quê um direito fundamental pode ser restringido, mas qual é a extensão de sua validade, a qual deve ser desenvolvida a partir da análise do âmbito da norma",[119] a percepção de suporte fático aqui trabalhada obviamente condiz com a da corrente restritiva.

A inclinação da estratégia teórica em análise fica ainda mais evidente ao se considerar, ademais, os conceitos de especificidade e de intercambialidade que Müller utiliza para definir o que exatamente deve fazer parte do âmbito normativo de determinado direito, enquanto modo de exercício típico e não intercambiável – modalidades especificamente protegidas que mantêm com o âmbito normativo uma conexão de tipicidade e necessidade estrutural.[120] No exemplo já clássico utilizado pelo próprio autor, a proibição posta a um pintor de quadros que gostaria de exercer seu mister no meio de um cruzamento de ruas não significaria uma restrição porque o modo de exercício de direito em questão não é típico da liberdade artística (não integra, pois, seu âmbito normativo).

Expostos os dois exemplos a que fizemos menção, é relevante assinalar que apesar da evidente correção lógico-formal e da vantagem almejada pelas teorias que se baseiam em um modelo de suporte fático restrito, qual seja, a de definir com clareza o que configura e o que não configura determinado direito em definitivo e o de se evitar falsos e desproposita-

---

[116] *Métodos de Trabalho do Direito Constitucional*, p. 42. Cf. ainda *Direito, Linguagem, Violência: elementos de uma teoria constitucional*, p. 42 e ss, e *Teoria Moderna e Interpretação dos Direitos Fundamentais Especialmente com Base na Teoria Estruturante do Direito*, p. 319 e ss.

[117] *Die Positivität der Grundrechte*, p. 41, apud J. C. Gavara de Cara, *Derechos Fundamentales e Desarrollo Legislativo*, p. 170.

[118] *Die Positivität der Grundrechte*, p. 32-33, apud L. Virgilio Afonso da Silva, *O Conteúdo Essencial dos Direitos Fundamentais e a Eficácia das Normas Constitucionais (Tese)*, p. 107.

[119] *Die Positivität der Grundrechte*, p. 87, apud idem, ibidem, p. 109.

[120] Cf. R. Alexy, *Teoría de los Derechos Fundamentales*, p. 302 e ss.; L. Virgilio Afonso da Silva, *O Conteúdo Essencial dos Direitos Fundamentais e a Eficácia das Normas Constitucionais (Tese)*, p. 109 e ss; J. C. Gavara de Cara, *Derechos Fundamentales e Desarrollo Legislativo*, p. 170; J. Reis Novais, *As Restrições aos Direitos Fundamentais Não Expressamente Autorizadas pela Constituição*, p. 400 e ss.

dos conflitos jurídicos em situações descabidas, a opção doutrinária não está livre de algumas dificuldades. Apontem-se, desde logo, os problemas de definição dos critérios para as exclusões realizadas pela abordagem conceitualista[121] e um eventual otimismo hermenêutico excessivo, bem como a dificuldade de relação entre a definição estrita de conteúdos e a evolução fático-temporal do direito (ou o problema da atualização do âmbito de proteção das normas jusfundamentais). Esse debate, contudo, será realizado no capítulo seguinte.

3.2. Suporte fático amplo

Distinta e com consequências quase opostas é a concepção de um suporte fático amplo dos direitos fundamentais, que surge como elemento basilar a muitas das correntes chamadas teorias externas e, por certo, como se aprofundará adiante, também à visão teórica alexyana. Seu conceito-chave, em termos negativos, é a não aceitação da possibilidade das restrições *a priori* de conteúdos definitivos (limitações), ou, em termos positivos, a aceitação das restrições como necessariamente provenientes de fora, externas, inerentes à dilatação do suporte fático inicialmente considerado.[122]

Parte-se, de maneira efetiva, de um conceito bastante amplo que, embora não negue a óbvia necessidade da percepção pelo operador jurídico ao menos da seara em que se está a trabalhar, não a considera relevante ou suficiente para a exclusão ou a inclusão de condutas definitivas,[123]

---

[121] Basta perceber exemplificativamente, como bem nota Reis Novais, as conclusões absolutamente contrárias a que chegam dois expoentes da presente teoria no que tange ao exercício da prostituição. Enquanto que para F. Müller isso não se configura exercício de liberdade de escolha profissional, para Otto e Pardo tem-se justamente o contrário. *As Restrições aos Direitos Fundamentais Não Expressamente Autorizadas pela Constituição*, p. 419 [n.738].

[122] Para suporte fático amplo, cf., por todos, L. Virgilio Afonso da Silva, *O Conteúdo Essencial dos Direitos Fundamentais e a Eficácia das Normas Constitucionais* (Tese), p. 118-144; R. Alexy, *Teoría de los Derechos Fundamentales*, p. 311-321. A propósito da origem das restrições, aponta J. Reis Novais: "*esses limites e restrições são construtivamente colocados de fora, são externos ao direito fundamental em si e, daí, a designação de teoria externa*". In *As Restrições aos Direitos Fundamentais Não Expressamente Autorizadas pela Constituição*, p. 301.

[123] É fundamental perceber que mesmo em um modelo como o apresentado há necessidade de se definir o suporte fático do que está em causa. Não se defende aqui, aliás, a possibilidade dessa não ocorrência. O diferencial, porém, parece estar no fato de que, nos termos expostos, o conceito é tão alargado que deixa de ser relevante para a questão das restrições. Nas palavras de Reis Novais, a salientar a significativa importância da questão, em essência, para a teoria restritiva do suporte fático: "*obviamente, a necessidade de delimitação do conteúdo de proteção jusfundamentalmente garantido é sentida por qualquer operador jurídico, mesmo até quando se perfilhem concepções radicalmente ampliativas, enquanto tarefa ineliminável da interpretação das normas jurídicas constitucionais. O que ela apresenta aqui de especial – e só nessa qualidade é analisada como teoria autónoma – é que, nesta concepção [teoria interna], se pretende erigir esse labor de delimitação em forma de solucionar, esgotando-o antecipadamente, o problema das restrições aos direitos fundamentais*". In *As Restrições aos Direitos Fundamentais Não Expressamente Autorizadas pela Constituição*, p. 396-397.

aceitando, pois, sobreposições iniciais, colisões e conflitos jusfundamentais. Considera-se como inerente ao âmbito de proteção de cada direito "toda ação, estado ou posição jurídica que possua alguma característica que, isoladamente considerada, faça parte do 'âmbito temático' de um determinado direito fundamental, independentemente da consideração de outras variáveis".[124]

Perceba-se que, ao partir de um conceito tão alargado, as respostas aos questionamentos retóricos levantados como justificativas a uma teoria excludente do suporte fático de determinado direito (vide tópico anterior) devem necessariamente ser, em oposição frontal ao lá defendido, positivas. Faz-se mister considerar aqui, enquanto resultado obrigatório ao exemplo clássico de Müller, que a pintura em um cruzamento viário é, sim, conduta *prima facie* garantida pela liberdade artística.

Estão presentes, portanto, elementos demasiado diferentes daqueles utilizados pelas teorias internas. Em primeiro lugar, os defensores de um suporte fático amplo aceitam e consideram as restrições – intervenções constitucionalmente fundamentadas – como correntes e provenientes de elementos externos, surgidas *a posteriori* nos casos concretos. Como consequência direta fundamental, já adiantada, seria possível propor a existência de dois momentos completamente distintos no *iter* da definição efetiva de um direito: um a significar, de início, o que é protegido *prima facie*; outro a significar, depois, o que é protegido em definitivo.

Alguns falam aqui, como Lübbe-Wolff, e em que pese a não identificação nominal com as definições que foram trazidas acima, em âmbito de proteção contraposto ao âmbito de garantia efetiva.[125] A definição do último, claro, seria mutável e dependente do cumprimento de pressupostos formais e materiais (justificação constitucional) por parte das intervenções em causa.

É ainda com esta singela diferenciação que se resolveria, para os defensores da corrente, a questão fundamental apresentada à visão ampla de suporte fático, qual seja, a de saber o que então é protegido pelos direitos fundamentais. Como aponta L. Virgilio Afonso da Silva, sob essa ótica a pergunta é menos drástica, deve ser separada em duas e precisa ser inicialmente transmutada para a observação daquilo que é, afinal, protegido

---

[124] Conceito trazido por L. Virgilio Afonso da Silva, com base em contribuições de R. Alexy e de M. Borowski (deste último, especificamente, a ideia de 'âmbito temático'). Cf. *O Conteúdo Essencial dos Direitos Fundamentais e a Eficácia das Normas Constitucionais* (Tese), p. 139; cf. ainda R. Alexy, *Teoría de los Derechos Fundamentales*, p. 311-312.

[125] Cf. G. Lübbe-Wolff, *Die Grudnrechte als Eingriffsabwehrrechte*, p. 25 e ss., apud J. C. Gavara de Cara, *Derechos Fundamentales e Desarrollo Legislativo*, p. 165-166, que também traz críticas ao conceito de âmbito de proteção e demais definições similares existentes na doutrina germânica.

prima facie por determinado direito,[126] valendo a resposta apresentada acima com a amplitude conceitual que lhe é inerente.

A partir daqui, abre-se ainda caminho para a segunda e de fato relevante discussão: a constitucionalidade (adequada fundamentação constitucional) das possíveis intervenções que se apresentem, a delimitar finalmente a proteção definitiva do direito em determinada situação. É essencial perceber, nesses termos, o verdadeiro deslocamento do foco do debate e da argumentação: a ênfase não mais está presente no momento da definição do conteúdo inicial do direito, de sua verdadeira delimitação com o intuito de se perceber o que está e o que não está abarcado em seu suporte fático; passa-se, ao contrário, a discutir com maior fôlego, em um segundo momento, a fundamentação da intervenção em causa.[127]

A título conclusivo do tópico, é importante dizer que os defensores da presente abordagem apresentam como vantagens, para além da inexistência das dificuldades já apontadas na outra linha teórica como seu conservadorismo ou sua arbitrariedade na estipulação dos critérios de inclusão/exclusão, a maior possibilidade de controle da atividade legislativa e jurisdicional, já que se criariam, em verdade, exigências de fundamentação às atividades restritivas mais robustas do que as existentes – se existentes – no modelo de proteção apriorística.

Não escapa a corrente, todavia, de críticas como a artificial expansão do suporte fático dos direitos fundamentais e sua consequente falsa promessa de direitos, bem como sua inconveniência frente à tradição jurídica de direitos do homem – ao aceitar a pertinência de ações claramente despropositadas como matar ou roubar ao âmbito de proteção de um direito fundamental, ainda que meramente *prima facie*[128] –, assim como a desne-

---

[126] Cf. *O Conteúdo Essencial dos Direitos Fundamentais e a Eficácia das Normas Constitucionais (Tese)*, p. 138 e ss. Também J. J. Gomes Canotilho, *Dogmática de Direitos Fundamentais e Direito Privado*, p. 346-347. Aparentemente no mesmo sentido, cf. Gilmar F. Mendes, *Hermenêutica Constitucional e Direitos Fundamentais*, p. 212.

[127] Cf. L. Virgilio Afonso da Silva, *O Conteúdo Essencial dos Direitos Fundamentais e a Eficácia das Normas Constitucionais (Tese)*, p. 118. É esse, aliás, um dos pontos a serem abordados adiante: se o mero deslocamento de um debate que se utiliza da mesma plêiade de argumentos, com diferença única calcada nos momentos distintos de sua mobilização, não significaria, ao final, que o problema posto em tese se trata de mera discussão teórico-terminológica.

[128] Cf. Reis Novais, para quem a concepção ampla de suporte fático é *insustentável* e *inconveniente*, gerando situações *grotescas* e *contrárias à racionalidade da tradição dos direitos do homem*. *As Restrições aos Direitos Fundamentais Não Expressamente Autorizadas pela Constituição*, p. 408 e ss. Para o autor, a visão de Alexy partiria de dois equívocos fundamentais: (i) a insuficiente distinção metodológica entre o plano da delimitação normativa dos direitos e o plano de seus limites – aqui já discutida e com maior desenvolvimento no capítulo seguinte – e (ii) uma confusão ou um salto não devidamente explicado do conceito de liberdade para o de liberdade jurídica.

cessária explosão de conflituosidade que lhe é inerente e a tendência de criação de direitos absolutos.[129]

3.3. Visões híbridas: a concepção restritiva mitigada de J. Reis Novais

Por fim, e de maneira análoga ao que ocorre com a quiçá insuficiente dicotomia estanque entre teoria interna e teoria externa, a qual, como adiante se desenvolverá, permite a construção de posicionamentos híbridos que almejam superar dificuldades ou fragilidades teórico-dogmáticas das visões extremadas, é também possível perceber movimento similar no que tange ao tema do suporte fático dos direitos fundamentais.

Reis Novais, por exemplo, após aprofundada análise das vantagens e das desvantagens, dos encontros e desencontros das visões típicas de suporte fático tanto amplo quanto restrito, acaba por formular o que qualifica de concepção restritiva mitigada, em que a delimitação da previsão normativa dos direitos fundamentais deve excluir o que evidentemente, e embora com alguma característica que, se isoladamente considerada, pudesse convocar a proteção de um direito fundamental – para fugir de Alexy –, não pode ser considerado pela consciência jurídica própria de Estado de Direito como exercício verdadeiramente protegido.[130]

Tal abordagem, todavia, e embora efetivamente diferente da visão restritiva nos moldes de F. Müller, por exemplo, não escapa da crítica referente ao problema do critério escolhido para incluir ou excluir a hipótese fática no âmbito de proteção do direito fundamental. E isso, notadamente, porque se invocam critérios e conceitos indeterminados como consciência jurídica própria de Estado de Direito e critério de evidência, o que, se de início podem ser bastante operativos até por sua carga fortemente intuitiva, em casos limítrofes ou fronteiriços pouco auxiliam uma teoria que se apresente dogmática e legitimamente controlável.

Nesse aspecto, porém, tenta o autor clarificar o que almeja, apontando que se excluem à partida – independentemente de sua relação ocasional ou aparente com qualquer direito fundamental – (i) o que se constituir como ilícito penal em sentido jurídico-material ou, mesmo não sendo objeto de sanção penalmente aplicável, (ii) o que apresentar evidente e

---

[129] A crítica da tendência à "absolutização" dos direitos, diga-se de passagem, é mobilizada por todos os lados do debate Veja-se, a título de exemplo, as utilizações divergentes apresentadas por L. F. Calil de Freitas. In *Direitos Fundamentais: limites e restrições*, p. 87 e p. 143.

[130] Cf. *As Restrições aos Direitos Fundamentais Não Expressamente Autorizadas pela Constituição*, p. 427-437, em especial p. 427. Parece ser essa, também, embora com particularidades que a diferenciam da proposta de Reis Novais, a linha adotada por Pieroth / Schlink, seguida de perto por Gilmar Ferreira Mendes. Cf. *Curso de Direito Constitucional*, p. 294 e ss.

intolerável danosidade social ou seja radicalmente incompatível com os requisitos mínimos da vida em comunidade, suscitando uma consensual reprovação tanto social quanto jurídica.[131]

Ainda em sede de apresentação conceitual de subsídios ao debate, não cabe agora análise aprofundada da alternativa em voga. Aponte-se apenas que, se de um lado uma das principais fragilidades da noção ampla é atingida de forma plena – qual seja, a exclusão da possibilidade de hipóteses absurdas serem, ainda que *prima facie*, consideradas como jusfundamentalmente protegidas –, de outro parece haver manutenção de critérios intuitivos ou pouco controláveis – com a ressalva de que, em casos que se apresentem difíceis ou duvidosos, a hipótese deveria ser incluída no suporte fático para evitar eventual arbitrariedade.

Efetivamente, no entanto, propostas similares vêm apresentando, apesar de algumas variações, adeptos doutrinários relevantes. Parece ser o caso, a propósito, de Vieira de Andrade, a quem, não obstante, será destinada análise detalhada em tópico apartado do capítulo seguinte.

---

[131] Cf. *ibidem*, p. 427. O autor apresenta ainda, no desenvolvimento de seu texto, razões que justificam ser o seu critério, ao mesmo tempo, mais restrito e mais lato que a eventual remissão genérica às leis penais.

Capítulo II

Teoria interna, teoria externa e os limites imanentes dos direitos fundamentais

1. Proposta de desenvolvimento

Ultrapassadas as necessárias delimitações conceituais pertinentes, bem como a apresentação das noções de âmbito normativo e de suporte fático dos direitos fundamentais em suas diferenças e sobreposições, cabe agora proporcionar atenção de forma mais aguda às correntes teóricas daqui consequentes. Como já adiantado, e partindo-se de uma visão tipológica essencialmente dicotômica (a ser posteriormente mitigada), é possível estabelecer duas afinidades quase que imediatas, embora não necessárias: a concepção de suporte fático restrito – e de limites – está para correntes da teoria interna assim como a concepção de suporte fático amplo – e a de restrições – se apresenta para as visões da teoria externa. A opção pelo tratamento em capítulos distintos tem como fundamento, entretanto, a percepção de que, embora intrinsecamente relacionados, os debates não se confundem: falar em extensão do suporte fático não é exatamente o mesmo que tratar das relações entre os direitos e suas restrições, e nem todas as abordagens dessa difícil relação recorrem a esse tipo de figura.[132]

Assim, e embora algo do que aqui se irá discutir já tenha sido antecipado no capítulo anterior, a presente exposição temática almeja apresentar as duas grandes categorias teóricas em suas características essenciais, trazendo breve histórico, principais correntes e distintas consequências dogmáticas. Não se esquecerá, também, de realizar breve apresentação de alguns posicionamentos que tentam, cada um à sua maneira, mostrar a insustentabilidade das teorias puristas e fugir para modelos de conciliação, almejando convergir, por exemplo, para uma acepção de supor-

---

[132] Cf. J. J. Gomes Canotilho, *Dogmática de Direitos Fundamentais e Direito Privado*, p. 348; L. Virgilio Afonso da Silva, *O Conteúdo Essencial dos Direitos Fundamentais e a Eficácia das Normas Constitucionais (Tese)*, p. 206 e ss.

te fático restrito com determinados elementos da teoria externa. Caberá, ainda, detida análise crítica acerca da proposta jusfundamental de Vieira de Andrade, que, como se apresentou na introdução, serviu de estopim à presente investigação. Finalmente, depois de todo o exposto, espera-se haver substrato teórico-conceitual suficiente para um exame mais detido do tema, com efetivo desenvolvimento no capítulo seguinte.

Naquilo que diz respeito à interminável discussão em torno dos chamados limites imanentes,[133] faz-se mister acentuar que o debate atinge o direito como um todo, em âmbito público ou privado. Aliás, em que pese nos valermos aqui da discussão aplicada em nível jusfundamental, é fato que as origens das construções teóricas mobilizadas no estudo que segue estão no direito privado, nomeadamente no direito civil, quando acirrada a disputa acerca do tema do abuso de direito.[134] Não se tratará, em profundidade, dos debates a esse nível, com o intuito de manter o recorte temático inicialmente escolhido. Parece ser possível, por outro lado, datar o início de sua importância para a dogmática dos direitos fundamentais e, portanto, argumentar apenas nessa seara.

Apenas duas ressalvas metodológicas são inicialmente relevantes. Primeiro, retome-se que, não obstante a ideia de limites imanentes estar umbilicalmente ligada à percepção da teoria interna, optou-se metodologicamente pelo tratamento do tema em subtópico específico. Por ser esse o foco principal da dissertação, almeja-se assim maior liberdade na abordagem de suas nuances. Ademais, e a despeito de parte da doutrina considerar a teoria dos princípios de Alexy como um terceiro eixo autônomo adicionado à discussão que se objetiva delinear – o que, claro, acarreta impactos intensos e imediatos em suas abordagens[135] –, parece-nos ser a visão do autor fruto de uma aceitação de grande parte dos pilares da teoria externa. Os próprios autores tributários de sua teoria são, aliás, expressos em sua filiação,[136] apesar de todas as suas peculiaridades e do impacto que a distinção entre princípios e regras provoca na estrutura do debate. Assim, optou-se por tratar da abordagem em questão dentro do tópico relativo à teoria externa, sem se furtar a discutir essa e outras dúvidas com a ênfase que lhe é compreensivelmente devida.

---

[133] Cf. J. J. Gomes Canotilho, *ibidem*, p. 348.

[134] Cf., sobre o debate no âmbito do direito privado, nomeadamente no direito civil, a monografia de A. Menezes Cordeiro, *Da Boa Fé no Direito Civil*, p. 861-885; também, do mesmo autor, *Tratado de Direito Civil Português*, v. I, tomo IV, p. 239 e ss.

[135] Cf. J. Reis Novais, *As Restrições aos Direitos Fundamentais Não Expressamente Autorizadas pela Constituição*, cap. III, p. 289-361, em especial p. 291-292, p. 322-353, em especial p. 335 [n. 600] e, também, p. 363-367; ainda, L. F. Calil de Freitas, *Direitos Fundamentais: limites e restrições*, p. 17. Para maior desenvolvimento, cf. tópico 4.2.

[136] Cf. L. Virgilio Afonso da Silva, *O Conteúdo Essencial dos Direitos Fundamentais e a Eficácia das Normas Constitucionais (Tese)*, p. 180-182.

2. Comunitarismo e individualismo

Antes, porém, da apresentação das teorias interna e externa em específico, é essencial fazer breve digressão acerca de uma incômoda ligação proposta por grande parte da doutrina[137] entre, de um lado, teoria interna e comunitarismo, e, de outro, teoria externa e individualismo ou liberalismo. Fala-se aqui em incômodo porque, não obstante as origens da discussão apontarem de certa maneira para esse sentido, algumas ilações daqui oriundas não nos parecem verdadeiras.

Para os críticos da teoria externa é moeda corrente apontar a matriz liberal e individualista dessa proposta, que se importaria em demasia com a proteção das esferas de liberdades individuais. Essa ampliação irrazoável, em posição clássica de defesa da chamada liberdade negativa, significaria verdadeiro desprezo aos valores comunitários e acarretaria o afastamento a um segundo plano dos bens coletivos, em contraposição à óbvia percepção de que, por ser o homem político por natureza, seus direitos e deveres seriam em essência limitados pela coexistência mútua. Ainda que o argumento se apresente relativamente convincente – a ponto de inclinar de forma majoritária a doutrina que trabalha com o assunto –, parece haver aqui, não obstante, ao menos dois equívocos complementares.[138]

O primeiro deles, por certo mais fraco, é o de assumir que a visão comunitarista ou não liberal é o pressuposto de todos os adeptos da teoria interna. Trata-se de uma relação não necessária e, novamente com Gomes Canotilho,[139] de incorreção facilmente comprovável com exemplos práticos – basta ter em mente, em exemplo oferecido pelo próprio autor, a concepção liberal e individual assumida por Vieira de Andrade – embora bastante mitigada e recheada de ressalvas sócio-histórico-comunitárias – a co-habitar com a figura dos limites imanentes e, inevitavelmente (em que pese sua expressa negação, a ser discutida posteriormente), ao menos com alguns dos aspectos da teoria interna.[140]

---

[137] Nesse sentido, com peculiaridades, cf. P. Häberle, *La Liberdad Fundamental em el Estado Constitucional*, passim, em especial p. 104; L. F. Calil de Freitas, Calil de Freitas, *Direitos Fundamentais: limites e restrições*, p. 138-139, e J. Reis Novais, *As Restrições aos Direitos Fundamentais Não Expressamente Autorizadas pela Constituição*, p. 292 e ss., p. 309 e ss, em especial p. 315.

[138] No mesmo sentido, cf. J. J. Gomes Canotilho, *Dogmática de Direitos Fundamentais e Direito Privado*, p. 353. Também, de maneira quiçá mais moderada, cf. L. Prieto Sanchís, *La Limitación de los Derechos Fundamentales y la Norma de Clausura del Sistema de Liberdades*, em especial p. 459 e ss.

[139] Cf. idem, ibidem, p. 353.

[140] Cf. *Os Direitos Fundamentais na Constituição Portuguesa de 1976*, p. 97 e ss., p. 107-110 e, em especial, p. 273-275, em que aponta a *concepção liberal moderna* hoje vigente nas democracias pluralistas europeias. Para tentativa de negação expressa de filiação à teoria interna, embora com a aceitação da figura dos limites imanentes e de uma noção específica de suporte fático restrito, a ser discutida adiante, cf. cap. VIII, em especial p. 287. Cf. ainda, para desenvolvimento no âmbito dessa disser-

Ademais, e quiçá mais importante, é de se atentar que a defesa da teoria externa também não significa necessária ou automaticamente a defesa de uma visão individualista; aliás, e na contramão do que é largamente afirmado em ilação supostamente lógica, é possível inclusive defender o inverso. É que, ao contrário do que pretendem fazer crer os críticos, o amparo da teoria externa no âmbito da dogmática dos direitos fundamentais não denota e nem pretende denotar nada além da seguinte percepção de base: "primeiro nascem os direitos e as normas garantidoras desses direitos e depois estabelecem-se as normas restritivas desses direitos; a regra do direito e a excepção da regra da restrição, eis o esquema básico deste pensamento".[141] O pressuposto não está fundado nem se relaciona de maneira inequívoca, portanto, com a visão liberal típica. Tem-se como perfeitamente possível, no modelo de restrições *a posteriori*, a imposição de ônus comunitários aos direitos. E tais intervenções restritivas, se justificáveis e constitucionalmente adequadas, podem ser até mesmo mais intensas do que as aplicadas no modelo de delimitação apriorística inerente à teoria interna.

Não obstante, há um único ponto pertinente à crítica direcionada ao pensamento de intervenção e limites (teoria externa) que nos parece relevante, especificamente se observado em termos simbólicos. É que esse modelo de abordagem, se válido o esquema acima indicado – regra do direito/exceção da restrição –, enxerga a imposição de ônus comunitários sempre como excepcional, como exceção a um direito ou uma liberdade, porque externa e posterior. A relação seria, grosso modo, de contraposição, não de complementaridade dialética, esquecendo-se em certa medida a importância constitutiva dos direitos fundamentais também para a comunidade.

Embora, como já adiantado, a possibilidade de imposição de ônus objetivos aos direitos nesse tipo de reconstrução externa seja aceita como inevitável, inclusive com grande probabilidade de ser até mesmo mais intensa – afastando, pois, as críticas anteriores –, parece haver certa razão na percepção de que o elemento comunitário do Estado Democrático e Social de Direito fica, em seu aspecto simbólico, relativamente fragilizado, por não ser visto como inerente ao sistema jurídico mas, sim, como excepcional.[142] Em sentido oposto, não obstante, caberia a censura de sinal

---

tação, cap. II, tópico 6.1., *infra*. De se apontar, por fim, não haver aqui qualquer carga semântica valorativa no uso da expressão "liberal"; trata-se, simplesmente, de se perceber como ponto de partida a defesa da existência de uma liberdade inicial a cada indivíduo e de toda a construção daí consequente.

[141] J. J. Gomes Canotilho, *ibidem*, p. 353. O que se pode criticar aqui, por certo, é a adequação desse modelo reconstrutivo.

[142] Para desenvolvimento da crítica, cf. P.Häberle, *La Liberdad Fundamental en el Estado Constitucional*, cap. I, *passim*, e em especial p. 89-90, em que afirma: *"En el Estado Social de Derecho, la pretensión de*

trocado, apontando-se à teoria interna, por exemplo, um exagerado caráter opressor ao indivíduo.

3. Teoria interna

3.1. Histórico e características

A chamada teoria interna é defendida, cada um a seu modo, por autores de relevo no âmbito da doutrina jusfundamental como P. Häberle, F. Müller, I. de Otto y Pardo e A. Martínez-Pujalte,[143] essencialmente em um contexto de crítica à visão liberal-individualista que estaria supostamente arraigada na teoria externa. Por certo, contudo, que qualquer tentativa de sua apresentação se confunde ou se mistura de maneira inevitável com a argumentação que baseia seus dois principais instrumentos teóricos – o que para nós, cabe lembrar, podem em certa medida ser resumidos a apenas um –, quais sejam, a figura dos limites imanentes e a defesa de um suporte fático restrito dos direitos fundamentais. Valem aqui, portanto, todas a referências presentes no tópico 3.1. do capítulo anterior.

Sua presença no debate inerente ao domínio do direito civil é antiga, remontando a conflitos, por exemplo em França, entre M. Planiol e G. Ri-

---

liberdad del individuo y la tutela de la comunidad son instancias 'igualmente' legítimas. Puesto que las garantías de las libertades no se colocan, con respecto al principio del Estado Social como regla y excepción, sino como tesis y antítesis, que finalmente alcanzan una síntesis y un equilibrio, los límites puestos a los derechos fundamentales, sobre la base de la garantía del estado Social, no pueden ser degradados a excepciones. Ello con mayor razón en cuanto la garantía del Estado Social, como parte constitutiva del cuadro integral de la Constitución, se encuentra inserta en una relación de condicionamiento con los derechos fundamentales. La libertad individual y el vínculo social se encuentran, entonces, en equilibrio entre sí. El vínculo con la comunidad no es una simples excepción".

[143] Cf. L. M. Baquer / I. de Otto y Pardo, *Derechos Fundamentales y Constitución*, p. 107-170, em especial p. 137 e ss., em que o autor defende serem os limites derivados da própria natureza dos direitos: *"estos límites necesarios que derivan de la propia naturaleza del derecho, según la terminología de la sentencia [STC 5/1981], y cuia fijación es operación obligatoriamente previa a cualquier otra, son los contornos o fronteras del derecho o libertad que resultan de la propia norma constitucional que reconoce el derecho protegiendo jurídicamente ena esferea de realidad que menciona"* (cit., p. 142); também A. Martínez-Pujalte, *La Garantia del Contenido Esencial de los Derechos Fundamentales*, p. 48 e ss. e p. 63 e ss.; F. Müller, com todas as indicações bibliográficas presentes no capítulo anterior, tópico 3.1.; e, finalmente, P. Häberle, *La Liberdad Fundamental en el Estado Fundamental* (tradução parcial para o espanhol de *Die Wesensgehaltgarantie des Art. 19 Abs. 2 Grundgezetz*), *passim*. Também se pode inserir aqui, a propósito, L. F. Castillo Córdova, *¿Existen los Llamados Conflictos entre Derechos Fundamentales?*, *passim*, em especial p. 117 e ss., que aponta: *"os limites deixam de ser intervenções que influem sobre o conteúdo, provenientes de fora, para converterem-se em contornos que devem ser trazidos à luz, exteriorizados, que são contornos que por sua própria natureza e concreta finalidade são imanentes ao direito"*. (tradução livre, *cit.*, p. 123).

pert de um lado e L. Josserand de outro,[144] e suas raízes filosóficas podem remontar, inclusive, aos primórdios contratualistas e kantianos de percepção dos limites das liberdades. Em termos doutrinários, no entanto, um dos autores de base mais citados é W. Sieberg, oriundo da chamada Escola de Kiel,[145] que em abordagem identificativa entre delimitação de conteúdo e existência de limites afirmou a certa altura: "todas as exigências da comunidade não são, pois, limites externos, mas limites naturalmente ínsitos no direito".[146]

No entanto, sua transposição para o âmbito dos direitos fundamentais pode ser encontrada, apenas, em algumas decisões dos Tribunais alemães do início da década de 50, quando emergiu a ideia de limites imanentes ligada aos direitos de terceiros e a outros bens e valores comunitários de cunho constitucional, a subsidiar a existência de certas limitações consideradas irremediáveis porém não expressamente previstas pela Lei Fundamental de Bonn.[147]

A ideia-chave das correntes da teoria interna está calcada, por óbvio, no teorema principiológico da unidade da Constituição[148] e na negação da influência de aspectos considerados externos para a delimitação dos direitos. Valeriam somente limites internos a conformarem o direito desde seu nascimento, acessíveis mediante grande esforço interpretativo declaratório, considerados mesmo como limites e não como restrições. Haveria, dessa forma, um único objeto: o direito já devidamente limitado

---

[144] Cf. L. Virgilio Afonso da Silva, *O Conteúdo Essencial dos Direitos Fundamentais e a Eficácia das Normas Constitucionais (Tese)*, p. 163-164. Também A. Menezes Cordeiro, *Da Boa Fé no Direito Civil*, p. 861 e ss.

[145] Cf. J. C. Gavara de Cara, *Derechos Fundamentales e Desarrollo Legislativo: la garantía del contenido essencial de los derechos fundamentales em la ley fundamental de Bonn*, p. 171.

[146] Cf. W Siebert, *Won Wesen der Rechtsmissbrauch*, in G Dahn, *Grundfragen der neuen Rechtsmissbrauch*. Também, do mesmo autor, *Verwirkung und Unzulässigkeit der Rechtsausübung. Eine rechtsvergleichender Beitag zur Lehre Von der Schranken der Private Rechte um der expcetio doli unter besonderer Berüksivhtigung der gewerblichen Rechtsschutzes*, passim. Apud J. J. Gomes Canotilho, *Dogmática de Direitos Fundamentais e Direito Privado*, p. 343-344. Para remissão ao autor, cf. também A. Menezes Cordeiro, *Da Boa Fé no Direito Civil*, p. 861 e ss.

[147] Cf. M. Bacigalupo / F. Velasco Caballero, *'Límites Inmanentes' de los Derechos Fundamentales y Reserva de Ley*, p. 117; M. Bacigalupo, *La Aplicación de la Doctrina de los "Límites Inmanentes" a los Derechos Fundamentales Sometidos a Reserva de Limitación Legal*, p. 305 e ss; J. C. Gavara de Cara, *Derechos Fundamentales e Desarrollo Legislativo: la garantía del contenido essencial de los derechos fundamentales em la ley fundamental de Bonn*, p. 281 e ss.; L. F. Calil de Freitas, *Direitos Fundamentais: limites e restrições*, p. 88. Saliente-se, todavia, que, segundo H. Nieuwland, a fórmula "limites imanentes" seria anterior ao momento apontado, tendo sido criada por Günther Holstein já em 1921. In *Darstellung und Kritik der Theorien der immanenten Grundrechtsschranken*, p. 7, apud J. Reis Novais, *As Restrições aos Direitos Fundamentais Não Expressamente Autorizadas pela Constituição*, p. 301-302 [n. 519].

[148] Para abordagem crítica acerca do chamado princípio da unidade da Constituição, essencialmente em relação à sua utilização desmedida como "instrumento moderno" e à sua semelhança com o antigo cânone da interpretação sistemática, cf. L. Virgilio Afonso da Silva, *Interpretação Constituicnal e Sincretismo Metodlógico*, p. 121-127.

(delimitado), em uma unidade entre conteúdo e limites. Como bem resumido por Calil de Freitas:

> (...) o conteúdo do direito é decifrado de uma só vez, em um único ato dogmático de interpretação do respectivo âmbito normativo em cujo interior se projetam os limites imanentes, resultando, assim, aprioristicamente recortada a genérica esfera de liberdade.[149]

Em resumo tópico apresentado por Gomes Canotilho, tem-se que a teoria interna parte do seguinte esquema:[150] (1) os direitos e os respectivos limites são imanentes a qualquer posição jurídica; (2) o conteúdo definitivo de um direito é, precisamente, o conteúdo que resulta da compreensão deste direito "nascido" com limites; (3) o âmbito de proteção de um direito é o âmbito de garantia efetivo desse direito.

Ante o exposto, e retomando conclusões anteriores, cria-se situação de lógica teórico-formal "inatacável" em que seriam "solucionados" os problemas pertinentes às restrições jusfundamentais, já que determinada hipótese ou ocorrência fática só pode ser encaixada em uma de duas possibilidades: ou se está ou não se está abarcado pelo suporte fático de um direito fundamental. Ou há respeito ou há verdadeira violação, não cabendo falar em atividade restritiva.[151] Existem, em resumo, efetivas proibições pelo que se pode qualificar de não inclusão ou de não proteção, sendo fator *sine qua non* de base a essa análise a precisa delimitação do direito.

As consequências daqui oriundas são deveras conhecidas: (i) a alteração ou a antecipação do momento essencial de demarcação dos direitos

---

[149] Cf. *Direitos Fundamentais: limites e restrições*, p. 81. De maneira ainda mais desenvolvida – e quiçá mais adequada – amplia a discussão o autor R. Brandão, para quem em ambas as teorias há, aparentemente, uma espécie de processo bifásico que, ao final, se coloca apenas à teoria externa: *"a teoria interna pressupõe a existência de um direito com conteúdo predeterminado constitucionalmente, de maneira que toda posição que exceda tal âmbito de proteção não será objeto de tutela jurídica. Assim, cumpre ao aplicador do direito a tarefa de verificar se o 'conteúdo aparente do direito' é também o seu 'conteúdo verdadeiro', promovendo, apenas aparentemente, um exame bifásico, semelhante ao preconizado pela teoria externa. Com efeito, em ambos os casos verifica-se, inicialmente e à luz do caso concreto, se o conteúdo aparente (ou prima facie, segundo a teoria externa) do direito foi afetado; em seguida, deve-se decidir se o conteúdo aparente do direito coincide com o seu conteúdo verdadeiro (ou definitivo, segundo a teoria externa). A diferença fundamental consiste em que o conteúdo aparente não abrange posições juridicamente protegidas, mas se cuida simplesmente de artifício destinado a elucidar o conteúdo predeterminado constitucionalmente, enquanto o conteúdo prima facie oferece, inicialmente, proteção jusfundamental, que é afastada por norma restritiva, decorrente da prevalência em concreto de outros direitos ou princípios constitucionais"*. Mais adiante, todavia: *"enquanto a teoria interna pressupõe a existência de um único objeto jurídico, qual seja, o conteúdo verdadeiro do direito, constitucionalmente estabelecido e apenas configurado pelo legislador, a teoria externa trabalha com dois objetos jurídicos: o direito prima facie e a restrição a tal direito, tendo-se como resultado desta interface o direito definitivo. O processo de interpretação e aplicação dos direitos fundamentais seria, portanto, efetivamente bifásico (...)"*. In *Emendas Constitucionais e Restrições a Direitos Fundamentais*, p. 10 e p. 13. Cf. ainda, a propósito da teoria interna, J. Reis Novais, *As Restrições aos Direitos Fundamentais Não Expressamente Autorizadas pela Constituição*, p. 309-322.

[150] Cf. *Dogmática de Direitos Fundamentais e Direito Privado*, p. 349.

[151] Cf. J. Reis Novais, *As Restrições aos Direitos Fundamentais Não Expressamente Autorizadas pela Constituição*, p. 317 e ss.

em definitivo para a ocasião de sua delimitação, ao invés do de sua restrição; (ii) a real impossibilidade de se falar em restrições legítimas (enquanto elementos exteriores ou posteriores); e (iii) a real impossibilidade de se falar em conflitos ou em colisões de direitos fundamentais[152] – haveria, nesses termos, meros conflitos aparentes e, ao menos para autores de matriz alexyana, a exclusão necessária da ideia de sopesamento.[153]

Mais do que isso, é ainda fundamental notar que qualquer normatização infraconstitucional referente aos direitos fundamentais, vigente e tida como constitucional, não pode, sob essa ótica, ser considerada de fato restritiva – fica também ao menos comprometida, aliás, para parte da doutrina, qualquer referência ao limite da reserva de lei, já que os limites, para essa corrente analítica, operam de imediato e não por imposição posterior.[154] Cabe apenas falar, assim, em configuração, em regulamentação ou em concretização do direito em causa, em que eventuais limites não são constituídos mas meramente declarados, em corolário lógico das ideias de supremacia e de unidade constitucional.[155]

3.2. A Dificuldade de uma conceituação homogênea

Em uma tentativa de definição positiva, contudo, parece haver confusão temático-terminológica, uma espécie de desordem nominal oriunda da heterogeneidade de abordagens quanto à origem dos "limites internos" manejados. Isso porque enquanto alguns apontam explicitamente que os limites de cada um dos direitos só podem ser, necessariamente, internos a eles mesmos, verdadeiramente intrínsecos ou relativos à essência de cada direito fundamental, como sugere a obra de Martinez-Pujalte ou a decisão STC 5/1981 do Tribunal Constitucional espanhol,[156] a

---

[152] Para desenvolvimento apurado, cf. cap.I, tópico 3.1.

[153] Cf. L. Virgilio Afonso da Silva, *O Conteúdo Essencial dos Direitos Fundamentais e a Eficácia das Normas Constitucionais (Tese)*, p. 172 e p. 215-217, para quem os conceitos são mutuamente exclusivos.

[154] Cf. M. Bacigalupo, *La Aplicación de la Doctrina de los "Límites Inmanentes" a los Derechos Fundamentales Sometidos a Reserva de Limitación Legal*, p. 307 e ss., em que o autor discute as mudanças e o trajeto dos tribunais alemães no tema, com especial atenção à aplicação da reserva de lei geral – mesmo para limites imanentes – baseada na teoria da essencialidade das decisões voltadas à garantia dos direitos fundamentais.

[155] Cf., nesse sentido, A. Martínez-Pujalte, *La Garantia del Contenido Esencial de los Derechos Fundamentales*, p. 77 e ss. e p. 140. Ainda a esse propósito, cf. L. Virgilio Afonso da Silva, *O Conteúdo Essencial dos Direitos Fundamentais e a Eficácia das Normas Constitucionais (Tese)*, p. 171; R. Brandão, *Emendas Constitucionais e Restrições a Direitos Fundamentais*, p. 9; J. Reis Novais, *As Restrições aos Direitos Fundamentais Não Expressamente Autorizadas pela Constituição*, p. 309-322, em especial p. 313, e p. 437 e ss.

[156] Afirma o autor, apontando inclusive ser esse o fundamento de duas decisões do Tribunal Constitucional Espanhol (STC 5/81, fundamento jurídico 7°, e STC 71/1994): "*los derechos fundamentales presentan unos límites internos o inmanentes, unos 'límites necesarios que resultan de su propia naturaleza'*". In *La Garantia del Contenido Esencial de los Derechos Fundamentales*, p. 49. Cf. também, para a decisão, L. Aguiar de Luque, *Los Limites de los Derechos Fundamentales*, p. 20 e ss. Ainda, cf. A. P. de Barcellos, ao mostrar que "*(...) cada direito apresenta limites lógicos, imanentes, oriundos da própria estrutura e na-*

maior parte da doutrina e do tratamento jurisprudencial assinala que tais limites, embora nominalmente considerados como imanentes, são provenientes da Constituição como um todo, dos direitos fundamentais de terceiros, de outros bens e valores constitucionalmente relevantes e das exigências mínimas de vida em sociedade – ainda que para isso se tenha que realizar uma interpretação bastante generosa e ampliativa do texto constitucional.[157] [158]

Parece estar colocada aqui, ainda que de maneira análoga ou aproximada, a cisão apresentada por Reis Novais entre duas estratégias não comunicantes de limitação interna ou a priori dos direitos fundamentais: (i) a concepção restritiva de sua previsão normativa, calcada por óbvio, no conceito de suporte fático restrito, e (ii) a tática em específico dos limites imanentes.[159] Embora não se acolha aqui, por respeito aos pressupostos previamente adotados, a separação sugerida, talvez seja a mesma realmente importante, no intuito de se evitar a acentuação de equívocos argumentativos nessa órbita, seja em âmbito dogmático, seja em terreno jurisprudencial.

Essa singela e amiúde despercebida divergência de abordagens inseridas em um mesmo eixo doutrinário – limites oriundos da própria essência do direito ou da pertinência ao sistema constitucional como um todo – pode configurar, certamente, um dos focos principais das dificuldades doutrinárias presentes, e tem impacto importante no momento de se avaliar a coerência e a funcionalidade das propostas. Cabe aqui, aliás, breve argumento ainda de caráter exploratório.

É perceptível, por exemplo, que a visão mais utilizada pelos adeptos da teoria interna – a de que a limitação "interna" provém efetivamente de

---

tureza do direito e, portanto, da própria disposição que o prevê. Os limites já estão contidos no próprio direito, portanto não se cuida de uma restrição imposta a partir do exterior". In *Ponderação, Racionalidade e Atividade Jurisdicional*, p. 59.

[157] Para algum levantamento jurisprudencial, cf. M. Bacigalupo, *La Aplicación de la Doctrina de los "Limites Inmanentes" a los Derechos Fundamentales Sometidos a Reserva de Limitación Legal*, p. 305 e ss., que aponta essa "interpretação extensiva" e que apresenta debate alemão e espanhol, em que há divergência clara, nos termos aqui expostos, entre o posicionamento apontado na STC 5/1981e na STC 11/1981; também M. Bacigalupo / F. Velasco Caballero, "*Limites Inmanentes*" *de los Derechos Fundamentales y Reserva de Ley*, passim; J. C. Gavara de Cara, *Derechos Fundamentales e Desarrollo Legislativo: la garantía del contenido esencial de los derechos fundamentales em la ley fundamental de Bonn*, p. 171 e ss. e p. 273 e ss., que no mesmo sentido percebe expressamente a dificuldade de conceituação homogênea e a existência de, ao menos, duas grandes correntes diferentes colocadas sob a mesma égide dos limites imanentes; ainda A. Martínez-Pujalte, *La Garantia del Contenido Esencial de los Derechos Fundamentales*, p. 50 e ss.; e, por fim, R. Brandão, *Emendas Constitucionais e Restrições a Direitos Fundamentais*, p. 20 e ss.

[158] Vale lembrar que, no âmbito desse texto, os termos limites imanentes e limites intrínsecos estão identificados; isso não invalida, porém, a apresentação do debate travado na doutrina e na jurisprudência, bem como de suas importantes consequências.

[159] Cf. J. Reis Novais, *As Restrições aos Direitos Fundamentais Não Expressamente Autorizadas pela Constituição*, p. 390-546, em especial as laudas iniciais.

um aspecto comunitário, de uma acomodação adequada e necessária dos bens jurídicos e sociais existentes de maneira não conflituosa – parte de uma premissa que, ao final, aparentemente se assemelha em certa medida com alguns dos elementos da teoria externa (não com sua metódica, frise-se). Parece haver, de fato, inegável uso de aspectos de balanceamento nessa interpretação delimitadora, na tentativa de se otimizar a insuperável necessidade de uma adequada coexistência de bens e direitos.[160] Sua metódica de solução e a justificativa para tanto, contudo, é que são muito diferentes, ao apontarem, por exemplo, que tais limites são meramente declarados porque internos e preexistentes. Todavia, não é difícil encontrar construções em que, apesar dessa suposta aproximação, a argumentação dá-se no sentido da primeira corrente, que recorre à essência ou aos aspectos internos do próprio direito em si, a torná-la, pois, incompatível com algumas ferramentas teóricas de relevo no contexto atual da dogmática dos direitos fundamentais.

Ademais, e embora a homogeneidade dos pressupostos teóricos seja relevante para uma argumentação decisória que se pretenda coerente e legítima, as decisões judiciais que assinalam no sentido da teoria interna aparentemente também não ficam atrás dos problemas doutrinários, com a utilização de justificativas dúbias e contraditórias no momento de se apontar a origem da limitação interna.[161] Sob nosso olhar, originam-se aqui problemas graves de coesão e legitimidade de discurso, a colocar em causa a funcionalidade da construção teórica. Já vimos a enorme quantidade de estratégias passíveis de serem utilizadas neste sentido; o que ocorre, em grande parte das vezes, é que a miscelânea de táticas atrapalha – ou mesmo impede – uma efetiva definição deste ponto basilar da teoria em causa.

3.3. Estratégias de limitação interna: os limites imanentes dos direitos fundamentais

Como último ponto, importa retomar o que se qualificou outrora como diferentes "táticas" com potencial de mobilização no intuito de se

---

[160] Para R. Alexy, entretanto, a recorrência a aspectos ponderativos, para além de afastar o modelo da noção de suporte fático restrito, não é de forma alguma adequada, porque para uma conduta poder ser objeto de ponderação ela deve estar – pelo menos *prima facie* – abarcada pelo direito fundamental. Cf. idem, *Teoría de los Derechos Fundamentales*, p. 307.

[161] Para caso de interesse e, aparentemente, de mudança de orientação dos Tribunais alemães, com impacto imediato em países de base jusfundamental germânica como a Espanha, cf. M. Bacigalupo, *La Aplicación de la Doctrina de los "Limites Inmanentes" a los Derechos Fundamentales Sometidos a Reserva de Limitación Legal*, passim, em que o Tribunal Administrativo Federal alemão aplicou a teoria dos limites imanentes não a direitos fundamentais sem reserva, como o convencional, mas sim a direitos fundamentais com expressa reserva legal. Também M. Bacigalupo / F. Velasco Caballero, *"Limites Inmanentes" de los Derechos Fundamentales y Reserva de Ley*, passim; e I. de Otto y Pardo, *Derechos Fundamentales y Constitución*, p. 107 e ss.

apresentarem as origens e as justificativas tanto para a existência de um suporte fático restrito quanto para a presença de limites internos aos direitos. Mais do que isso, aliás, é aqui fulcral focar atenções, em definitivo, ao tema dos limites imanentes, o qual, embora já percorrido de forma intermitente, ainda não mereceu tópico específico. A repetição argumentativa, nesse aspecto, apresenta-se inevitável; o esforço de sistematização, contudo, parece aconselhável.

É oportuno revigorar, não obstante, que em nosso entendimento a questão não se põe no campo da existência; ao revés, encontra-se a mesma no campo da funcionalidade, da operacionalidade ou da adequação, cabendo de fato discutir se o manejo do instrumento dos limites imanentes dos direitos fundamentais agrega ou não ferramenta jurídico-dogmática de relevo à argumentação jurídica.

3.3.1. Tentativa de sistematização e ressalvas metodológicas

O conceito de imanência, em linguagem não técnica, passa a ideia de algo que existe sempre e de modo inseparável em um determinado objeto ou, nas palavras de Gavara de Cara, de algo que lhe é inerente, natural e necessário.[162] Fica claro, desde já, que não por acaso se fala em limites imanentes em âmbito jusfundamental quando se almeja apontar limites internos ou intrínsecos de determinado substrato, no caso de determinado direito, sendo óbvia, pois, sua relação com a teoria interna, em especial com sua vertente mais típica ou caricatural – a que recorre à ideia de "essência" do direito em si. Não foi por outro motivo, ademais, que se optou pela manutenção da utilização da expressão "limites imanentes dos direitos fundamentais" ao invés da fórmula alternativa "limites imanentes aos direitos fundamentais", inicialmente cogitada, por parecer a primeira mais próxima de uma ideia de inerência e mais distante de uma noção de imposição.

Como exposto, várias concepções podem aqui ser consideradas, adotando-se ou não a convergência entre as figuras de suporte fático restrito e de limites imanentes. Efetivamente, afigura-se esforço verdadeiramente utópico a tentativa de convergência conceitual.[163] A ideia básica, todavia, reside na percepção de que há limites não escritos inerentes aos próprios

---

[162] Cf. Calil de Freitas, *Direitos Fundamentais: limites e restrições*, p. 83. Também J. C. Gavara de Cara, *Derechos Fundamentales e Desarrollo Legislativo: la garantía del contenido essencial de los derechos fundamentales em la ley fundamental de Bonn*, p. 273, em que propõe: "la idea de inmanencia se utiliza em el sentido de algo que es inherente, natural y necesario a um determinado objeto de análisis. Inmanente serían todas aquellas características que están vinculadas inseparablemente com la propiedad específica de um objeto, de tal modo que no supera, no sobresale o infringe sus límites".

[163] No mesmo sentido, cf. J. Reis Novais, *As Restrições aos Direitos Fundamentais Não Expressamente Autorizadas pela Constituição*, p. 365 e passim.

direitos, vigentes desde o início de sua existência e que, com o perdão da repetição, limitam ou delimitam de maneira apriorística seus âmbitos de proteção – suportes fáticos –, resultando na exclusão imediata de determinadas hipóteses fáticas e diferenciando-se, portanto, do pensamento baseado na figura da restrição.

Também já é de se ter em mente nesse momento do texto, porém, a divergência de propostas sobre suas origens: (i) se do próprio direito, de sua essência, configurando verdadeiros limites intrínsecos, ou (ii) se da totalidade do ordenamento jurídico-constitucional, da derivação do princípio da unidade da Constituição e da necessária convivência entre direitos subjetivos, direitos de terceiros, bens coletivos e valores constitucionais – em abordagem que os concebe enquanto limites, de certa forma, mais gerais e, quiçá, em certa medida variáveis e extrínsecos.[164]

O quadro de completo desacordo expande-se de maneira ainda mais vasta, ademais, quando se trata de suas justificativas. Seja em âmbito doutrinário, seja em âmbito jurisprudencial, a apresentação, a sobreposição e o conflito de argumentos ou topoi originários dos mais diversos campos do direito público ou privado são muito recorrentes. Academicamente, contudo, parece possível adiantar pequeno leque exemplificativo de teorias jurídicas e de ferramentas dogmático-interpretativas que podem ser aqui, de uma forma ou de outra, examinadas – seja por utilizarem a ideia de limites como pressuposto, seja por atingirem-na enquanto consequência.

Opta-se no presente trabalho, portanto, pela apresentação em paralelo de todas as possibilidades coletadas debaixo de um grande "conceito guarda-chuva" de limites imanentes. E isso por duas razões essenciais: (i) por ser esta a principal estratégia de limitação interna utilizada; (ii) por ser variada e ampla a gama de instrumentos assumidos sob essa nomenclatura. Não se olvida que, para alguns autores, o conceito em voga tem outra delimitação, quiçá mais restrita e, portanto, autônoma, devendo, em verdade, figurar ao lado das outras abordagens;[165] a escolha dentre uma dessas visões nos obrigaria, todavia, a designar apenas uma das alternativas em xeque, conforme já explicitado, não parecendo ser essa boa estratégia de discussão. O que está em causa, tem-se claro, é a ideia de limitação prévia em si, a englobar a imensa maioria de suas diversas exposições.

---

[164] Vale aqui, a propósito, muito do que foi discutido no tópico anterior (3.2.).
[165] Nesse sentido cf. L. Virgilio Afonso da Silva, que coloca os limites imanentes ao lado da teoria institucional dos direitos fundamentais de P. Haberle. Cf. *O Conteúdo Essencial dos Direitos Fundamentais e a Eficácia das Normas Constitucionais (Tese)*, p. 165 e ss. Também J. Reis Novais, *As Restrições aos Direitos Fundamentais Não Expressamente Autorizadas pela Constituição*, passim.

Cabe relembrar, ademais, que a observância de algumas dessas "táticas" sob o viés de defesa da existência de limites imanentes são meras possibilidades, não decorrências necessárias. A utilização indiscriminada e em conjunto com outros elementos, entretanto, tornam essa espécie de "sinapse conceitual" deveras forte para quaisquer tentativas de afastamento ríspido, não parecendo serem estas, efetivamente, opções indicadas.

Por último, é de se notar que algumas das abordagens também podem ser mobilizadas como pertencentes a efetivas propostas híbridas – assim qualificadas por trazerem pressupostos de ambas as correntes expostas aqui de forma dicotômica. Nesses casos, metodologicamente espinhosos, há um verdadeiro ônus argumentativo assumido e a se cumprir por seus proponentes, a explicar ou a afastar o sincretismo metodológico frequentemente negativo à legitimidade dos processos argumentativo-decisórios. Tais propostas serão, pois, cuidadosamente analisadas adiante.[166]

3.3.2. Estratégias dogmático-interpretativas de limitação imanente

Apresentando, agora em específico, algumas das estratégias coletadas, cabe inicialmente focar atenção ao que se está chamando de ferramentas dogmático-interpretativas. Um bom elenco de alternativas e maiores desenvolvimentos podem ser encontrados, aliás, nas obras de fôlego de Vieira de Andrade, Jorge Miranda, Calil de Freitas e, em especial, de Reis Novais[167]. Neste campo, já foi adiantado no capítulo anterior a "tática" da interpretação histórico-sistemática[168]; faz-se necessário, portanto, brevíssimo relato no que se refere às demais, ficando resguardada a tópicos supervenientes uma análise crítica mais detalhada.

3.3.2.1. Abuso de direito

No que tange ao abuso de direito, primeiramente, é relevante apontar sua origem civilista, cabendo a Menezes Cordeiro a percepção portuguesa de que a ideia não está desvinculada do debate entre teoria interna

---

[166] Cf. *infra*, cap. II, tópico 5.

[167] Cf. J. Reis Novais, *As Restrições aos Direitos Fundamentais Não Expressamente Autorizadas pela Constituição*, p. 437-546; L. F. Calil de Freitas, *Direitos Fundamentais: limites e restrições*, p. 77 e ss., e J. C. Vieira de Andrade, *Os Direitos Fundamentais na Constituição de 1976*, p. 292 e ss., em especial p. 296 e ss.; Jorge Miranda, *Manual de Direito Constitucional*, tomo IV, p. 299-310. Cf. também L. Virgilio Afonso da Silva, *O Conteúdo Essencial dos Direitos Fundamentais e a Eficácia das Normas Constitucionais (Tese)*, p. 102 e ss.; R. Alexy, *Teoría de los Derechos Fundamentales*, p. 300 e ss.; J. C. Gavara de Cara, *Derechos Fundamentales e Desarrollo Legislativo: la garantía del contenido esencial de los derechos fundamentales em la ley fundamental de Bonn*, p. 171 e ss.

[168] Cf. cap. I, tópico 3.1.

e externa, que coloca em causa a própria autonomia do instituto[169]. Do lado da teoria interna, ter-se-ia uma percepção que recai sobre o problema da interpretação dos direitos subjetivos; do lado da teoria externa, por sua vez, uma espécie de contraposição entre as normas garantidoras dos direitos subjetivos e outras normas delimitadoras das possibilidades de seu exercício.

Para o autor em voga, contudo, a identificação juridicamente adequada da figura jurídica do abuso de direito – expressão consagrada para traduzir, hoje, um instrumento multifacetado, complexo e que prossegue, em concreto, os objetivos últimos do sistema[170] – só pode estar calcada na ideia de desfuncionalidade dos comportamentos jussubjetivos, em que o exercício do direito normativamente positivado não se enquadra no sistema como um todo.[171]

Aplicado ao âmbito dos direitos fundamentais, e como bem aponta Reis Novais,[172] o debate reflete por óbvio toda a querela acerca do conceito de abuso e de suas eventuais caracterizações tipológicas que, em alguns casos, acabam por abarcar as demais táticas de limitação interna e colocar em causa sua autonomia. Com base, todavia, na análise de dois conhecidos casos da doutrina portuguesa – o da chamada greve *self-service* dos médicos ocorrida em 1998 e 1999, em que tais profissionais da saúde passaram longo período comparecendo de maneira esparsa, episódica e intermitente aos seus postos de trabalho, e o episódio do candidato à Presidência da República que, mesmo anunciando publicamente sua desistência da candidatura, não tomou os procedimentos formais cabíveis e se manteve a utilizar seu tempo de antena em prol de outro candidato –, o autor acaba por defender que a limitação imanente oriunda da figura do abuso de direito poderia ser aceita autonomamente em hipóteses nas quais há uma espécie de exercício malicioso ou fraudulento de pseudo ou

---

[169] Cf. A. Menezes Cordeiro, *Da Boa Fé no Direito Civil*, p. 861-885, em especial p. 864-865; também, do mesmo autor, *Tratado de Direito Civil Português*, v. I, tomo IV, p. 239 e ss.

[170] Cf. A. Menezes Cordeiro, *Tratado de Direito Civil Português*, v. I, tomo IV, p. 247.

[171] Cf. A. Menezes Cordeiro, *Da Boa Fé no Direito Civil*, p. 861 e ss. e, em especial, p. 882, em que com base na teoria da ação de T. Parsons conceitua: *"o abuso de direito reside na desfuncionalidade de comportamentos jussubjetivos, embora consentâneos com normas jurídicas, não confluírem no sistema em que estas se integrem"*. O autor alia à ideia exposta, contudo, um complemento material necessário à resposta de por que qualificar algumas hipóteses como efetivo abuso, referindo-se a uma espécie de *"aspiração cultural de integração sistemática"* de cuja percepção o instituto seria fruto. (cit., p. 885) Para breve explicação da obra, cf. também L. F. Calil de Freitas, *Direitos Fundamentais: limites e restrições*, p. 118-122.

[172] Cf. J. Reis Novais, *As Restrições aos Direitos Fundamentais Não Expressamente Autorizadas pela Constituição*, p. 487-510, em especial p. 489 e ss. e p. 499 e ss.; também L. F. Calil de Freitas, *ibidem*, p. 122; J. C. Gavara de Cara, *Derechos Fundamentales e Desarrollo Legislativo: la garantía del contenido essencial de los derechos fundamentales em la ley fundamental de Bonn*, p. 278-279; e, ainda, L. Aguiar de Luque, *Los Límites de los Derechos Fundamentales*, p. 31.

aparente direito que, após a correta configuração do direito jusfundamental em voga, não se encontra abarcado pelo suporte fático protetivo.[173]

Parece claro, sob esse viés, que os limites aqui ocorrentes derivariam não da essência do direito em si, mas, sim, e fundamentalmente, de sua presença no sistema jurídico-constitucional. Há, além disso, a presença das graves dificuldades que se colocam à quase totalidade das estratégias em análise: trata-se do problema do critério a definir o que deve e o que não deve ser tido como exercício abusivo, da delimitação da fronteira entre o que está e o que não está legitimamente abarcado pelo âmbito de proteção jusfundamental, da eventual impossibilidade de controle dessa definição e, quiçá, da forçosa necessidade de se recorrer a métodos como o do sopesamento.

3.3.2.2. Os direitos de terceiros ou os limites de não perturbação

No que se refere às limitações oriundas dos direitos dos outros ou dos direitos de terceiros, também conhecidos pela expressão limites de não perturbação cunhada por Dürig,[174] de se notar inicialmente seu amplo e irrestrito uso por doutrina e jurisprudência, em aplicação indistinta das teorias interna ou externa, sem maiores cuidados ou rigor conceitual. No campo da utilização dos limites imanentes, por sua vez, certamente é a mais divulgada. De fato, sua existência é, no mínimo, bastante antiga e intuitiva, calcada no princípio da igual dignidade entre todos.[175]

Em muitos ordenamentos, como o alemão, tal limitação está constitucionalmente expressa, a facilitar sua mobilização enquanto ferramenta dogmático-interpretativa. A própria Declaração Universal dos Direitos do Homem e do Cidadão, aliás, também apontava no mesmo sentido.[176] De se notar, entretanto, que sua utilização enquanto limitação imanente é mais adequada e relevante, como é óbvio, nos casos em que não há previsão legal expressa.

A limitação imanente, nesses termos, dar-se-ia com a identificação do exato momento fático-hipotético em que o exercício de um direito passa a ser agressor de outro e, portanto, não abarcado por seu próprio

---

[173] Cf. J. Reis Novais, *ibidem*, p. 494 e ss. e p. 503 e ss.

[174] Cf. Dürig in Maunz / Dürig / Herzog, *Grundgesetz Kommentar*, anotação 73 ao art. 2º. Apud J. Reis Novais, *ibidem*, p. 453.

[175] Cf. L. F. Calil de Freitas, *ibidem*, p. 89-93; J. Reis Novais, *ibidem*, p. 449-460; J. C. Vieira de Andrade, *ibidem*, p. 296.

[176] Art 4º, *in verbis*: "*A liberdade consiste em poder fazer tudo que não prejudique o próximo. Assim, o exercício dos direitos naturais de cada homem não tem por limites senão aqueles que asseguram aos outros membros da sociedade o gozo dos mesmos direitos*". Disponível [on line] na Biblioteca Virtual de Direitos Humanos da Universidade de São Paulo [acesso em 11.01.2008], em <http://www.direitoshumanos.usp.br/counter/Doc_Histo/texto/Direitos_homem_cidad.html>.

âmbito de proteção. O que se põe em causa aqui, e que novamente se estende à ideia de limitação apriorística do suporte fático dos direitos como um todo, é a questão de se saber exatamente (i) qual direito afeta qual, (ii) em que medida isso ocorre e (iii) qual a exata fronteira limítrofe, com a agravante de que tal questionamento há de ser feito de maneira prévia, como se anterior ao conflito posto e, em suas vertentes mais puras e metodologicamente coerentes, sem se recorrer ao sopesamento ou à proporcionalidade. De modo que, em que pese sua utilização corrente, em termos dogmáticos a invocação dos direitos de outrem ou dos limites de não perturbação enquanto limites imanentes dos direitos fundamentais parecem ser de difícil ou de duvidosa aceitação.[177]

3.3.2.3. A cláusula de comunidade ou exigências mínimas de vida em sociedade

Apresentada como sendo, talvez, a primeira estratégia de limitação imanente dos direitos fundamentais,[178] remontando às decisões do Tribunal Administrativo federal alemão da década de 1950, a ideia aqui subjacente é a de que, por estarem os direitos fundamentais inseridos na ordem de uma comunidade estatal específica que os garante – ou que optou por os garantir –, só podem ser corretamente observados se em conformidade com os bens jurídicos essenciais à existência desta ordem comunitária. Devem observar, portanto, e em grande aproximação com a ideia de ordem pública, os limites necessários à defesa e à manutenção dessa ordem – saúde pública, segurança, proteção da família, leis morais –, a configurar verdadeiras exigências mínimas de vida em sociedade.

A corrente, cuja base de apoio era eminentemente jurisprudencial e cujo apelo intuitivo nos parece bastante intenso, foi, entretanto, ferozmente criticada por se apresentar demasiado ampla e vaga, a possibilitar um sem-número de motivos para a existência de limitações. Seria uma óbvia abertura às arbitrariedades e, também, à inversão das decisões constitucionalmente positivadas pelo poder constituinte – inclusive o sistema de reservas constitucionalmente escolhido e garantido no documento fundamental – por parte do legislador ordinário ou do julgador, a enfraquecer em demasia a ideia de direitos fundamentais.[179]

---

[177] Cf. J. Reis Novais, *ibidem*, p. 455 e ss.

[178] Cf. L. F. Calil de Freitas, *ibidem*, p. 88-89; J. Reis Novais, *ibidem*, p. 445-449; J. C. Gavara de Cara, *Derechos Fundamentales e Desarrollo Legislativo: la garantía del contenido essencial de los derechos fundamentales em la ley fundamental de Bonn*, p. 172 e ss. e p. 281 e ss.

[179] De se notar a surpresa apresentada por J. Reis Novais frente à quase unânime oposição posta à estratégia em causa, já que grande parte das críticas aqui mobilizadas é também extensível à maioria das demais abordagens de limitação imanente. Cf. *ibidem*, p. 448-449.

3.3.2.4. As leis gerais

A limitação imanente proveniente da ideia de leis gerais depende, por óbvio, de prévia apresentação de seu conceito.[180] Foi ele essencialmente debatido na Alemanha, sob a égide da Constituição de Weimar, que trazia previsão no sentido de que aos alemães era assegurado o direito de livre manifestação de opinião nos limites das leis gerais.

Para parte da doutrina germânica, a "generalidade" abrangia todos os instrumentos legislativos que não tratassem especificamente das liberdades de expressão e pensamento mas que, indireta e legitimamente, projetassem efeitos sobre elas – empreendia-se, portanto, um conceito técnico-formal, que fez largo eco enquanto justificativa de limitação. Para a corrente composta por autores como A. Kaufmann e R. Smend, no entanto, a "generalidade" posta em causa deveria ser compreendida em um sentido iluminista, de garantia dos valores mais gerais e relevantes da sociedade, em um conceito, pois, material, posteriormente assumido por P. Häberle em sua teoria institucional.[181]

É lícito afirmar, contudo, e principalmente ao se ter em mente a primeira corrente exposta, que qualquer norma de caráter geral – como, por exemplo, o Código Civil – teria o condão de, sem maiores justificativas teóricas, produzir efeitos jusfundamentais e balizar um direito constitucionalmente protegido, o que foi bem percebido por J. Machado como o problema dos limites incidentais oriundos das leis gerais – efeitos restritivos reflexivos a determinado direito que resultam do balizamento de outra matéria não diretamente relacionada com a primeira.[182] Inevitável, assim, apresentar mais uma vez a crítica que enxerga essa estratégia como verdadeira flexibilização da garantia dos direitos fundamentais, deixando-os aos ventos do legislador ordinário, com a consequente não solução da questionada subversão da preferência dada aos dispositivos constitucionais em termos de hierarquia normativa.

Em tentativa de amainar o problema teórico exposto, surgiu no seio da Corte Constitucional alemã a chamada teoria do efeito recíproco, emergida na sentença do célebre caso Lüth, de 1958.[183] Em breves linhas,

---

[180] Cf. J. Reis Novais, *ibidem*, p. 460-475; também L. F. Calil de Freitas, *ibidem*, p. 92-100.

[181] Cf. *idem, ibidem*, p. 461 e ss. Também P. Häberle, *La Libertad Fundamental en el Estado Constitucional*, p. 68 e ss. Para críticas ao modelo de leis gerais, em sentido material ou formal, cf. R. Alexy, *Teoría de los Derechos Fundamentales*, p. 306-311.

[182] Cf. J. Machado, *Liberdade de Expressão: dimensão constitucional da esfera pública no sistema social*, p. 714 e ss.

[183] Cf. J. Reis Novais, *ibidem*, p. 466 e ss.; também L. F. Calil de Freitas, *ibidem*, p. 97-98. Em linhas gerais, o chamado caso Lüth diz respeito ao fato de que em 1950 o cidadão H. Lüth, diretor de uma agência pública de notícias, incitou e patrocinou boicote a um filme dirigido por um indivíduo de manifesto compromisso com o regime nazista, sob esse fundamento. Derrotado nas instâncias inferiores e condenado a cessar o boicote pelos danosos efeitos civis gerados, Lüth recorreu ao Tribu-

propugnava-se que as leis gerais (limitadoras) fossem observadas também sob a influência da dimensão objetiva dos direitos fundamentais e de seu efeito irradiante, em uma espécie de contralimitação inerente à relevância dos direitos em causa. Para alguns, e para além de outras críticas à ferramenta como, por exemplo, ser ela um amontoado de fórmulas vazias, é razoável enxergar aqui verdadeiro círculo vicioso.[184] Para outros, o inconteste é perceber no instrumento a forte e necessária presença da estratégia da ponderação de interesses, a considerar todas as circunstâncias fático-jurídicas do caso concreto. Sob esse viés crítico, portanto, haveria também ligeiro afastamento da ideia de limitação imanente enquanto delimitação abstrata e a priori.

3.3.2.5. A ordem pública e a cláusula geral de polícia

A tática que se utiliza da imagem da ordem pública e da cláusula geral de polícia (poder de polícia) para indicar a existência de limites imanentes dos direitos fundamentais[185] é proposta muito similar às acima aludidas e, em especial, à utilização do conceito de abuso de direito. No entanto, e para além de suas próprias dificuldades de aceitação a serem citadas adiante, ao nosso ver há problemas em receitá-las como justificativas à possibilidade de delimitação *a priori* do suporte fático de direitos.

Figurando no campo do direito administrativo, não cabe aqui aprofundado debate sobre as duas figuras teóricas em causa. Basta, para os objetivos da dissertação, aceitar a ideia de ordem pública trazida por J. Miranda – conjunto de condições externas necessárias ao regular funcionamento das instituições e ao pleno exercício dos direitos[186] – e aliá-la à descrição de cláusula geral de polícia como uma faculdade atribuída à Administração Pública para a adoção de medidas urgentes e necessárias que a objetivem manter ou repor em caso de ameaça grave ou iminente.[187]

A ocorrência de uma hipótese fática de aparente exercício de direito fundamental garantido constitucionalmente que agrida a ordem pública e ative a chamada cláusula geral de polícia, com a possibilidade de imple-

---

nal Constitucional alemão alegando violação de seu direito fundamental à liberdade de expressão e pensamento. Ainda para caso Lüth e seus efeitos, cf. J. C. Gavara de Cara, *Derechos Fundamentales e Desarrollo Legislativo: la garantía del contenido esencial de los derechos fundamentales em la ley fundamental de Bonn*, p. 286 e ss.

[184] Cf. J. Reis Novais, *ibidem*, p. 469 [n. 825] e ss.; também M. Bacigalupo, *La Aplicación de la Doctrina de los "Límites Inmanentes" a los Derechos Fundamentales Sometidos a Reserva de Limitación Legal*, p. 302 e ss. Para amontoado de fórmulas vazias, cf. Schnur, *Pressefreiheit*, p. 122 e ss., n. 52, apud J. Reis Novais, *ibidem*, p. 470.

[185] Cf. J. Reis Novais, *ibidem*, p. 475-487; também L. F. Calil de Freitas, *ibidem*, p. 100-118; e J. Miranda, *ibidem*, p. 299 e ss.

[186] Cf. *ibidem*, p. 303.

[187] Cf. L. F. Calil de Freitas, *ibidem*, p.102-103.

mentação das medidas administrativas que se podem configurar limitadoras, é o que permitiria, em suma, a apresentação do caso em tela como caso de limitação imanente: nestas hipóteses, o comportamento estaria já fora do suporte fático de proteção jusfundamental.

Vários, entretanto, são os problemas apontados, destacando-se aspectos como a abertura à atuação administrativo-estatal limitadora sem prévia autorização expressa – legal ou judicial – e a relação do próprio poder de polícia exercido nesses termos com o basilar princípio da legalidade.[188] São dificuldades que se acentuam, ainda mais, ao se considerar o momento histórico atual, em que (a sensação de) segurança – ou a falta dela – foi erigida a tema capital da coletividade contemporânea. Atente-se, também, a questões ainda mais básicas levantadas pela doutrina administrativista contemporânea, relativas à necessária rediscussão e redefinição de axiomas fundandes do direito público como o da supremacia do interesse público e o da própria ordem pública,[189] com impacto direto em nossa esfera de estudo.

Cai-se novamente, ademais, na falta de critérios mensuráveis e controláveis aptos a apontar em termos absolutos o que agride e o que não agride a ordem pública – o que depende, pois, da caracterização que se dê ao conceito – e, assim, o que pode ou o que não pode ser limitado. Para além disso, e considerando o caráter constitutivo das medidas administrativas cabíveis, parece-nos talvez mais adequado pensar aqui em termos verdadeiramente restritivos, não em mera limitação, assumindo-se, pois, uma eventual maior adequação de uma acepção alargada de suporte fático para a estratégia em causa, com a sujeição de seus casos concretos ao crivo da proporcionalidade.[190]

3.3.2.6. As relações especiais de poder ou de sujeição

A partir de agora já em esferas mais problemáticas e de menor consenso, alguns autores consideram ainda como fundamentos de limitação

---

[188] Calil de Freitas lembra, ainda, como elemento problematizante adicional, a inexistência de normatização constitucional no Brasil que se refira ao tema. Para discussão, cf. *ibidem*, p. 106 e ss.

[189] Para necessária revisão de conceitos do direito público frente às profundas modificações oriundas tanto da implementação parcial e tardia de aspectos de um modelo de Estado Social como da emergência de aspectos jurídico-institucionais de um Estado Regulador, remetemos, por todos, a duas obras de C. A. Sundfeld, em que o impacto das alterações fáticas do modelo estatal e de sociedade para a doutrina juspublicista clássica é analisado sob diferentes aspectos. Cf. *Direito Administrativo Ordenador*, passim, e *Direito Administrativo Econômico*, passim. Para ressonância institucional, legal e doutrinária do movimento de diminuição estatal do fim do século passado, cf. ainda nosso *O Desenho Jurídico-institucional do Estado Regulador: apontamentos sobre eficiência e legitimidade*, passim, em especial ponto 2.1.2.

[190] E sem que isso seja tomado de maneira ofensiva seja à garantia dos direitos fundamentais em sua plenitude, seja à atuação da Administração.

imanente dos direitos fundamentais as chamadas relações especiais de poder ou de sujeição, em nomenclatura a depender do polo enfocado – se Estado ou cidadão –, consideradas aqui tais relações como o conjunto de situações em que, por motivos especiais, há uma relação (de sujeição) entre o Estado e um determinado círculo de cidadãos que se afigura diferente e peculiar, socialmente indispensável e, para muitos como característica mesmo conceitual, reforçadora dos poderes estatais se comparada à chamada relação geral de poder.[191]

Seria esse o caso, por exemplo, do estatuto jurídico de funcionários públicos, de militares, de estudantes ou dos penalmente reclusos, sendo possível perceber hipóteses bastante diversas, tanto voluntárias quanto involuntárias, de sujeição a domínios da Administração em que o exercício de direitos fundamentais aceitaria limitações imanentes no intuito de se protegerem as funções específicas das instituições em causa.

Nessa aproximação, contudo, há enorme divergência doutrinária,[192] acentuada essencialmente com o desenvolvimento de estudos jusfundamentais sobre a sua dimensão objetiva e com a emergência de decisões judiciais que colocaram em xeque tanto a ideia de sujeição – Estado e indivíduo seriam sujeitos jurídicos idênticos perante a Constituição, sendo possível falar, no máximo, em relações de estatuto especial – quanto a ideia de imposição de limites sem a obediência a requisitos como, por exemplo, o da reserva de lei.[193] Importante destacar, ainda, distinção hoje corrente entre situações essenciais e não essenciais ao tipo de relação posto aqui em causa.[194]

Embora pareça se encontrar inicialmente em corrente francamente minoritária, Reis Novais defende com base em exemplos serem tais situações domínios de direitos fundamentais enfraquecidos e, portanto, propugna o aprofundamento do debate sobre a figura da relação especial de poder enquanto fundamento de limitação imanente, considerando ser ele importante ao enquadramento constitucional adequado das relações especiais sub judice. Conclui, entretanto, não ser a fórmula da imanência perfeitamente ajustada ao caso, pois haveria risco de se cair "no absurdo

---

[191] Cf. J. Reis Novais, *ibidem*, p. 512.

[192] Para desenvolvimento e eventual apresentação das divergências no tema, cf. J. Reis Novais, *ibidem*, p. 510-520, que, todavia, aceita a fundamentação; também K. Hesse, *Elementos de Direito Constitucional da República Federal da Alemanha*, p. 259 e ss.; Gilmar F. Mendes, *Hermenêutica Constitucional e Direitos Fundamentais*, p. 191-194; L. F. Calil de Freitas, *ibidem*, p. 126-133; J. Bacelar Gouveia, *Regulamentação e Limites dos Direitos Fundamentais*, p. 463-467.

[193] Cf. J. Reis Novais, *ibidem*, p. 513 e ss., que qualifica a decisão do Tribunal Constitucional Federal alemão sobre os direitos dos presos de 1972 (BVerfGE, 33, p. 1 e ss.) quase que como uma *sentença de morte* das relações especiais de poder (p. 519); também K. Hesse, *ibidem*, p. 263; L. F. Calil de Freitas, *ibidem*, p. 128 e ss. e, em especial, p. 132-133.

[194] Cf., por todos, J. C. Vieira de Andrade, *Os Direitos Fundamentais na Constituição de 1976*, p. 313 e ss.

de dar ao Estado (...) uma margem praticamente incontrolada para restringir os direitos fundamentais e, seguramente, uma muito maior margem de limitação nos casos de restrições em relações especiais de poder não expressamente previstas".[195]

Aponta o autor, enfim, para a necessidade de legítima mediação legislativa na questão, sem se esquecer das imensas dificuldades de eventual tratamento legislativo "revelador" de limites, já que as circunstâncias especiais são, como visto, múltiplas e demasiado diversas. Defende, ainda, a necessária manutenção da garantia da capacidade funcional das instituições em que se apresentam as relações especiais, inclusive com intervenções eventualmente restritivas, inseridas em uma ampla margem de interpretação conferida à Administração.[196]

3.3.2.7. O art. 29, n. 2, da Declaração Universal dos Direitos do Homem

Por fim, e embora o tópico necessite de aprofundamento a tangenciar o direito internacional e o problema da relação entre ordens jurídicas nacionais e transnacionais, a fugirem do escopo do presente texto, faz-se mera referência ao fato de que parte da doutrina aponta ainda a configuração de um sétimo tópico que enxerga no art. 29, n. 2, da Declaração Universal dos Direitos Humanos, de 1948, verdadeiro fundamento autônomo de limitação geral e imanente dos direitos fundamentais.[197]

Nesse sentido, por exemplo em Portugal, J. Miranda, J. Bacelar Gouveia e a antiga posição de Vieira de Andrade, que se baseiam – ou baseavam – na previsão da interpretação e da integração dos preceitos jusfundamentais internos em conformidade com a Declaração Universal dos Direitos do Homem existente no art. 16, n. 2, da CRP,[198] para enxergar possibilidade de solução de casos em que não há expressa previsão constitucional de limitação ou restrição, rebatendo argumentos doutrinários contrários à aceitação.[199] A limitação imanente adviria, assim, da existên-

---

[195] Cf. J. Reis Novais, *ibidem*, p. 515 e ss, em especial p. 519.

[196] Cf. *idem, ibidem*, p. 519-520.

[197] *In verbis*: "No exercício de seus direitos e liberdades, toda pessoa estará sujeita apenas às limitações determinadas por lei, exclusivamente com o fim de assegurar o devido reconhecimento e respeito dos direitos e liberdades de outrem e de satisfazer às justas exigências da moral, da ordem pública e do bem-estar de uma sociedade democrática". Disponível [on line] na Biblioteca Virtual de Direitos Humanos da Universidade de São Paulo [acesso em 11.01.2008], em <http://www.direitoshumanos.usp.br/counter/declaracao/declaracao_univ.html>. Cf. ainda J. Reis Novais, *ibidem*, p. 520-528; também L. F. Calil de Freitas, *ibidem*, p. 134-138; e J. Miranda, *ibidem*, p. 299-305.

[198] *In verbis*: "os preceitos constitucionais e legais relativos aos direitos fundamentais devem ser interpretados e integrados de harmonia com a Declaração Universal dos Direitos do Homem".

[199] Cf. J. Miranda, *ibidem*, p. 300; J. Bacelar Gouveia, *Manual de Direito Constitucional*, p.1085; e, do mesmo autor, *Restrições e Limites dos Direitos Fundamentais*, p. 455-456. Para Vieira de Andrade, no entanto, e salvo equívoco, parece ter havido alteração de posicionamento. Cf. J. C. Vieira de Andrade, *Os Direitos Fundamentais na Constituição de 1976*, p. 45-46 e p. 300 e ss., e, em especial, p. 300 [n. 38], em que

cia dessa cláusula geral, a influenciar toda a interpretação – e a definição dos suportes fáticos – dos direitos.

Tal abordagem não é aceita, entretanto, por grande parte da doutrina, que concebe o instrumento apenas como verdadeiro elemento de auxílio interpretativo. Não faria sentido, ademais, e como expressamente ressaltado por Gomes Canotilho e V. Moreira, que um *standard* mínimo protetivo de direitos fundamentais em âmbito internacional, criado exatamente como instância de controle, fosse utilizado autonomamente para legitimar limitações jusfundamentais[200].

Para Reis Novais, aliás, e invertendo o argumento apresentado, a previsão em causa estaria mais próxima de se configurar um limite aos limites do que, propriamente, um fundamento limitativo. O que haveria, de fato, é uma espécie de correspondência com previsões constitucionais como a do art. 18, n. 2, da CR portuguesa, bem como de suas análogas prescrições existentes, como já tratado, em Espanha ou Alemanha[201], servindo o instrumento também como elemento adicional a ser respeitado por restrições eventualmente impostas.

3.3.3. Construções teóricas de relevo: as visões de F. Müller e de P. Häberle

Trabalhando, finalmente, com algumas construções teóricas que se baseiam ou que defendem a teoria interna, cabe ressalvar liminarmente que a separação entre o que se chamou de (i) ferramentas dogmático-interpretativas e (ii) construções teóricas de relevo não é rigorosa nem tampouco plenamente defensável. Sua valia restringe-se, apenas, a aspectos organizacionais, com o intuito de facilitar a exposição tópica de temas. Por óbvio que as construções teóricas almejam apresentar, em resumo, ferramentas dogmático-interpretativas; estas, por sua vez, podem ser oriundas das primeiras.

Seja como for, faz-se fundamental apresentar abordagens teóricas importantes e influentes que parecem pertinentes e, essencialmente, os motivos de sua inclusão como pertencentes às correntes da teoria interna. Quanto à tese do alcance objetivo e da metódica jurídica estruturante de F. Müller, em que se propugna essencialmente a defesa de um suporte fático restrito dos direitos fundamentais identificável com uma das cor-

---

afirma *"esta opinião foi sustentada no ensino oral por Carlos Alberto Mota Pinto, e a ela demos* inicialmente *o nosso acordo"*. (grifo nosso).

[200] Cf. J. Reis Novais, *ibidem*, em especial p. 522 e ss.; também J. J. Gomes Canotilho / V. Moreira, *Constituição da República Portuguesa Anotada*, v. I, p. 364-369, em especial p. 368; J. J. Gomes Canotilho, *Direito Constitucional e Teoria da Constituição*, p. 1274 [n. 26] e p. 1280; A. Souza Pinheiro, *Restrições aos Direitos, Liberdades e Garantias*, p. 281-282; por fim, para tratamento da Declaração Universal em sentido um pouco mais amplo, cf. ainda J. Miranda, *Direitos Fundamentais*, p. 83 e ss.

[201] Cf., para previsões legais, cap. I, tópico 1.3.2.1.

rentes da teoria interna, remete-se ao já supradelineado – aquilo que foi lá adiantado pode ser transposto integralmente para o presente ponto.[202] Cabe agora breve apresentação da chamada teoria institucional de P. Häberle, recortada e inclinada ao problema de que trata o texto.

De maneira bastante simplista, é possível afirmar que a teoria institucional ou realista dos direitos fundamentais de P. Häberle nasce como crítica ao pensamento de intervenção e limites, que o autor inequivocamente liga ao ideário individualista e liberal, almejando a superação (i) da ideia de liberdade como mera esfera individual autônoma a ser protegida frente ao Estado, em visão que enxergaria o legislador sempre como inimigo, e (ii) da dicotomia entre liberdade e direito, causadora, por óbvio, da percepção da atividade estatal como inerentemente restritiva.[203]

Acentuando enfaticamente a importância dos direitos fundamentais tanto para o indivíduo – na tutela de bens jurídicos – quanto para a sociedade – no cumprimento de uma espécie de função social – e até mesmo para a democracia, bem como a situação de recíproco condicionamento aqui presente entre todos esses elementos, resume o autor:

> Si los derechos fundamentales tienen igual importancia constitutiva, sea para los individuos como para la comunidad; si no están garantizados solamente a favor del individuo; si cumplen una función social, y si forman el presupuesto funcional de la democracia, entonces se sigue de esto que la garantía de los derechos fundamentales y el ejercicio de los mismos están caracterizados pela concurrencia entre intereses públicos e individuales.[204]

Para tanto, parte do conceito de instituição-coisa, contraposto ao conceito central de instituição-pessoa da teoria institucional de M. Hauriou, segundo a qual uma instituição é, grosso modo, uma ideia diretriz que se realiza e permanece juridicamente no meio social, e que para cuja realização se organiza um poder que dirige, mediante órgãos criados e procedimentos estabelecidos, as manifestações de comunhão à ideia em voga dos interessados em sua realização.[205]

---

[202] Cf. cap. I, tópico 3.1., *supra*.

[203] Cf. P. Häberle, *La Liberdad Fundamental en el Estado Constitucional*, cap. I, *passim*, em especial p. 53 e ss.; também L. Virgilio Afonso da Silva, *O Conteúdo Essencial dos Direitos Fundamentais e a Eficácia das Normas Constitucionais (Tese)*, p. 172-179. Ainda para análise da teoria, cf. J. Reis Novais, *ibidem*, p. 309 e ss., em especial p. 312; R. Alexy, *Teoría de los Derechos Fundamentales*, p. 306-307; J. J. Solozábal Echavarría, *Algunas Cuestiones Básicas de la Teoría de los Derechos Fundamentales*, p. 101 e ss.; J. C. Gavara de Cara, *Derechos Fundamentales e Desarrollo Legislativo: la garantía del contenido esencial de los derechos fundamentales em la ley fundamental de Bonn*, p. 180 e ss. e p. 275 e ss.

[204] Cf. P. Häberle, *La Liberdad Fundamental en el Estado Constitucional*, p. 53.

[205] Cf. P. Häberle, *La Liberdad Fundamental en el Estado Constitucional*, cap. II, em especial p. 127 e ss. e p. 171 e ss.; também L. Virgilio Afonso da Silva, *ibidem*, p. 172 e ss. De se salientar que para Paolo Ridola, a teoria de P. Häberle é ainda bastante influenciada pela teoria da integração de R. Smend, pelo racionalismo crítico e, finalmente, pela teoria da ação comunicativa. In *La Liberdad Fundamental en el Estado Constitucional, Introducción*, p. 15-16.

Os direitos fundamentais, enquanto instituições de forma análoga à de uma instituição-coisa – assim como todas as normas jurídicas, diga-se – seriam, portanto, ideias enraizadas no meio social que desenvolvem a realidade sociojurídica, mas que também são por ela definidas. Afasta-se de uma ideia de mera vontade subjetiva e aproxima-se da noção de "coisa social objetiva", em que o conceito de liberdade só faz sentido se inserido nesse meio, enquanto liberdade na sociedade ou comunitariamente integrada – é algo, em suma, criado socialmente e desenvolvido dialeticamente no âmbito e a partir do direito, em uma relação entre os caracteres de instituto e de direito subjetivo a que se pode qualificar como sendo de "interpenetração".[206] Percebe-se, pois, modelo em que os direitos fundamentais não são instituídos somente pela Constituição, mas sim pelos atores sociais e, naquilo que mais nos importa, pelo próprio legislador.[207]

Ora, se os direitos fundamentais são concebidos, pois, como verdadeiramente desenvolvidos – poder-se-ia dizer construídos – pelo próprio direito e, por óbvio, pela própria legislação, tendo aqui o legislador papel ativo no incremento desse aspecto institucional dos direitos fundamentais, supera-se a ideia de liberdade natural ou pré-concebida e, também, a dicotomia ou o anacronismo entre liberdade e atividade estatal, não fazendo mais sentido, portanto, um dos pressupostos básicos da teoria externa: os dois momentos lógicos distintos que justificam a ideia de restrição.[208]

Perceptível, assim, a integração entre a teoria de P. Häberle e alguns dos pressupostos essenciais da teoria interna, bem como o radical afastamento do pensamento de intervenção e limites, explicitamente afirmado na obra. Apontando apenas a existência de reservas de conformação e de delimitação que, sob um aspecto funcional, podem ser tidas igualmente e dialeticamente como espaços de verdadeiro desenvolvimento dos direitos fundamentais,[209] o autor afasta qualquer possibilidade de se falar em

---

[206] Cf. P. Häberle, *La Libertad Fundamental en el Estado Constitucional*, p. 178, *in verbis*: "*el aspecto subjetivo-personal, o, mejor dicho, la libertad individual, y el aspecto objetivo-institucional, son concurrentes el uno con el otro. El de institución és concepto correlativo a la libertad*".

[207] Cf. P. Häberle, *La Libertad Fundamental en el Estado Constitucional*, em especial p. 175 e ss. e p. 188 e ss.; também L. Virgilio Afonso da Silva, *ibidem*, p. 172 e ss.; e J. Reis Novais, *ibidem*, p. 310 e ss. Vale ressaltar que, para o autor em análise, só há verdadeiramente direito fundamental enquanto instituto ou instituição se houver efetivo exercício por uma pluralidade de titulares, porque, caso contrário, deixariam de ser a realidade vital e perderiam sua validade efetiva.

[208] Nas palavras de Virgilio Afonso da Silva, a atividade legislativa ordinária deixa de ser uma atividade restritiva da liberdade porque "(...) *a liberdade não é algo pré-existente que possa ser restringido pelo legislador. Por ser algo interno ao direito, a liberdade como instituto é criada pela atividade estatal, que não a restringe, apenas delimita seus contornos e a desenvolve e garante*". Cf. *ibidem*, p. 178. Ou ainda, como aponta Reis Novais: "*o direito não é mais visto como ameaça ou um factor estranho à liberdade, mas garantia de sua realização à medida que juridicamente a conforma e delimita*". Cf. *ibidem*, p. 311.

[209] Cf., a propósito, J. C. Gavara de Cara, *Derechos Fundamentales e Desarrollo Legislativo: la garantía del contenido essencial de los derechos fundamentales em la ley fundamental de Bonn*, p. 181-182.

restrição legítima e defende, em resumo, uma relação de imanência ou unidade entre conteúdo e limites de um direito fundamental. Os "limites imanentes", escritos ou não escritos, são, portanto, internos ao próprio direito como um todo, e qualquer ato legislativo que os venha a relevar tem inegável natureza declaratória.[210]

Haveria aqui, de fato, uma relação de afetação ou de desenvolvimento recíproco entre os direitos fundamentais e os bens jurídicos, travestidos aqui enquanto princípios gerais, em uma afinidade tão íntima que deveria ser vista como imanente e inerente ao próprio ordenamento jurídico. Nas palavras do autor, a resumir a questão:

> A tal fin resulta apropiado el concepto de los límites inmanentes de los derechos fundamentales. Él demuenstra que la concretización de los límites admisibles de los derechos fundamentales no es un proceso que afecta los derechos fundamentales desde el exterior. Entre los derechos fundamentales y sus límites, o bien los bienes jurídicos tutelados por estos últimos, subsiste una íntima relación, que puede comprenderse tan solo si se la distingue como "esencial" (*wesensmäBig*). Los límites esenciales de los derechos fundamentales indican al derechos fundamental el lugar que le corresponde desde el principio al interior del quadro integral de la Constitución.[211]

Fundamental notar, contudo, que para P. Häberle os limites imanentes dos direitos fundamentais, embora presentes internamente e desde o princípio no ordenamento, só podem ser alcançados mediante o equilíbrio ou o balanceamento entre os bens, sendo, pois, variáveis ou cambiantes.[212]

Faz-se premente perceber por último, resgatando a dicotomia entre as correntes da teoria interna já adiantada, que a visão de P. Häberle se afasta da identificação inequívoca da teoria com a restrição do suporte fático, nos moldes de F. Müller, assumindo de fato uma abordagem mais comunitária, que almeja acentuar a relação dialética entre indivíduo e sociedade e a relação de reciprocidade entre as liberdades e os bens ou valores sociais. Desse modo, e embora estejam assumidamente aceitos os

---

[210] Cf. J. Reis Novais, *ibidem*, p. 313, que assim define: "*os limites não são elementos 'externos' legitimadores de intervenções ablativas nos conteúdos dos direitos fundamentais, mas sim concretizações da sua substância jurídica, fronteiras do seu âmbito de garantia constitucional, reveladas a partir 'de dentro' do direito, ou seja, 'limites imanentes' aos direitos fundamentais cuja eventual positivação, na qualidade de elementos negativos da sua previsão normativa, tem um carácter meramente declarativo*". (grifos do autor). Também aqui o próprio P. Häberle, *La Liberdad Fundamental en el Estado Constitucional*, p. 34-35 e, em especial, p. 95-105, em que afirma: "*el legislador, que concretiza em el campo de los derechos fundamentales los límites esenciales, positiviza los límites que ya existían desde el principio. (...) no aparecen como límites aportados sucesivamente y desde el exterior al derecho fundamental*" (*cit.*, p. 103).

[211] Cf. *idem, ibidem*, p. 96-97. Cf. também *cit.*, p. 103-104, em que termina: "*se hace entonces evidente que resultan regulados los límites internos a las liberdades y que la actividad del titular de los derechos fundamentales viene circunscrita por límites que existen 'desde el inicio', 'desde el principio' en el interior del sistema de la Constitución misma. Los derechos fundamentales están garantizados 'tan sólo' en el ámbito de sus límites inmanentes*".

[212] Cf. *idem, ibidem*, p. 98 e ss.; também p. 33, p. 68 e ss. e p. 118 e ss.

pressupostos da teoria interna e mobilizadas inúmeras e reiteradas críticas à teoria externa, talvez seja razoável apontar também aqui ao menos uma relativa aproximação material ou finalística de sua visão com alguns elementos basilares do pensamento de intervenção e limites (não de sua metódica, frise-se novamente de maneira enfática).

Essa espécie de tangenciamento material – com todas as ressalvas aplicáveis ao argumento exploratório – dá-se, talvez, no sentido estrito de que em ambas é igualmente viável perceber fatores comuns: a necessária mutabilidade dos conteúdos definitivos – que dependem inequivocamente dos outros bens constitucionais em jogo –, a importância do caso concreto e os exercícios de equilíbrio ou balanceamento. Algumas passagens da obra do ator parecem, de fato, evidenciar essa característica.[213] O que se pode discutir aqui, contudo, é se essa aproximação é metodologicamente viável, tendo como base, por exemplo, a utilização do conceito de ponderação.[214]

A esse ponto se voltará posteriormente, no capítulo seguinte. Mas se adiante que essa suposta aproximação material ou finalística, consubstanciada ainda pelo afastamento da ideia mais caricatural da pretensão de se estabelecer de maneira abstrata e apriorística os limites dos direitos fundamentais justapostos, se é que de fato existe, não elimina outras diferenças importantes. Efetivamente, o debate é transferido para duas outras esferas: (i) o problema terminológico de se continuar falando em limites, assumindo-se sua variabilidade, e (ii) o problema da controlabilidade argumentativo-racional das propostas em jogo.

---

[213] Veja-se, por exemplo, a seguinte passagem, em que o afastamento do modelo apriorístico estanque fica explícito, bem como o recurso inevitável à ponderação no caso concreto: *"a primera vista, puede parecer estraño tomar impulso de algo fijo, y poner ello en relación con otros elementos, buscando definir de esto con los contenidos e los límites, en donde el contenido e los límites de los bienes constitucionales tomados en cuenta, considerados inicialmente rígidos, influenciándose recíprocamente, cambian. Conceptualmente este proceso no es fácilmente comprensible. Esto se explica, sin embargo, con el hecho de que los límites de un derecho deben ser determinados siempre con referencia a otros bienes jurídicos, toda vez que no se puede excluir que estos bienes jurídicos ejerciten sus efectos sobre el derecho. El contenido y los límites de los derechos fundamentales deben ser definidos mediante una operación mental diferenciada, que exige una interpretación 'sistemática' de la Constitución. El derecho fundamental és un elemento que asume, por así decir, formas siempre nuevas de acuerdo a la situación de conflicto, y que debe ser actualizado y concretizado caso por caso, no obstante el hecho de que él ya haya sido fijado en la Constitución"*. In *La Liberdad Fundamental en el Estado Constitucional*, p. 73.

[214] Contra essa possibilidade, por estar a ponderação inequivocamente ligada a algo ao menos *prima facie* protegido pelo direito fundamental, cf. R. Alexy, *Teoría de los Derechos Fundamentales*, p. 306 e ss. Também, salvo equívoco interpretativo, cf. L. Virgilio Afonso da Silva, *ibidem*, p. 172 e ss.

4. Teoria externa

4.1. Histórico e características

Em sentido diametralmente oposto ao até agora desenvolvido está a chamada teoria externa ou pensamento de intervenção e limites. Em que pesem alguns posicionamentos contrários que separam as construções teóricas de modo absoluto,[215] parece defensável apontar que ela apresenta grande desenvolvimento recente baseado, essencialmente, na teoria dos princípios. Há quem remonte suas bases, porém, ao princípio da repartição elaborado por Carl Schmitt.[216]

É defendida – novamente cada um à sua maneira, com a imposição de peculiaridades e ressalvas – por autores de relevo como R. Alexy, M.Borowski, L. Prieto Sanchís, L. Virgílio Afonso da Silva, R. Brandão, e, em certa medida, de forma bastante mitigada e já enquanto visões híbridas, por Gomes Canotilho[217] e Reis Novais,[218] dentre outros.[219]

O conceito-chave aqui presente, em termos negativos, novamente deve ser posto no não acolhimento da ocorrência das limitações relevantes *a priori* de conteúdos ou, em termos positivos, na aceitação das restrições como elementos apartados e externos aos direitos, para muitos como inerentes à dilatação do suporte fático inicialmente considerado. Há, por óbvio, as adiantadas consequências (i) da separação entre direito prima facie e direito em definitivo, (ii) do deslocamento do momento essencial

---

[215] Cf. tópico 4.2., *infra*.

[216] Caso de Gomes Canotilho, ao apresentar a seguinte citação: *"estes direitos de liberdade são, em termos de princípio, ilimitados, isto é, o seu conteúdo e a sua extensão residem completamente na vontade do indivíduo. Qualquer normação legal, qualquer intervenção das autoridades, qualquer intervenção estatal deve ser, por princípio, limitada, mensurável, calculável, e qualquer controlo estatal dever, por sua vez, susceptível de ser controlado"*. C. Schmitt, Inhalt und Bedeutung der zweiten Hauptteils der Reichverfassung. Apud J. J. Gomes Canotilho, p. 344. Também J. Reis Novais, *ibidem*, p. 292 e ss.; e Cara, Derechos Fundamentales e Desarrollo Legislativo: la garantía del contenido esencial de los derechos fundamentales en la ley fundamental de Bonn, p. 161 e ss.

[217] *In verbis*: *"se alguma diferença hoje existe, talvez seja a de que a teoria externa e do Tatbestand alargado permitem adaptar-se melhor aos desafios da* inclusividade *e da* multiculturalidade *com que hoje se defronta a justiça constitucional de que as teorias interna e teoria do Tatbestand restrito, sedimentadas em sociedades civis tendencialmente mais homogêneas"*. (grifos do autor). In Dogmática de Direitos Fundamentais e Direito Privado, p. 359.

[218] *In verbis*: *"daí que, pesem embora as insuficiências que lhe foram imputadas, sejam sobretudo o modelo dos direitos fundamentais enquanto princípios, através do recurso à idéia-chave da ponderação, é o modelo da teoria externa, através do recurso a grande parte do travejamento de controlo longamente desenvolvido e estabilizado pelo chamado pensamento de intervenção e limites, que mais satisfatoriamente correspondem aos nossos propósitos"*. Cf. J. Reis Novais, *ibidem*, p. 360; também p. 263 e p. 356 e ss.

[219] Cf. R. Alexy, Teoría de los Derechos Fundamentales, p. 311 e ss.; L. Virgílio Afonso da Silva, O Conteúdo Essencial dos Direitos Fundamentais e a Eficácia das Normas Constitucionais (Tese), cap. IV; M. Borowski, La restricción de los Derechos Fundamentales, em especial p. 56; R. Brandão, Emendas Constitucionais e Restrições a Direitos Fundamentais, em especial p. 15.

de demarcação dos direitos em definitivo para a ocasião da análise das restrições e (iii) da questão da evidentemente necessária fundamentação das restrições eventualmente impostas.

Em esquema tópico análogo ao invocado à teoria contraposta, propõe Gomes Canotilho as seguintes premissas (por óbvio sem observar as definições terminológicas aqui defendidas, valendo, no entanto, em completude, o substrato material da ideia):[220] (1) os direitos e as restrições são dimensões separadas; (2) as restrições são sempre "desvantagens" impostas externamente aos direitos; (3) o âmbito de proteção de um direito é mais extenso do que a garantia efetiva, porque aos direitos sem restrições são apostos limites [em sentido externo] que diminuem o âmbito inicial de proteção.

Cabe aqui, porém, uma ressalva importante. É que os autores que rejeitam a inclusão da teoria principialista no eixo tributário à teoria externa acabam por enxergar nesse tópico um modelo um pouco diferenciado, a que se qualificará como "purista", em que, considerando a importância atribuída pela corrente aos requisitos constitucionais de controle das intervenções, seu desenho típico e extremo seria o da rejeição de quaisquer imposições de restrições – ainda enquanto limites externos – para além da já completa previsão constitucional consubstanciada no sistema intencionalmente diferenciado de reservas legais. Excluir-se-ia de plano, pois, as restrições não expressamente previstas ou autorizadas pela Constituição.[221]

Tal percepção, não se apresenta como a mais adequada ao exame crítico que se pretende empreender, já que parece afastável com uma argumentação de caráter dúplice: (i) não cabe na atualidade apostar em uma positivação jurídica intencional que se afigura resultado completo e irretocável de um consenso jurídico-político crível e perene, a excluir completamente qualquer possibilidade de harmonização – com sua consequente restrição tópica – se não expressamente prevista na Constituição; e (ii) são ao menos problemáticas as consequências da aceitação de um logicamente necessário e solicitado escalonamento hierárquico abstrato jusfundamental. Como já adiantado, há mesmo quem aponte aqui, antes de um real sistema intencional de reservas, uma verdadeira trapalhada teórico-dogmática.[222]

---

[220] Cf. *ibidem*, p. 349.

[221] Cf. J. Reis Novais, *ibidem*, p. 298 e ss. e p. 367-378.

[222] Cf. J. Reis Novais, *ibidem*, p. 307 e ss., p. 367-378 e, em especial, p. 373 e ss. Aponta o autor, *in verbis*: *"a atribuição de significado jurídico ao sistema diferenciado de reservas apostas aos direitos fundamentais e, designadamente, a interpretação da ausência de reservas como determinando a impossibilidade da sua limitação posterior só seriam sustentáveis se fosse possível demonstrar as duas seguintes asserções: primeiro, a de que os direitos fundamentais sem reservas ocupam o lugar de topo num pretenso escalonamento hierarquizado dos direitos fundamentais e do sistema de valores da Constituição; segundo, a de que, independentemente do*

Afigura-se essencial perceber que o quadro em tela sofreu desenvolvimentos doutrinários de ênfase, não mais se assemelhando ao desenho atualmente mobilizado em sede de teoria externa. Hoje, a vertente forte da corrente parece mesmo consistir em se continuar a apostar nos pressupostos do pensamento de intervenção e limites e na necessidade de justificação constitucional, sem necessariamente haver ligação inequívoca com o sistema de reservas de limitação legal. Em proposta que adiciona a esses pilares um modelo combinado de regras e princípios, por exemplo, o controle de adequação terá essencialmente como base instrumentos teórico-dogmáticos como a regra da proporcionalidade, enquanto elemento legitimador das restrições externamente postas.

4.2. Teoria externa e teoria dos princípios

Faz-se inevitável recorrer à teoria dos princípios de R. Alexy, no sentido de elucidar sua efetiva mobilização nessa seara. É de se lembrar a sugestão aqui realizada no sentido de que grande parte da argumentação pertinente à defesa da teoria externa – melhor dizer de crítica aos pressupostos da teoria interna – provém do desenvolvimento da teoria principiológica e, em especial, de seu amparo proposto pelo autor. É chegada a hora, portanto, da abertura de breves parênteses, com o intuito de discutir em que medida ocorre essa estreita relação.

Antes, porém, da dar início ao tópico, cabe retomar detidamente ressalva metodológica apontada no início do presente capítulo e agora revisitada, qual seja, a de que o desenvolvimento da questão dos limites e das restrições aos direitos fundamentais dentro da teoria dos princípios de R. Alexy e dos autores a ela tributários pode ser visto, ainda que com eventuais senões, como decorrência dos pressupostos das teorias externas.

Utilizou-se, a título de abertura, breve argumento no sentido de que os próprios autores de matriz alexyana convergem para um pensamento nesse sentido.[223] Mas esse aspecto defensivo, embora relevante e bastante considerável, não pode servir de elemento justificativo único e essencial: a inclusão ou não de uma teoria em determinada corrente não depende e

---

circunstancialismo concreto de manifestação dos direitos fundamentais em questão e quaisquer que fossem as conveniências da sua necessária integração comunitária, a invocação da sua proteção para quaisquer dimensões particulares do seu exercício deveria sempre usufruir de precedência absoluta, em termos que determinassem a impossibilidade da limitação de tais direitos. No entanto, não apenas a idéia de hierarquização abstrata dos direitos fundamentais é, em si, dificilmente sustentável, como, sobretudo, ela é insusceptível de se fundar no sistema diferenciado de reservas constitucionais dos direitos fundamentais". Idem, ibidem, p. 377.
[223] Cf. *supra*, tópico 1.

nem pode depender, afinal de contas, dos desejos dos próprios autores ou da legitimidade dos comentadores em causa.

A autonomização da teoria dos princípios como um terceiro eixo no debate em questão é defendida essencialmente por Reis Novais, que o faz de forma intensa, coerente e, acima de tudo, bastante fundamentada, embora também adiante advertência material no sentido de que sua proposta depende de uma aceitação muito condicionada das conclusões de R. Alexy. A repartição proferida, como outrora adiantado, acaba por ter impacto direto no modo de apresentação de sua tese – deixa de ser bifásica para se colocar como um trabalho em três eixos –, afastando-a do desenho aqui vigente ainda que de forma mais nominal e aparente do que, propriamente, no que tange ao mérito.

Após série de argumentos em defesa da separação entre as abordagens, o parágrafo conclusivo da nota explicativa de Reis Novais admite que a debilidade da identificação que aqui se pretende manter provém, em essência, da confusão entre não restringibilidade e definitividade. Segundo o autor, "um objecto pode ser não comprimível, não diminuível, não restringível e não se apresentar ainda, no entanto, na sua forma definitiva, porque carece eventualmente, na terminologia da teoria interna, de delimitação, conformação ou revelação dos seus limites (imanentes)[224]". Trata-se, perceptivelmente, de crítica direcionada a uma espécie de identificação das intervenções externas como os "elementos transformadores" de direitos *prima facie* em direitos definitivos.

É aqui, contudo, que reside a discordância classificatória, quiçá meramente nominal, de apego à coerência terminológica com todo o exposto até o momento. É que se se ativer aos conceitos de limite e de restrição aqui definidos, seria à partida inimaginável conceber um objeto já não restringível mas ainda passível de limitação ou de delimitação. A limitação imanente e, portanto, interna e apriorística, é, aos olhos do presente texto, incompatível com um desenho que tenha dois momentos lógicos distintos (bastante claros no exemplo pela utilização do vocábulo ainda), que se afigura como indubitavelmente mais adequado ao chamado pensamento de intervenção e limites.[225] [226]

---

[224] Cf. J. Reis Novais, *ibidem*, p. 335-336 [n. 600].

[225] Em sentido francamente contrário, cf. J. Reis Novais, *ibidem*, p. 336 [n. 600], em que o autor afirma: *"é também possível sustentar uma teoria interna e partir de uma concepção dos direitos fundamentais como direitos de* prima facie. *Basta considerar, por exemplo, os direitos fundamentais como sendo insusceptíveis de restrição a partir do exterior, mas dotados de um limite imanente que, todavia, signifique que a determinação definitiva dos limites do respectivo conteúdo e da sua conseqüente aplicabilidade ao caso concreto dependem da necessária ponderação de valores que nesse caso apresentem valor superior"*. (grifos do autor). Sob a delimitação conceitual aqui defendida, que, aliás, em muito se apega às descrições feitas pelo autor, tal situação não seria teoricamente factível.

[226] Também não se mobilize aqui, a propósito, a ideia de visão híbrida que trazemos tanto *infra* quanto *supra*, em confusão de esferas distintas. Uma coisa é descrever possibilidades teóricas propostas

Se o objeto já se configura como um dado apriorístico, o que parece ser o caso, qualquer intervenção a partir de agora realizada não pode mais ser tida como um limite e sim, inevitavelmente, como uma restrição. Um objeto só deixa de ser restringível, portanto, em sua forma definitiva, não cabendo mais, nesse caso, nenhum tipo de delimitação – nem sequer de restrição. Nos termos aqui estritamente defendidos, para a proposta argumentativa de separação ora em voga aplica-se uma das seguintes alternativas: (i) ou se trata de delimitação ou revelação dos limites a um objeto a priori e, portanto, está-se no âmbito da teoria interna, no ponto em que é exatamente o alvo de crítica de sua corrente rival por ser tal procedimento tido como irreal e incontrolável e, finalmente, em que não cabe a dicotomia *prima facie*/definitivo; ou (ii) obrigatoriamente se está a falar de verdadeira restrição e, pois, de intervenção ablativa, incompatível com a ideia de mera delimitação ou conformação.

Vista sob essa ótica, em suma, cairia por terra a confusão adiantada e, pois, a debilidade da identificação que aqui – bem como em outros autores – se propõe. A separação entre direito prima facie e direito definitivo parece ser adequada e ter como base, sim, o pressuposto bifásico e de momentos lógicos distintos do pensamento de intervenção e limites, vulgo teoria externa, aliado a uma percepção alargada de suporte fático, embora seu desenvolvimento e seu ponto de chegada não sejam os mesmos da teoria externa por assim dizer "purista". São esses os motivos, em resumo, e longe de afastarem a válida proposta de Reis Novais, que calcam nossa opção metodológica de apresentação da questão.

4.2.1. Os pressupostos da teoria dos direitos fundamentais de R. Alexy

Para se compreender, contudo, a teoria dos direitos fundamentais de R. Alexy, expressamente ligada a uma matriz kantiana[227] e inequivocamente dependente de sua teoria dos princípios,[228] é relevante atinar para a necessidade da referência à teoria da argumentação e à do discurso – o discurso jurídico seria um caso especial de discurso prático geral –, bem como a fuga da ideia de única resposta correta.[229] Embora a discussão em causa seja bastante complexa, não cabendo maiores desenvolvimentos na economia do texto que segue, esse breve apontamento é válido já que

---

por autores diversos; outra, por certo, é desfazermo-nos da coerência interna necessária ao texto e aos seus pressupostos.

[227] Cf. *idem, Teoría del Discurso y Derechos Humanos*, p. 61.

[228] Cf. *idem, Teoría de los Derechos Fundamentales*, p. 25.

[229] Cf. *idem, Teoría de los Derechos Fundamentales*, p. 529-533; e *Teoria da Argumentação Jurídica*, em especial p. 209 e ss. Cf. também T. Bustamante, *Princípios, Regras e a Fórmula de Ponderação de Alexy: um modelo funcional para a argumentação jurídica?*, p. 84 e ss.

intimamente relacionado, de maneira até mesmo inerente, com as abordagens críticas que são a ela direcionadas.[230]

Para R. Alexy, é mister da ciência dos direitos fundamentais dar respostas racionalmente fundamentadas às questões a eles vinculadas. Dessa forma, não prescinde a mesma da teoria do discurso, enquanto teoria processual da correção prática, baseada, por óbvio, nas regras do discurso prático, pelo autor analisadas e desenvolvidas. A validade poderia ser observada, grosso modo, enquanto resultado de um determinado procedimento prático racional e, portanto, controlável – no caso, de um procedimento jurídico-argumentativo.[231]

É de se notar, não obstante, quase que em um resultado dialético, que a teoria dos princípios também trouxe reflexos para a teoria da argumentação, inaugurando uma espécie de teoria da argumentação jusfundamental. Houve a inclusão no desenho discursivo-argumentativo, por exemplo, e como adiante se verá, da chamada regra da proporcionalidade, bem como de elementos – disposições jusfundamentais – mais abstratos, abertos e, nas palavras do próprio autor, mais ideologizados, a dependerem de um procedimento específico ainda mais cuidadoso e desenvolvido.[232]

Em que pese a impossibilidade – espacial, temporal e cognitiva – de seu aprofundamento, crê-se que tais pilares iniciais de toda a construção teórica são importantes para justificar algumas das escolhas realizadas pelo autor. A própria opção pela teoria externa ou pelo pensamento de intervenção e limites, por exemplo, pode ficar mais clara ao se ter em mente a suposta controlabilidade argumentativa reforçada que tal metódica oferece.

4.2.2. Princípios e regras

A chave-mestra da teoria dos direitos fundamentais de R. Alexy é a distinção entre duas espécies de normas jurídicas, os princípios e as regras, e a adoção de um modelo combinado de ambas.[233] Conhecendo-se, entretanto, o tamanho da querela que se apresenta nessa seara, ao menos

---

[230] São inúmeros os autores que trabalham atualmente – seja no mesmo sentido, seja no sentido contrário – com as teorias de R. Alexy em âmbito de direitos fundamentais. Descabido e inviável apresentar, pois, rol bibliográfico de críticos. Adiante-se, não obstante, texto relativamente recente em que o próprio autor rebate muitas das oposições que sofre: cf. idem, *Epílogo a la Teoría de los Derechos Fundamentales (I)*, p. 13-64.

[231] Cf. idem, *Teoría de los Derechos Fundamentales*, p. 529 e ss.; *Teoría del Discurso y Derechos Humanos*, p. 66 e ss.

[232] Cf. idem, *Teoría de los Derechos Fundamentales*, p. 529 e ss., em especial p. 532-533.

[233] Cf. R. Alexy, *Teoría de los Derechos Fundamentales*, cap. III, em especial p. 129 e ss.

em sede doutrinária, faz-se relevante definir com clareza o que isso significa.

Trilhando, em certa medida, caminho semelhante ao traçado por R. Dworkin,[234] e para longe de outros conhecidos critérios utilizados para essa diferenciação, calcados, por exemplo, em noções de abstração, generalidade ou grau de importância (os princípios diferenciar-se-iam das regras por serem mais abstratos, mais gerais ou, até mesmo, mais importantes),[235] aponta o autor ser essa divisão fundada, basicamente, em uma divergência de estrutura dos direitos que tais espécies normativas garantem ou almejam garantir,[236] com impacto fundamental nas metódicas de aplicação, a conferir grande relevo dogmático à bifurcação do gênero normativo.[237]

Desse modo, é possível adiantar a seguinte diferenciação conceitual: enquanto (i) os princípios garantem direitos prima facie, configurando-se, portanto, em verdadeiros mandamentos de otimização para que algo seja realizado na maior medida possível diante das possibilidades fáticas e jurídicas existentes, (ii) as regras garantem direitos definitivos, que só podem ser cumpridas ou não, realizáveis por completo no caso de sua aplicação.[238]

---

[234] Cf., para modelo de princípios e regras de R. Dworkin, *Levando os Direitos a Sério*, cap. II e III; também, do mesmo autor, *Is Law a System of Rules?*, p. 38-69.

[235] Cf. R. Alexy, *Teoría de los Derechos Fundamentales*, p. 82-86. São inúmeros, aliás, os critérios de diferenciação que vagueiam pela doutrina brasileira. Cf., a mero título de exemplo, W. S. Guerra Filho, *Notas em Torno ao Princípio da Proporcionalidade*, p. 249 e ss., em que aponta existirem diferentes patamares de abstração e concreção; I. Mártires Coelho, *Interpretação Constitucional*, cap. VIII, p. 65 e ss., para quem há nos princípios falta de precisão e grande abstração; J. Afonso da Silva, *Curso de Direito Constitucional Positivo*, p. 95 e ss., para quem, com base em Celso Antônio Bandeira de Mello, os princípios são *"os mandamentos nucleares de um sistema"*; Humberto B. Ávila, *A Distinção Entre Princípios e Regras e a Redefinição do Dever de Proporcionalidade*, p. 151-179, em que elabora ferrenha crítica à matriz alexyana, propugnando uma abordagem dos princípios enquanto normas *imediatamente finalísticas e mediatamente de conduta*; cf. também, para o tema, Eros R. Grau, *Despesa Pública – Conflito Entre Princípios e Eficácia das Regras Jurídicas – O Princípio da Sujeição da Administração às Decisões do Poder Judiciário e o Princípio da Legalidade da Despesa Pública*, p. 130-148, em especial p. 134 e ss. Para percepção de diferentes critérios, cf. ainda L. Virgílio Afonso da Silva, *O Conteúdo Essencial dos Direitos Fundamentais e a Eficácia das Normas Constitucionais (Tese)*, p. 49 e ss., e, do mesmo autor, *Princípios e Regras: mitos e equívocos acerca de uma distinção*, p. 612 e ss.; cf., por fim, Ana Paula de Barcellos, *A Eficácia Jurídica dos Princípios Constitucionais: o princípio da dignidade da pessoa humana*, p. 40-59, em especial p. 46 e ss.

[236] Cf. R. Alexy, *Teoría de los Derechos Fundamentales*, cap. III, p. 81-172; também L. Virgílio Afonso da Silva, *O Conteúdo Essencial dos Direitos Fundamentais e a Eficácia das Normas Constitucionais (Tese)*, cap. II, p. 49-77; e do mesmo autor, essencialmente, *Princípios e Regras: mitos e equívocos acerca de uma distinção*, p. 607-630, em especial p. 610-611.

[237] Para percepção, cf. T. Bustamante, *Princípios, Regras e a Fórmula de Ponderação de Alexy: um modelo funcional para a argumentação jurídica?*, p. 77 e ss. O autor, aliás, traz interessantes questionamentos acerca da ideia do mandamento de otimização, propondo ser mais adequada a fórmula *comandos para serem otimizados*. Cf. cit. p. 82 e ss.

[238] Cf. R. Alexy, *ibidem*, p. 86 e ss.; L. Virgílio Afonso da Silva, *O Conteúdo Essencial dos Direitos Fundamentais e a Eficácia das Normas Constitucionais (Tese)*, p. 50 e ss.; *Princípios e Regras: mitos e equívocos acerca de uma distinção, passim*.

No caso das regras, fala-se em aplicação de uma lógica subsuntiva, em um sistema de aplicação de "tudo ou nada" e em solução de eventuais conflitos no âmbito da validade (em que uma regra ou é válida ou não é válida por completo, com a necessária existência de alguma forma de declaração de invalidade).[239] No caso dos princípios, por sua vez, é possível se falar em sopesamento e em proporcionalidade, em colisões ou conflitos solucionáveis sob a ótica do peso de cada um em determinado caso concreto (condições fáticas e jurídicas existentes), e na fixação de relações de precedência condicionadas (não absolutas).[240]

No que tange aos conflitos principiológicos, portanto, e ao contrário dos conflitos entre regras, os elementos conflitantes, após o sopesamento ou a aplicação da regra da proporcionalidade, mantêm-se tão válidos e amplos quanto anteriormente. O sopesamento, de um lado, serve para casos – menos frequentes – em que há necessidade de recorrência direta a princípios constitucionais potencialmente aplicáveis; a regra da proporcionalidade, por sua vez, já que inerentemente dependente de uma medida concreta a ser metodicamente testada, é utilizada sempre que se estiver em um controle de constitucionalidade de determinada medida restritiva[241]. Torna-se importante, contudo, clarificar a estreita relação existente entre teoria dos princípios e proporcionalidade, o que, até o momento, foi meramente pressuposto.

4.2.3. A regra da proporcionalidade

4.2.3.1. Aspectos gerais

Antes de ingressar na proposta de matriz alexyana acerca da adequada percepção do princípio ou, como se verá, da regra da proporcio-

---

[239] Conflitos entre regras poderiam ser solucionados, portanto, recorrendo-se às clássicas regras hermenêuticas de que "lei posterior revoga lei anterior" ou de que "lei especial revoga lei geral" – não obstante, contudo, seus problemas de inter-relacionamento. Há ainda possibilidade, como bem nota R. Alexy, da instituição de uma cláusula de exceção em uma delas, quando a incompatibilidade afigurar-se de maneira apenas parcial. Cf. *cit.*, p. 87 e ss. Valem para esse parágrafo como um todo, a propósito, as mesmas remissões da nota anterior.

[240] Tem-se aqui, em suma, a chamada "lei de colisão" alexyana: *"si el principio P1, bajo las circunstancias C, precede al principio P2; (P1 P P2) C, y si P1 bajo las circunstancias C resulta la consecuencia R, entonces vale una regla que contiene a C como supuesto de hecho y a R como consecuencia jurídica"*. Cf. idem, ibidem, p. 94. Por tratar-se de mera apresentação das bases da teoria, não se entrará aqui em questões mais problemáticas como, por exemplo, os conflitos entre regras e princípios, nos quais, se de um lado normalmente se aponta para um sopesamento entre o princípio em causa e o princípio no qual a regra se baseia, de outro há problemas evidentes de segurança jurídica dado que nesse modelo, ao menos em tese, sempre poderia ocorrer o afastamento de uma regra positivada. Para desenvolvimento, problemas e proposta de solução, cf. L. Virgilio Afonso da Silva, *O Conteúdo Essencial dos Direitos Fundamentais e a Eficácia das Normas Constitucionais (Tese)*, p. 59-66.

[241] Cf., para diferença entre sopesamento e aplicação da regra da proporcionalidade, L. Virgilio Afonso da Silva, *O Conteúdo Essencial dos Direitos Fundamentais e a Eficácia das Normas Constitucionais (Tese)*, p. 234-236.

nalidade, faz-se fundamental brevíssima indicação de algumas questões relevantes. É que, embora com menor divergência se comparada à confusão terminológica e conceitual que circunda a questão das restrições e dos limites dos direitos fundamentais, é inegável admitir que a mobilização da ideia de proporcionalidade também ocorre de maneiras demasiado diversas, sendo hoje expressão corrente em quase todas as searas jurídicas. Há ainda fórmulas similares, paralelas ou equivalentes que, a depender do autor e do âmbito jurídico de utilização, são consideradas como fungíveis ou diferenciáveis, através dos mais distintos critérios. Existem enormes riscos, portanto, de se cair em uma miscelânea metodológica logicamente problemática, bem como, e quiçá em ponto ainda mais perigoso, de haver verdadeiro enfraquecimento da ferramenta mediante sua utilização desmesurada e desregrada, enquanto fórmula *passepartout*.[242]

Vitalino Canas apresenta em dois pequenos textos, porém, um bom quadro da questão, trazendo histórico, características, fundamentos, pressupostos, justificativas, modelos de utilização, expressões análogas ou supostamente análogas, elementos de composição e principais dificuldades direcionadas ao seu uso.[243] Vale aqui referência à leitura de ambos para melhor e minucioso entendimento do tema.

Para o presente momento, basta dizer que a noção de proporcionalidade, se não estiver por si só ligada à própria ideia de direito, pode ser apreendida principalmente a partir da modernidade, relacionada inicialmente apenas com a ideia de necessidade ou, ainda, com a de comparação empírica entre meios e fins, ganhando os ares atuais na Europa apenas no pós-guerra – após grande desenvolvimento na doutrina e na jurisprudência da Alemanha nas décadas de 50 e 60.[244] As justificativas de sua existência também são bastante amplas e diferenciadas, podendo ser o princípio apontado como decorrente, para além de uma espécie de relação com o ideal de igualdade e dentre outros, (i) da relação com o princípio da dignidade e da autonomia humana, (ii) do próprio formato

---

[242] Cf., a propósito, J. Loureiro, que adverte sobre a "hipertrofia ponderativa". Cf. *Constituição e Biomedicina: contributo para uma teoria dos deveres bioconstitucionais na esfera da genética humana*, p. 754-755.

[243] Cf., do autor, *Proporcionalidade*, p. 591-649, e também *O Princípio da Proibição do Excesso na Constituição: arqueologia e implicações*, p. 323-357, que trata especificamente da evolução do debate constitucional português. Cf., ainda, J. C. Gavara de Cara, *Derechos Fundamentales e Desarrollo Legislativo: la garantía del contenido esencial de los derechos fundamentales em la ley fundamental de Bonn*, p. 295 e ss., que também descreve a enorme desunião terminológica aqui existente.

[244] Segundo V. Canas, essa intuição já poderia ser encontrada nas obras de Blackstone e Beccaria, com desenvolvimento paralelo também ainda estritamente ligado à ideia de necessidade no final do séc. XVIII, nos EUA. A partir da 2ª grande guerra, todavia, o princípio da proporcionalidade teria ganhado corpo, passando por uma fase de transição na década de 50 e alcançando maturidade em 60 e 70, principalmente a partir da obra de P. Lerche *Übermass und Verfassungsrecht*, de 1961. Cf. *idem*, *Proporcionalidade*, p. 591 e ss. e, também, *O Princípio da Proibição do Excesso na Constituição: arqueologia e implicações*, p. 323-339.

do Estado de Direito, (iii) da essência e da estrutura dos direitos fundamentais, (iv) da ideia de proibição geral do arbítrio, e (v) de uma dimensão material de justiça.[245]

Comumente confundido – em maior ou menor medida, e com maior ou menor grau de aceitabilidade ou correção – com outros testes e pressupostos de aplicação jurídica defensáveis como a proibição do arbítrio, a concordância prática ou a razoabilidade, importa aqui apenas adiantar sua relação com o que se convencionou chamar de ponderação ou de ponderação de bens ou valores, sobre a qual há importante divergência teórica acerca de sua eventual equivalência.[246] Tem prevalecido a inclinação para a utilização indistinta de ambas as fórmulas, razão pela qual na sequência do trabalho, e salvo se necessário para marcar diferença de posicionamentos – essencialmente frente à visão específica de R. Alexy –, a mobilização será realizada de forma indiferenciada.

Como último aspecto geral do tema, é importante apontar relativo consenso atual acerca dos três elementos que compõem o princípio. Fala-se, normalmente, em (i) adequação ou idoneidade – ligada, em essência, a uma relação empírica de causa e efeito, a se questionar a aptidão de determinada ação em fomentar ou em alcançar o objetivo almejado –; (ii) necessidade – em que a operação central seria comparativa entre medidas igualmente idôneas, com o intuito de se alcançar, grosso modo e com ressalvas a seguir discutidas, a menos lesiva –, e (iii) proporcionalidade em sentido estrito – por certo a mais controversa, a significar, novamente grosso modo, uma avaliação material ou axiológica do sacrifício em causa, com o fito de se saber se a afetação do bem ou do valor posto em xeque na ponderação é razoável ou aceitável frente ao benefício trazido ao seu conflitante.[247]

---

[245] Cf. *idem*, *Proporcionalidade*, p. 594 e p. 596-599. Também J. C. Gavara de Cara, *Derechos Fundamentales e Desarrollo Legislativo: la garantía del contenido essencial de los derechos fundamentales em la ley fundamental de Bonn*, p. 313 e ss.

[246] Cf. *idem*, *Proporcionalidade*, p. 602 e ss., em que aponta que *"o plano em que se situa cada um destes conceitos não implica uma forçosa contradição com o princípio da proporcionalidade"*, embora, ao longo do texto, demonstre em cada caso as peculiaridades que permitem a aposta em uma diferenciação justificável. Em específico para a relação com a ideia de ponderação de bens, cf. *cit.*, p. 609, em que afirma: *"(...) aparentemente a doutrina é majoritariamente favorável à plena intercomunicabilidade"*. Ainda sob esse aspecto, é interessante a discussão acerca da identificação ou não da máxima da proporcionalidade com a máxima de *proibição do excesso*, que conta com apoiadores importantes; para debate, e para além da bibliografia aqui indicada – como, por exemplo, V. Canas, para quem a primeira expressão é preferível à segunda –, cf. L. Virgilio Afonso da Silva, *O Proporcional e o Razoável*, p 26-27, para quem os conceitos são verdadeiramente distintos.

[247] Para esse panorama geral que, note-se, é válido apenas e tão somente a título ilustrativo global, não condizente com uma proposta que pretenda definir com clareza todos os seus pressupostos, cf. *idem, ibidem*, p. 618-629.

4.2.3.2. A proporcionalidade na matriz teórica de R. Alexy

Feita a ressalva terminológico-conceitual, e retomando-se a construção em causa, é fundamental apontar a conexão direta entre proporcionalidade e teoria dos princípios. O caráter principiológico da grande maioria dos direitos fundamentais, naquilo que nos importa, implica necessariamente o uso da máxima em sua interpretação e aplicação, dividida em suas três sub-regras – adequação ou idoneidade, necessidade e proporcionalidade em sentido estrito –, enquanto ferramenta metodológica procedimental que torna controlável a ponderação.[248]

De início, é relevante perceber que, em abordagem coerente com sua construção teórica, o princípio da proporcionalidade não tem verdadeiro caráter de princípio, mas sim, ao contrário, consubstancia-se estruturalmente em uma regra. Isso porque sua lógica de aplicação é a de "tudo ou nada", há imposição de um dever definitivo, e não *prima facie*, suas condições hipotéticas de utilização ou são ou não são integralmente preenchidas e satisfeitas em determinado caso concreto (conflitos entre princípios).[249] Não é a mesma, por si só, ponderável, sendo mais pertinente falar, portanto, em regra da proporcionalidade, ainda que como regra especial (regra sobre a aplicação de outras normas) ou, por assim dizer, como metarregra.

Considerando, ainda, a definição de princípio da matriz teórica, qual seja, e de mandamento de otimização para que algo seja realizado na maior medida possível diante das possibilidades fáticas e jurídicas existentes, afirme-se que as duas primeiras sub-regras – adequação e necessidade – estão, por certo, mais ligadas às circunstâncias fáticas, enquanto que a proporcionalidade em sentido estrito, por sua vez, tida como verdadeiro mandamento para a ponderação, estaria relacionada às circunstâncias jurídicas por excelência.[250]

---

[248] Cf. R. Alexy, *Teoría de los Derechos Fundamentales*, em especial p. 111-115; também L. Virgilio Afonso da Silva, *O Conteúdo Essencial dos Direitos Fundamentais e a Eficácia das Normas Constitucionais (Tese)*, p. 219-240; e, do mesmo autor, *O Proporcional e o Razoável*, p. 23-50; cf. ainda T. Bustamante, *Princípios, Regras e a Fórmula de Ponderação de Alexy: um modelo funcional para a argumentação jurídica?*, p. 84 e ss. Por fim, para outras importantes abordagens da proporcionalidade em doutrina brasileira e análise crítica da teoria de R. Alexy, cf. a título exemplificativo L. Martins, *Proporcionalidade como Critério de Controle de Constitucionalidade: problemas de sua recepção pelo direito e jurisdição constitucional brasileiros*, p. 15-45; Humberto B. Ávila, *A Distinção Entre Princípios e Regras e a Redefinição do Dever de Proporcionalidade*, p. 151-179.

[249] Nesse sentido, cf. R. Alexy, *ibidem*, p. 112 [n.84]; L. Virgilio Afonso da Silva, *O Conteúdo Essencial dos Direitos Fundamentais e a Eficácia das Normas Constitucionais (Tese)*, p. 219-222; e, do mesmo autor, *O Proporcional e o Razoável*, p. 24 e ss..

[250] Cf. mesmas indicações da penúltima nota *supra*. Cf. também R. Alexy, *Epílogo a la Teoría de los Derechos Fundamentales (I)*, p. 25 e ss., que liga as duas primeiras sub-regras ao chamado "ótimo de Pareto".

Sua visão, nesse ponto, é bastante similar à abordagem quase consensual adiantada no tópico anterior, com a adição da necessidade de se seguir, grosso modo, a ordem sequencial aqui estipulada no momento aplicativo:[251] (i) em primeiro lugar, o teste de adequação ou idoneidade, que se relaciona com a possibilidade da eventual medida em causa fomentar a realização do objetivo perseguido (não a de o realizar completamente por ser tal exigência quase infactível e mero exercício de previsibilidade, note-se);[252] (ii) em segundo lugar, o teste de necessidade ou exigibilidade, também considerado em termos comparativos entre alternativas possíveis e igualmente adequadas, em que uma medida só será necessária se não houver alternativa também idônea para a produção na mesma intensidade do objetivo almejado e com menor sacrifício do princípio jusfundamental atingido;[253] (iii) por fim, e já em termos jurídico-materiais, tem-se finalmente o teste da proporcionalidade em sentido estrito, identificável com a chamada lei de ponderação,[254] em que os motivos que fundamentam uma medida jusfundamentalmente restritiva devem ter peso suficiente para preponderar sobre a defesa do não atingimento do direito fundamental atingido.[255]

Esse ponto, a propósito, é quiçá o mais problemático e criticado de sua teoria, qual seja, o recurso a uma também supostamente incontrolável proposta de ponderação, em eventual abertura ao subjetivismo e ao decisionismo que se tenta combater. Para o autor, no entanto, se a crítica é válida no sentido de não haver indicação de um único resultado correto, por certo não é adequada no que tange ao seu enquadramento como estratégia irracional, já que a regra, plenamente justificável, vincularia a lei

---

[251] Cf. R. Alexy, *Teoría de los Derechos Fundamentales*, p. 111-115; L. Virgilio Afonso da Silva, *O Conteúdo Essencial dos Direitos Fundamentais e a Eficácia das Normas Constitucionais (Tese)*, p. 222-236; e, do mesmo autor, *O Proporcional e o Razoável*, p. 34-41; por fim, T. Bustamante, *Princípios, Regras e a Fórmula de Ponderação de Alexy: um modelo funcional para a argumentação jurídica?*, p. 87-90.

[252] No mesmo sentido, L. Virgilio Afonso da Silva, *O Conteúdo Essencial dos Direitos Fundamentais e a Eficácia das Normas Constitucionais (Tese)*, p. 223; *O Proporcional e o Razoável*, p. 36.

[253] A título de ressalva, perceba-se aqui a existência de duas variáveis: (i) o grau de eficiência da medida e (ii) o grau de restrição ao direito fundamental conflitante. As diferentes relações entre ambas afastam, em certa medida, a ideia recorrente de *meio menos gravoso*, já que uma medida menos restritiva pode ser bem menos eficaz do que outra. Para L. Virgilio Afonso da Silva, em verdade, a ênfase poderia ser colocada até mesmo na outra variável, dado que, em caso contrário, seria sempre mais indicado ao Estado a omissão, consentânea com a ideia de menor afetação. Para interessante debate, cf *idem*, *O Conteúdo Essencial dos Direitos Fundamentais e a Eficácia das Normas Constitucionais (Tese)*, p. 224-228.

[254] *In verbis*, destacando a necessária percepção dos pesos relativos dos princípios: *"quanto maior é o grau de não satisfação ou de afetação de um princípio, tanto maior deve ser a importância da satisfação de outro"* (tradução livre). In: R. Alexy, *ibidem*, p. 161; também R. Alexy, *Epílogo a la Teoría de los Derechos Fundamentales (I)*, p. 31 e ss.

[255] Na definição de L. Virgilio Afonso da Silva, o que há é um *"sopesamento entre a intensidade da restrição ao direito fundamental atingido e a importância da realização do direito fundamental que com ele colide e que fundamenta a adoção da medida restritiva"*. Cf. *idem*, *O Proporcional e o Razoável*, p. 40.

da ponderação com a teoria da argumentação jurídica, e conduziria a um enunciado de preferência racionalmente fundamentado.[256]

Mesmo assim, é relevante apontar que nos últimos anos sua estratégia de argumentação jusfundamental foi desenvolvida e profundamente sofisticada, com recursos a elementos numéricos e a modelos aritméticos qualificados pelo próprio autor como fórmula do peso,[257] apta à pesagem mais detalhada dos princípios em choque.[258] Sem a necessidade de desenvolver o argumento, que por si só cumpre seu papel de adiantar a extrema preocupação do autor em qualificar cada vez mais a fundamentação das decisões jusfundamentais e a sua controlabilidade, basta aos nossos propósitos indicar a inclusão em sua teoria de uma espécie de escala de intensidade de intervenção nos princípios – leve, média e grande –, com a atribuição de valores numéricos distintos para cada um dos diferentes níveis interventivos, adicionada às fórmulas anteriormente existentes. Além disso, houve ainda a inclusão de uma variável relacionada ao grau de certeza das premissas em causa, dando ensejo, em suma, a uma segunda lei (epistêmica) de ponderação: "quanto mais intensa seja uma intervenção em um direito fundamental, tanto maior deve ser a certeza das premissas que sustentam a intervenção".[259]

4.2.4. R. Alexy e teoria externa

Não cabe ao presente texto discutir todos os pressupostos, desenvolvimentos e críticas oferecidas à teoria jusfundamental de R. Alexy que, por estar em bastante evidência, sofre avalanche de questionamentos e exponencial desenvolvimento. Sua mobilização, embora importante com o fito de clarear um dos instrumentos da pesquisa, é aqui perpetrada de maneira funcionalizada, restringindo-se ao tema de nosso trabalho e, essencialmente, para o reforço de sua qualificação como pertencente à teoria externa do direito, a se permitir a utilização de sua argumentação favorável ao pensamento de intervenção e limites e contrária à corrente interna oponente.

---

[256] Cf. R. Alexy, *ibidem*, p. 157-172.

[257] Cf. R. Alexy, *Epílogo a la Teoría de los Derechos Fundamentales (I)*, p. 41, em indica ser a mesma complementar à lei de colisão e à lei de ponderação.

[258] Cf., para tanto, R. Alexy, *Epílogo a la Teoría de los Derechos Fundamentales (I)*, p. 13-64, em especial p. 31 e ss.; também L. Virgílio Afonso da Silva, *O Conteúdo Essencial dos Direitos Fundamentais e a Eficácia das Normas Constitucionais* (Tese), p. 230 e ss.; T. Bustamante, *Princípios, Regras e a Fórmula de Ponderação de Alexy: um modelo funcional para a argumentação jurídica?*, p. 90 e ss.

[259] Cf. R. Alexy, *Epílogo a la Teoría de los Derechos Fundamentales (I)*, p. 55 (tradução livre), que continua: "*a diferencia de la primera, esta segunda ley de ponderación no hace énfasis en la importancia material de las razones que sustentan la intervención, sino em su calidad epistémica. Por esta razón, la primera ley de ponderación puede ser denominada 'ley material dela ponderación' y la segunda: 'ley epistémica de la ponderación'*". Cf. *cit.*, p. 55.

De modo geral, as conclusões aqui cabíveis já foram adiantadas na abertura do tópico e, para além da expressa filiação dos seguidores da matriz teórica alexyana à teoria externa, apresentam-se como consequência natural de todo o exposto até o momento: é que com base na teoria dos princípios, torna-se óbvia a aceitação da separação entre direito prima facie e direito definitivo e, também, do pressuposto bifásico de momentos lógicos distintos do pensamento de intervenção e limites, vulgo teoria externa, cujas linhas gerais são aliadas a uma percepção alargada de suporte fático adiantada no capítulo anterior. Todas as intervenções normativas na seara jusfundamental são, ao menos potencialmente, restritivas, passíveis, portanto, de controle rígido de justificação.

A utilização do sopesamento e da regra da proporcionalidade, ademais, indicam e clareiam a preocupação extrema do autor com essa mesma justificação dos procedimentos interventivos, bem como com a controlabilidade argumentativo-decisória em âmbito de direitos fundamentais, pondo em relevo, portanto, a importância de se aliar o mister dogmático com a teoria da argumentação jusfundamental em espécie.

5. Visões híbridas e sincretismo metodológico

5.1. Insustentabilidade do modelo binário e premissas metodológicas

Faz-se fundamental, antes de terminar a presente exposição, ressalvar que o debate em voga não se coloca necessariamente de modo binário, em um modelo exclusivo entre duas correntes puras, em formato dicotômico de "tudo ou nada". Para muitos autores, ao contrário, o desenvolvimento das duas linhas doutrinárias foi suficiente para mostrar a insustentabilidade das visões extremas e permitir a emergência de opções alternativas ou híbridas – sem qualquer tipo de valoração negativa para o termo, a significar somente uma posição intermédia em um eventual espectro contínuo entre as teorias interna e externa –, com a mobilização de diferentes elementos e justificativas provenientes dos dois extremos. Alguns apontam, inclusive, o surgimento da teoria dos princípios como elemento principal da desestabilização do duplo sistema teórico até então posto.[260]

---

[260] Cf., a propósito, J. Reis Novais, *As Restrições aos Direitos Fundamentais Não Expressamente Autorizadas pela Constituição*, p. 322 e ss.; J. J. Gomes Canotilho, *Dogmática de Direitos Fundamentais e Direito Privado*, p. 344; L. F. Calil de Freitas, *Direitos Fundamentais: limites e restrições*, p. 17.

Ademais, como já ressaltado, a relação entre teoria interna/suporte fático restrito e teoria externa/suporte fático amplo é relativamente frequente, aos nossos olhos lógica e teoricamente mais adequada mas, ainda assim, não se coloca como necessária. São várias as abordagens, aliás, que se afastam desse pareamento, defendendo, por exemplo, as premissas de teoria externa – restrições são posteriores e externas, a permitirem, portanto, um eventual sopesamento – aliadas a uma espécie de suporte fático restrito – em que se excluem algumas condutas de forma apriorística mediante a imposição de limites, porém sem necessariamente impedir a ocorrência de novas restrições.

É claro, não obstante, e sob as premissas aqui sustentadas, que tentativas dessa natureza assumem um ônus intenso: a necessidade de um maior desenvolvimento argumentativo a justificar o afastamento das teorias puras e a compatibilização de seus elementos em uma nova proposta. Tal empreitada, embora não seja tarefa das mais simples, não se afigura como inviável, havendo mesmo, como se observará, bons exemplos de sugestões nesse sentido.

Por outro lado, parecem existir casos em que "visões híbridas" surgem de maneira involuntária e, em alguns episódios, relativamente problemáticas. A mistura de conceitos e pressupostos inconciliáveis como se complementares fossem pode carregar verdadeiro sincretismo, em que se tornam perceptíveis tanto a incompatibilidade de algumas das defesas realizadas quanto a lacuna ou a omissão do maior desenvolvimento argumentativo que a opção obrigatoriamente implica.[261]

É mandatório, todavia, que seja aqui observado um cuidado especial, a que se pode qualificar de "lealdade acadêmica": é que não parece apropriado partir de pressupostos teóricos absolutamente distintos para subsidiar análises críticas, salvo, claro, se explícita tal ressalva, sob o risco de se realizar exame pautado em lógica distinta da que eventualmente partiu o autor em causa.

5.2. Visões híbridas

No que tange a propostas híbridas de relevo, Virgilio Afonso da Silva aponta ser essa a atual tendência alemã, como bem se pode perceber pela posição defendida no influente manual de direitos fundamentais de B. Pieroth e B. Schlink, utilizado intensamente na reconstrução dos problemas de restrições e limitações jusfundamentais nas aulas baseadas em

---

[261] No mesmo sentido, a propósito, cf. L. Virgilio Afonso da Silva, *Interpretação Constitucional e Sincretismo Metodológico*, em especial p. 133 e ss.; também, do mesmo autor, *Princípios e Regras: mitos e equívocos acerca de uma distinção*, p. 625 e ss. Para visão, em específico, do problema da miscelânea teórica em sede de técnicas de solução de conflitos, cf. L. Roriz, *Conflito Entre Normas Constitucionais*, p. 35.

casos práticos inerentes ao sistema de ensino jurídico desse país.[262] Na obra citada, seria possível encontrar a base da teoria externa aliada à crítica de uma ampliação desmesurada oriunda da noção ampla de suporte fático, o que levaria a uma banalização dos direitos fundamentais e de seus conflitos. Alguns julgados específicos do Tribunal Constitucional e do Tribunal Administrativo Federal alemão, por sua vez, também apontariam no mesmo sentido, em movimento de verdadeiro estremecimento nas posições anteriormente firmadas.[263]

Em sede de doutrina portuguesa, por sua vez, é também possível apontar casos já clássicos de visões híbridas no sentido aqui proposto, a configurarem tentativas plenamente desenvolvidas e justificadas de ajuste frente aos problemas das correntes extremadas. De forma cautelosa e mitigada, parece possível incluir aqui, por exemplo, as percepções – bastante diferentes entre si – de Vieira de Andrade, Gomes Canotilho e Reis Novais. Considerando que ao primeiro autor caberá tópico específico, como que em um estudo de caso doutrinário de mobilização das ferramentas dogmáticas em análise, apresentem-se rapidamente as duas demais alternativas.

Gomes Canotilho, inicialmente, oferece modelo diferenciado cuja peculiaridade se origina, fundamentalmente, do sentido diverso que emprega à expressão "limites imanentes" – quiçá já sob a influência da recente doutrina germânica. Isso gera, inclusive, certa confusão em seus comentadores, agravada por sua mudança de posicionamento ao longo das reedições de sua obra mais citada.[264]

Em sua metódica das três instâncias do procedimento jurídico-constitucional de restrição de direitos, o autor propõe três momentos: (i) o da delimitação do âmbito de proteção ou normativo, (ii) o da restrição ou da "limitação" (em sentido externo), com a averiguação do tipo, natureza e finalidades da medida legal restritiva, e (iii) o da observância dos requi-

---

[262] Cf. B. Pieroth / B. Schlink, *Grundrechte – Sttatsrecht II*. Apud *O Conteúdo Essencial dos Direitos Fundamentais e a Eficácia das Normas Constitucionais (Tese)*, p. 205-215, em especial p. 208 [n. 119]. É essa, aliás, a base da construção de Gilmar Ferreira Mendes. Cf. *Curso de Direito Constitucional*, p. 294 e ss.

[263] Cf. L. Virgilio Afonso da Silva, *O Conteúdo Essencial dos Direitos Fundamentais e a Eficácia das Normas Constitucionais (Tese)*, p. 212-215, em que trata do chamado caso *Osho* (BVerGE 105, 279). Para caso de interesse e também, aparentemente, de mudança de orientação dos Tribunais alemães, qualificado pelo autor como *"autêntico terremoto dogmático"*, cf. M. Bacigalupo, *La Aplicación de la Doctrina de los "Limites Inmanentes" a los Derechos Fundamentales Sometidos a Reserva de Limitación Legal*, passim, em especial p. 308 e ss. (decisão publicada em JZ, 1991,p. 624 e ss.).

[264] Fala-se, claro, de *Direito Constitucional e Teoria da Constituição*, 7ª edição, p. 1249 e ss., em especial p. 1275-1284, na qual o próprio autor assume a alteração de seu arranjo teórico com a agregação do instrumento metódico da ponderação de bens. Para peculiar posição de Gomes Canotilho, cf. L. Virgilio Afonso da Silva, *O Conteúdo Essencial dos Direitos Fundamentais e a Eficácia das Normas Constitucionais (Tese)*, p. 217-219; J. Reis Novais, *ibidem*, p. 316 [n. 545], que apresenta a quinta edição da obra em apreço como ponto de viragem de sua visão sobre o tema; cf., ainda, L. F. Calil de Freitas, *Direitos Fundamentais: limites e restrições*, p. 140.

sitos da lei restritiva – os já conhecidos limites aos limites.[265] Parte, contudo, inequívoca e expressamente, dos pressupostos de uma teoria externa alinhada à teoria dos princípios, porque, ao explicar seu posicionamento, aceita tanto o requisito lógico dos dois momentos distintos – o do suporte fático do direito e o de sua eventual restrição, obrigatoriamente posterior e ablativa – quanto a cisão entre direito *prima facie* e direito definitivo: "reconduzem-se a restrições de direitos as compressões feitas por actos normativos ou as resultantes de intervenções restritivas de posições jurídicas que, *prima facie*, se devem considerar como integradoras do âmbito de protecção de direitos, liberdades e garantias".[266] Ademais, defende com clareza um suporte fático alargado e enxerga a incompatibilidade entre a proporcionalidade e a ideia de limites originários, criticando ainda qualquer tentativa de critério prévio revelador de limites jusfundamentais.[267]

Sua peculiaridade, não obstante, e em aspecto que talvez almeje ressaltar sua preocupação com o caráter comunitário e com a dimensão objetiva dos direitos fundamentais – muito aguçados, claro, pelas teorias dos limites imanentes indistintamente mobilizadas –, reside exatamente em qualificar como limite imanente o resultado de uma ponderação:

> Numa palavra: os *chamados* limites imanentes são o resultado de uma ponderação de princípios jurídico-constitucionais conducente ao afastamento definitivo, num caso concreto [e não a priori], de uma dimensão que, *prima facie*, cabia no âmbito protectivo de um direito, liberdade e garantia.[268]

Vê-se, pois, uma utilização bastante diferenciada de expressão que está ligada, nominal e historicamente, à teoria interna, embora em desenho francamente alinhado à teoria externa. Como sugere Virgílio Afonso da Silva, a manutenção terminológica pode até mesmo significar resquício de seus posicionamentos anteriores; não parece aconselhável, contudo, sua permanência, seja pela carga semântica que carrega, seja por não

---

[265] Cf. *Direito Constitucional e Teoria da Constituição*, p. 1284.

[266] Cf. *Idem*, p. 1279. A confirmar sua filiação [mitigada] à teoria externa, cf. ainda, do mesmo autor, *Dogmática de Direitos Fundamentais e Direito Privado*, p. 359, em que também defende expressamente um viés alargado do âmbito de proteção.

[267] *In verbis*: "o direito garantido por uma norma constitucional como direito, liberdade ou garantia 'insusceptível de restrições' é mesmo, prima facie, *um direito sem reserva de restrições*. Todavia, a posteriori, através do jogo de 'argumento e contra-argumento', da ponderação de princípios jurídico-constitucionais, pode chegar-se à necessidade de uma optimização racional, controlável, adequada e contextual, de várias constelações de princípios jurídico-constitucionais" (grifos do autor); "*o princípio da proporcionalidade em sentido estrito pressupõe uma ponderação que* nunca seria possível fazer *relativamente aos limites originários*" (grifo nosso); e ainda "*o problema dos 'limites imanentes' é irresolúvel através de critérios prévios, livres de qualquer ponderação, só podendo construir-se como resultado de ponderação de princípios jurídico-constitucionalmente consagrados*". *Direito Constitucional e Teoria da Constituição*, respectivamente p. 1281, p. 1280 e p. 1282.

[268] Cf. *Direito Constitucional e Teoria da Constituição*, respectivamente p. 1282. Parece haver aqui aproximação com o que é pregado pela obra de B. Pieroth / B. Schlink anteriormente citada.

parecer ajustado tratar como imanente algo proveniente e dependente de um caso concreto.[269]

Reis Novais, por sua vez, parte das vantagens e das desvantagens minuciosamente colhidas dos três eixos com os quais trabalha e da não adequação plena de nenhum deles.[270] Acaba por apresentar um modelo em que os direitos fundamentais devem ser observados sob a natureza de princípios – não enquanto mandamentos de otimização, mas no sentido de não fixarem um resultado necessário –, a permitirem a ponderação que se afigura como "metodologia necessariamente presente em qualquer dogmática constitucionalmente adequada dos direitos fundamentais nos nossos dias (...), qualquer que seja o nome que se lhe dê ou o artifício que a encubra".[271]

Admite o autor, assim, a existência de uma reserva geral de ponderação imanente aos direitos fundamentais,[272] que antes de se confundir com a "inadequada" teoria dos limites imanentes – seja por seus problemas de controlabilidade racional, seja pela impossibilidade de uma enumeração abstrata, hierarquizável, estática e apriorística dos conteúdos, apesar de sua coerência teórico-formal inatingível –, significa a defesa de uma inevitabilidade da ponderação com valores e interesses relevantes a um caso concreto.

De modo que, como já adiantado em nota supra, acaba por enxergar na conjunção dos pressupostos da teoria externa e da teoria dos princípios – em desenho muito próximo, aliás, ao que se vem defendendo no presente texto como o atual desenvolvimento da teoria externa – uma proposta com dois dos componentes "que mais satisfatoriamente correspondem aos nossos propósitos".[273] Vale ressaltar, contudo, em consonância com sua proposta de concepção restritiva mitigada do âmbito de proteção dos direitos fundamentais – que exclui *a priori* aquilo que não pode ser considerado pela consciência jurídica própria de Estado de Direito como exercício verdadeiramente protegido –, sua não aceitação de um modelo de suporte fático alargado, nos moldes alexyanos.[274]

---

[269] Cf. *O Conteúdo Essencial dos Direitos Fundamentais e a Eficácia das Normas Constitucionais (Tese)*, p. 218.

[270] Cf. J. Reis Novais, *ibidem*, p. 354-361 e cap. V, *passim*.

[271] Cf. J. Reis Novais, *ibidem*, p. 357.

[272] Cf. J. Reis Novais, *ibidem*, em especial p. 569 e ss.; também do mesmo autor, *Direitos Fundamentais: trunfos contra a maioria*, p. 49-56.

[273] Cf. J. Reis Novais, *ibidem*, p. 360.

[274] Cf. cap. I, tópico 3.3; também J. Reis Novais, *ibidem*, p. 408 e ss.

5.3. Situações-limite e eventual sincretismo

Observe-se já em viés um pouco mais crítico, contudo – e com o perdão da ampla citação que, todavia, faz-se necessária –, a abordagem de Enéas de Vasconcelos. Em seu contributo parece haver, de um lado, congruência lógica do pensamento, e, de outro, divergência importante com os pressupostos aqui assumidos:

> As normas constitucionais com limites imanentes ou implícitos não possuem restrições na Carta Magna, mas chocam-se (sic) com outros direitos fundamentais ou com bens constitucionalmente protegidos. Sua existência é uma necessidade para a harmonia do sistema, pois não se pode admitir normas de hierarquia superior, nem direitos absolutos. Exigem, porém, maior esforço interpretativo, devido à grande abertura de seus parâmetros, e maior cautela, devido à impossibilidade de grande subjetivismo do intérprete. A existência destes limites imanentes foi admitida pela Corte Constitucional alemã, (...).
>
> Neste caso, não há previsão expressa (direta ou legal) para a restrição do direito fundamental, mas ela decorre do próprio sistema constitucional e da existência de colisão entre direitos fundamentais e bens constitucionalmente protegidos. *A priori, seria inadmissível a restrição, que se faz necessária, porém, em virtude da colisão.*
>
> O controle de constitucionalidade nesta hipótese deve ser o mais rigoroso, embora seja também o mais difícil. Adquire especial relevância para a interpretação neste caso a análise do âmbito de proteção do direito fundamental, notadamente do seu núcleo essencial, e a utilização do princípio da proporcionalidade e seus respectivos subprincípios da necessidade, da adequação e, especialmente, da proporcionalidade em sentido estrito.
>
> *A restrição a um direito fundamental com fundamento em um limite imanente é uma atividade complexa em que o legislador deve agir com prudência, sob pena de declaração de inconstitucionalidade do ato legislativo* (...).
>
> Com efeito, o legislador deve ter grande cautela e somente excepcionalmente pode restringir direito fundamental com base em limites imanentes, senão ocorreria a interpretação da Constituição conforme a lei (...).[275] (grifos nossos)

Partindo-se do pressuposto lógico-teórico do autor – assumido inadvertidamente, já que não explícito no texto –, o modelo parece adequado, visto que similar ao modelo alemão comumente utilizado de reconstrução dos problemas restritivos e, também, ao se aproximar em certa medida com a fundamentada proposta de Vieira de Andrade.

Sob uma análise específica com base nos pressupostos aqui defendidos, não obstante, e em mero exercício de mobilização conceitual – considerado o cuidado especial com a lealdade acadêmica acima adiantado –, a sugestão não se apresentaria adequada, em uma situação-limite próxima ao sincretismo metodológico que se tenta afastar. Isso porque ou o autor utilizou inadvertidamente como sinônimas as ideias de limites imanentes dos direitos fundamentais e de restrições não expressamente autorizadas

---

[275] Cf. E. R. de Vasconcelos, *As Leis Restritivas de Direitos Fundamentais e as Cláusulas Pétreas*, p. 63-65.

pela Constituição, ou então, de outro modo, instaurou-se verdadeira confusão terminológica.

Se se está a trabalhar com a ideia de limites imanentes ou implícitos, e considerando em essência a noção de imanência aqui delineada, está-se no âmbito da limitação ou da delimitação dos suportes fáticos dos direitos e, pois, no âmbito interno. Não faz sentido, portanto, manejar a ferramenta de restrição que, por definição, é imposta de maneira externa e posterior à definição do âmbito de proteção. Fica clara, todavia, e ao contrário da própria definição constante da abertura do trecho citado, a intenção do autor em apontar a utilização dos limites imanentes como atividade restritiva posterior de direitos, como bem se percebe com a passagem "*a priori*, seria inadmissível a restrição, que se faz necessária, porém, em virtude da colisão".

Se há configuração da presença de limites imanentes, seus pressupostos básicos devem ser assumidos, sob pena de severo ônus argumentativo: são eles inerentes aos próprios direitos ou ao ordenamento como um todo, há a exclusão de determinadas hipóteses de ocorrência do suporte fático e, em suma, torna-se inviável falar em colisão ou em restrição de direitos. A atividade do agente público, legislativa ou judicial, deve aqui ser vista como declaratória, não como constitutiva.

Calil de Freitas, por sua vez, e em que pese sua robusta monografia sobre o tema dos limites e restrições que, de maneira clara e bastante documentada, apresenta todos os componentes do debate, parece chegar à conclusão que se nos apresenta logicamente incongruente – cabendo aqui nova ressalva no sentido de que a diferença terminológica dos conceitos utilizados pode estar na origem da divergência. Trata-se, em suma, da proposta de uma "aplicação combinada de tal forma que sejam considerados os limites imanentes, o sistema de reservas legais e, ainda, a ponderação, inerente à teorização que vê nos direitos fundamentais um sistema de princípios e regras",[276] a conjugar todos os aspectos vantajosos analisados. Enxerga-se, no entanto, a utilização da teoria interna, da teoria dos limites imanentes e, finalmente, da teoria externa como passos dogmáticos compatíveis e necessariamente subsequentes.[277]

Ao apontar a teoria dos princípios de R. Alexy como passível de aceitar tanto a ideia de limites quanto a de restrições e ao colocá-la como chave de um "saudável equilíbrio" entre as teorias interna e externa, aplicadas conjuntamente, o autor parece equivocar-se tanto no que tange aos pressupostos alexyanos quanto no que se refere à possibilidade de compatibilização teórica benéfica à argumentação jusfundamental, esquecendo,

---

[276] Cf. L. F. Calil de Freitas, *Direitos Fundamentais: limites e restrições*, p. 227.
[277] Cf. L. F. Calil de Freitas, *ibidem*, p. 178-179 [n. 658] e p. 225 e ss, em especial p. 227.

por exemplo, que a "delimitação do conteúdo do direito fundamental e da definição exata da respectiva extensão" mediante a declaração dos limites (teoria interna) não aceita "a aplicação da teoria dos direitos fundamentais como um sistema de princípios e regras que demanda sempre recurso à ponderação para a concretização [e que] permite introduzir o necessário elemento racional porque assentada na exigência de fundamentação".[278] Não se assegura, em resumo, ser a sugestão completamente adequada, ao menos sob a ótica da exigência de coerência lógico-teórica.[279]

6. Os limites imanentes na teoria jusfundamental de Vieira de Andrade

Como último tópico do presente capítulo, opta-se pela apresentação em separado, de maneira mais detida e detalhada, da teoria jusfundamental apresentada por Vieira de Andrade, com ênfase em sua abordagem acerca dos limites imanentes. Em que pese tal visão possa ser enquadrada como verdadeira proposta híbrida, embora de certa forma mais afastada dos pressupostos de uma teoria externa do que, propriamente, o contrário, sua seleção diferenciada parte de alguns fundamentos que parecem relevantes.

De início, conste-se que a obra em análise talvez seja, no âmbito dos direitos fundamentais, por certo uma das mais frequentemente citadas em língua portuguesa; ter sido ela o estopim da presente pesquisa acadêmica, servindo de objeto de longa análise, acaba por também lhe oferecer um status diferenciado para nosso desenvolvimento; por fim, e por óbvio mais importante, o tratamento isolado de uma teoria doutrinária – e desta, em específico, por sua complexidade argumentativa no que tange à vinculação do legislador aos direitos fundamentais – permite a mobilização de todos os conceitos até agora adiantados, a comportar, pois, o início do exame crítico a que se almeja realizar no capítulo subsequente.

6.1. Pressupostos teóricos iniciais

Antes, porém, de abordar especificamente a teoria dos limites imanentes dos direitos fundamentais nos moldes defendidos por Vieira de Andrade, bem como suas peculiaridades, é vital a explanação de alguns

---

[278] Cf. idem, ibidem, p. 225-227.
[279] Para outro exemplo de miscelânea teórica, ao menos sob nosso entendimento, cf. L. Roriz, *Conflito Entre Normas Constitucionais*, passim, em especial cap. V e VII, que pela economia do trabalho tivemos por bem não desenvolver.

dos pressupostos ou posicionamentos de base por ele adotados, a condicionar a coerência sistêmica de suas proposições.

Na terceira edição de *Os Direitos Fundamentais na Constituição Portuguesa de 1976*,[280] o autor mantém sua opção por uma perspectiva de exame estadual ou constitucional dos direitos fundamentais, qual seja, a dos direitos fundamentais propriamente ditos ou constitucionalmente protegidos, com incidência específica sobre aqueles postos na CRP.[281] Não se esquece nem se desvincula, porém, tanto da perspectiva universalista ou internacional quanto da filosófica ou jusnaturalista, assegurando ser o princípio da dignidade da pessoa humana referencial necessário e obrigatório da existência e da unidade de sentido do conjunto jusfundamental.[282]

---

[280] A primeira edição da obra data de 1983, fruto da preparação das aulas para o curso de Direito Constitucional da Universidade de Coimbra. Em 2001, contudo, houve o lançamento de sua segunda edição, com importante revisão substancial de conteúdo, apenas levemente readequada na edição com que aqui se trabalha.

[281] Cf. para possíveis perspectivas, J. C. Vieira de Andrade, *Os Direitos Fundamentais na Constituição Portuguesa de 1976*, cap. I.

[282] Cf. *idem, ibidem*, em especial p. 48-50, em que aponta não significar tal defesa a submissão dos direitos à uma ordem mítica, abstrata e perfeita, mas sim, em essência, a referência a um valor fundamental para a compreensão do sentido dos direitos fundamentais – seja em sua dimensão negativa (a não coisificação do homem), seja em sua dimensão positiva (garantia de suas necessidades básicas e primárias de realização tanto individual quanto social) – e para a sua história, que tem no princípio da dignidade da pessoa humana seu fio condutor. Cf também *ibidem*, p. 69, p. 97, p. 100 e ss. (em que indica a supremacia da ideia de dignidade da pessoa humana individual, a dignidade da pessoa humana identificada com a dignidade de homens livres), p. 106-111, p. 140, p. 171 e *passim*. Aponta o autor: *"é neste sentido [enquanto critério de valor] que se defende que o valor de cada pessoa, como ser livre e responsável, único e irrepetível, não é um produto ideológico, uma especificidade do liberalismo individualista já perimido, antes corresponde a uma potencialidade característica do ser humano, que vai se actualizando nas ordens jurídicas concretas. Esse valor não 'vale' apenas o que vale a liberdade individualista dos ordenamentos oitocentistas, em que se manifestou pela primeira vez de forma sistemática, mas de acordo com as circunstâncias da época. É, enquanto autonomia ética do homem, um valor absoluto, que os factos sociais históricos concretizam, mas não explicam nem absorvem".* (cit., p. 110-111). Especificamente para os temas da dignidade humana e da dignidade da pessoa humana, ainda não tratados no âmbito da presente dissertação, há extensa bibliografia. Cf, por todos, João Loureiro, que enxerga o princípio da dignidade humana como *"o valor intrínseco, originariamente reconhecido a cada ser humano, fundado na sua autonomia ética e que alicerça uma obrigação geral de respeito da pessoa, traduzida num feixe de deveres e de direitos correlativos"*, mas que aponta, de maneira enfática, a diferença entre os dois conceitos – "dignidade humana" e "dignidade da *pessoa* humana". Ademais, para o autor, a dignidade pode sim ser vista como fundante do sistema de direitos fundamentais, desde que com o cuidado da sua não banalização; nesse sentido, afirma que diferentes direitos efetivamente apresentam um conteúdo de dignidade humana, que corresponde dogmaticamente ao seu núcleo essencial, mas que a mesma só opera *mediatamente*, através de cada um desses direitos, havendo violação autônoma somente em casos excepcionais e subsidiários. Cf. *idem, Os Genes do Nosso (Des)contentamento: dignidade da pessoa humana e genética (notas de um roteiro)*, em especial p. 184 e ss.; também, do mesmo autor, *Constituição e Biomedicina* (tese), parte III, cap. IV, p. 449 e ss., em especial p. 468 e ss.; e *O Direito à Identidade Genética do Ser Humano*, p. 278-283. Também, sobre o tema, J. J. Gomes Canotilho, *'Discurso Moral' ou 'Discurso Constitucional', 'Reserva de Lei' ou 'Reserva de Governo'?*, p. 699 e ss.; I. W. Sarlet, *Dignidade da Pessoa Humana e Direitos Fundamentais na Constituição Federal de 1988*, *passim*; Ana Paula de Barcellos, *A Eficácia Jurídica dos Princípios Constitucionais: o princípio da dignidade da pessoa humana*, em especial parte II, p. 101 e ss.; e ainda Jorge Miranda, *Direitos Fundamentais*, p. 89-94.

Clarificando, ademais, a autonomia desse conjunto no quadro constitucional, propõe critérios – estrutural, funcional e intencional – para a delimitação da matéria e, com base em sua própria unidade de sentido, defende configurarem os direitos fundamentais verdadeiro sistema que, para além de uma unidade puramente lógico-funcional, apresenta de fato unidade axiológico-normativa de sentido cultural – embora pluralista, aberta e não hierarquizada, construída dialeticamente –, tendo no já referido princípio da dignidade seu elemento regulativo.[283]

O autor distingue expressamente, no entanto, e em passagem importante, a existência de uma "concepção liberal moderna" a permear a realidade atual das democracias europeias – inclusive Portugal –, considerando como expectativa fundamental a construção da felicidade calcada na liberdade individual – por certo compatível com ideais de solidariedade cívica ou de responsabilidade comunitária.[284] Sob nossa ótica é aqui apresentada, como já levantado no tópico 2 e com a manutenção das ressalvas textualmente explícitas, a abordagem liberal mitigada a que se fez referência.[285]

Após contextualizar historicamente o surgimento das categorias de direitos fundamentais, mantém-se o autor, com as ponderações pertinentes, na tradicional classificação entre (i) direitos de defesa, (ii) direitos de participação e (iii) direitos a prestações[286] – mesmo após considerar as diversas classificações doutrinariamente ventiladas e a possibilidade de

---

[283] Cf. *idem, ibidem*, p. 82 e ss. e, em especial, p. 107.

[284] Cf. *idem, ibidem*, p. 70-71.

[285] Cf. *idem, ibidem*, cap. II, em especial p. 68-71, e cap. III, p. 97 e ss., p. 107-110 e, em especial, cap. VII, p. 273-275. Cf. ainda, por fim, no âmbito dessa dissertação, tópico 2, *supra*. Para o autor, com base em uma *concepção antropológica de humanismo ocidental*, afigura-se fundamental demonstrar o não comprometimento do modelo constitucional português com uma espécie de visão marxista-leninista ou com abordagens funcionalizantes dos direitos fundamentais. Em síntese, e a demonstrar sua visão aqui qualificada como liberal mitigada – parte-se de uma liberdade fundamental, inicial e referencial, mas por óbvio se recebe positivamente o desenvolvimento histórico fruto da crítica social –, seguem os seguintes trechos: "*pode afirmar-se que a tradição liberal não foi dissolvida. Ela 'passa de uma maneira natural e perfeitamente coerente dos direitos de liberdade aos direitos políticos e depois aos direitos económicos e sociais'. O liberalismo, ao absolutizar a liberdade económica, relegara para o esquecimento ou reprimira os outros componentes da trilogia revolucionária. Mas, as idéias de igualdade e de fraternidade, em parte significativa introduzidas na luta histórica pelo pensamento social e cristão e pela crítica marxista e socialista do regime económico e social do capitalismo, desenvolveram-se, impuseram-se e, harmonizadas com a liberdade fundamental, deram origem a uma 'concepção liberal moderna dos direitos fundamentais, que corresponde à realidade hoje vigente nas democracias pluralistas européias, a qual, à falta de melhor designação, ainda vai dando pelo nome de 'Estado de Direito Social'*". (cit., p. 70). E adiante:"*os direitos fundamentais tiveram, com a superação do liberalismo, de adaptar-se às novas necessidades, às novas formas de defesa da dignidade humana dos indivíduos*, mas continuam a ter sentido apenas se não perderem essa matriz libertadora *que constitui o momento da tradição que permanece na sua história, e que se vai fazendo* – a liberdade não foi ultrapassada pela socialidade, *o liberalismo é que foi posto em causa pela socialização*". (cit., p. 273, grifos nossos). Para Vieira de Andrade, em suma, e aparentemente ao contrário de Gomes Canotilho, a liberdade deve prevalecer, já que se constitui como *limite imanente* do princípio da igualdade. (cit., p. 277-278).

[286] Cf. *idem, ibidem*, p. 177-182, em especial p. 182.

A (DE)LIMITAÇÃO DOS DIREITOS FUNDAMENTAIS 113

múltiplos critérios para a construção de arranjos úteis.[287] Salienta, contudo, o impacto dos processos de democratização e socialização no estabelecimento de uma dimensão jusfundamental objetiva, historicamente adicionada à caracterização subjetivo-liberal clássica,[288] discutindo mais à frente, ainda, os eventuais problemas oriundos do que qualifica como tentação de re-subjetivação das dimensões objetivas, implicitamente relacionados à sua judicialização.[289]

Ainda em relação a esse ponto, mas já em linha positivo-dogmática, Vieira de Andrade enfatiza os aspectos que evidenciam e colaboram para a separação sedimentada na CRP entre direitos, liberdades e garantias e direitos econômicos, sociais e culturais, importante, substancialmente, para a aplicação de regimes jurídicos diversos. Embora ressalte, como já se apresentou,[290] a tradicional diferença entre função primária de defesa (abstenção estatal) e busca por ações positivas com custo econômico-social (prestação estatal), defende não ser esse critério suficiente para a distinção, adotando como elemento classificatório, enfim, o que se pode qualificar como momento ou nível de determinabilidade: de um lado os direitos, liberdades e garantias previstos pela CRP, que teriam conteúdo principal determinado ou determinável constitucionalmente; de outro, os direitos sociais, econômicos e culturais, que teriam seu conteúdo principal definido, apenas, ao nível das opções do legislador ordinário – seriam, pois, prestações sujeitas à determinação política.[291]

No que tange ao regime e à força jurídica dos preceitos relativos aos direitos, liberdades e garantias, finalmente, para além da análise da ques-

---

[287] Seriam passíveis de serem apresentados como elementos distintivos, por exemplo, critérios referentes à titularidade, ao conteúdo ou ao objeto, à estrutura, ao modo de proteção, à força jurídica e ao regime aplicável dos direitos fundamentais. Cf. *idem,ibidem*, p. 177 e ss. Para a arbitrariedade das classificações, que não devem ser observadas sob a ótica da correção mas, sim, sob a ótica da utilidade (são úteis ou inúteis), cf. *cit.*, p. 177 [n. 13].

[288] Cf. *idem, ibidem*, em especial cap. II. Para evolução do Estado e, mediatamente, seus reflexos na positivação dos direitos fundamentais, para além da extensa bibliografia aqui citada no cap. I, tópico 1.2., bem como da crítica mobilizada, cf. ainda nosso *O Desenho Jurídico-institucional do Estado Regulador: apontamentos sobre eficiência e legitimidade*, em especial tópico 2; J. E. Faria, *O Modelo Liberal de Direito e de Estado, passim*; J. Afonso da Silva, *Direito Constitucional Positivo*, p. 116-126; F. K. Comparato, *Ensaio Sobre o Juízo de Constitucionalidade de Políticas Públicas, passim*. Já especificamente sob a perspectiva da filosofia do direito, cf. A. Castanheira Neves, *Método Jurídico*, em especial p. 295 e ss. e p. 308 e ss.; também, do mesmo autor, *O Direito Hoje e com que Sentido? – o problema actual da autonomia do direito, passim*; e *O Problema Actual do Direito – um curso de filosofia do direito, passim*.

[289] Cf. *idem, ibidem*, p. 116 e ss. Para conceito de direito subjetivo fundamental, já adiantado no cap. I, tópico 1.1. do presente texto, cf. p. 120 e ss. e p. 133 e ss. Para problemas de re-subjetivação das dimensões objetivas, por fim, cf. 153 e ss. Por fim, para debate em âmbito específico de direitos do consumidor, cf. J. C. Vieira de Andrade, *Os Direitos dos Consumidores como Direitos Fundamentais na Constituição Portuguesa de 1976*, em especial p. 53 e ss.

[290] Cf. cap. I, tópico 1.2.

[291] Para insustentabilidade do critério tradicional e desenvolvimento preciso da ideia de determinabilidade, cf. *idem, ibidem*, p. 185-195.

tão de sua aplicabilidade imediata – que, segundo o autor, não se confunde com exequibilidade imediata[292] –, é estudada a questão da vinculação do legislador, da Administração e de outras entidades públicas aos direitos fundamentais, bem como, em momento posterior, a vinculação dos próprios particulares e das entidades privadas, com todo o histórico do intrincado debate que lhe é pertinente.[293]

6.2. Restrição, regulamentação e harmonização de direitos fundamentais

No campo específico da vinculação do legislador, já em aproximação bastante importante com o problema-chave do presente trabalho, é premente salientar o tratamento oferecido aos aspectos das intervenções legislativas em matéria de direitos fundamentais. Para Vieira de Andrade, pois, "a intervenção legislativa na matéria dos direitos fundamentais não implica, na maior parte dos casos, uma restrição do conteúdo desses direitos".[294]

Haveria de fato, e conforme a intenção e o alcance da legislação ordinária "reguladora" da matéria de direitos fundamentais, diferentes categorias de leis não restritivas: (i) leis ordenadoras; (ii) leis condicionadoras; (iii) leis interpretativas, delimitadoras ou concretizadoras; (iv) leis constitutivas ou conformadoras; (v) leis protetoras; (vi) leis promotoras; (vii) leis ampliativas; e, finalmente, (viii) leis harmonizadoras de direitos fundamentais.[295]

---

[292] Cf. *idem, ibidem*, cap. V e VI, em especial p. 196 e ss. e p. 205 e ss.

[293] Cf. *idem, ibidem*, cap. VII, p. 245-281. Para debate específico acerca da aplicação dos direitos fundamentais nas relações privadas, aliás, há atualmente enorme bibliografia. Cf., por todos, C. Canaris, *Direitos Fundamentais e Direito Privado*, passim; R. Alexy, *Teoría de los Derechos Fundamentales*, p. 506 e ss.; e L. Virgilio Afonso da Silva, *A Constitucionalização do Direito: os direitos fundamentais nas relações entre particulares*, passim.; *Direitos Fundamentais e Relações Entre Particulares*, p. 173-180. Cf., ainda, por exemplo, J. J. Gomes Canotilho, *Direito Constitucional e Teoria da Constituição*, p. 448 e ss. e p. 1285-1295; do mesmo autor, *Dogmática de Direitos Fundamentais e Direito Privado*, passim; J. Miranda, *Manual de Direito Constitucional*, tomo IV, p. 320-327; J. Reis Novais, *Direitos Fundamentais: trunfos contra a maioria*, cap. II; e I. W. Sarlet, *A Eficácia dos Direitos Fundamentais*, p. 399-408.

[294] Cf. *idem, ibidem*, p. 219 e ss., em especial p. 222, por óbvio em relativa contrariedade ao aceito por defensores de um suporte fático alargado como R. Alexy que, embora até aceite a existência de normas configuradoras – apenas se configurarem apenas como normas de competência, já que as normas de mandamento e proibição têm, por definição, um caráter restritivo –, critica com veemência as teorias de configuração como a de P. Häberle. Cf. R. Alexy, *Teoría de los Derechos Fundamentales*, p. 321-329. Também aqui cf. L. Virgilio Afonso da Silva, *O Conteúdo Essencial dos Direitos Fundamentais e a Eficácia das Normas Constitucionais (Tese)*, p. 125-137; e J. C. Gavara de Cara, *Derechos Fundamentales e Desarrollo Legislativo: la garantía del contenido esencial de los derechos fundamentales en la ley fundamental de Bonn*, p. 158 e ss. e p. 201 e ss., que traz, dentre outras, a classificação quíntupla de P. Lerche (*cit.*, p. 179 [n. 129]).

[295] Cf. *idem, ibidem*, p. 221 e ss. Segundo Vieira da Andrade, aliás, essa diferenciação tipológica seria fundamental ao menos em dois aspectos de análise: (i) grau de vinculação do legislador às normas constitucionais (seja quanto à obrigatoriedade de emissão do dispositivo legal, seja quanto à intensi-

Muitos são os autores que trabalham com categorizações similares, discutindo, em essência, tanto a viabilidade quanto a funcionalidade de sugestões nesse sentido. Há, novamente, grande divergência terminológica e conceitual, a dificultar tratamento linear do tópico.[296] A título ilustrativo e de relevo, portanto, faz-se necessário aludir brevemente a cada uma das categorias mobilizadas, a ensejar alguns questionamentos importantes:

i. Normas ordenadoras: limitam-se a introduzir e acomodar os direitos na vida jurídica, organizando e disciplinando a "boa execução" dos preceitos constitucionais; sua intenção não seria restringir, mas sim exatamente o contrário: "assegurar praticamente o direito fundamental constitucionalmente declarado";[297]

ii. Normas condicionadoras: similares às ordenadoras, com diferenças práticas; também acomodam os direitos na vida jurídica, mas acabam por condicionar o exercício (sem "restringir", dado que supostamente "não afectam o conteúdo do direito");[298]

iii. Normas interpretativas ou concretizadoras: apenas explicam e interpretam os preceitos constitucionais a fim de permitir ou facilitar sua aplicação; e ainda que aparentem limitar ou restringir direitos, a categoria manter-se-ia quando a norma "não fizer mais do que delimitar ou declarar os limites imanentes do direito fundamental";[299]

---

dade da pré-determinação do conteúdo do direito fundamental); e (ii) grau de fiscalização judicial. Cf. cit., p. 232 e ss. Ver também J. Miranda, *Manual de Direito Constitucional (Tomo IV – Direitos Fundamentais)*, p. 327-328.

[296] Cf., por exemplo, J. Bacelar Gouveia, *Restrições e Limites dos Direitos Fundamentais*, p. 450-472, que enxerga a regulação como a *"intervenção do poder público normativo sobre a positivação constitucional dos direitos fundamentais, ora com a finalidade de delimitar (regulação), ora com o objetivo de comprimir (limites) o respectivo alcance e exercício, por força da ponderação de outros valores ou princípios considerados pertinentes"*, em definição que não nos parece a mais aceitável por separar delimitação de limites. Também, para possibilidade de regulação de direitos, cf. I. de Otto y Pardo, *Derechos Fundamentales y Constitución*, p. 155 e ss.

[297] Cf. idem, ibidem, p. 223.

[298] Cf. idem, ibidem, p. 223-224, e em especial a n. 50, em que se torna patente a dificuldade de se diferenciar uma norma chamada "regulamentadora" – no caso, da espécie norma "condicionadora" – de um viés verdadeiramente restritivo: *"a distinção entre condicionamento e restrição é fundamentalmente prática, já que não é possível definir com exatidão, em abstracto, os contornos das duas figuras. Muitas vezes, é apenas um problema de grau ou de quantidade"*. Já adiantando ponto posterior, é mister apontar que não nos parece possível ter aqui um problema que seja, efetivamente, *de grau*.

[299] Aponta o autor, em inegável anuência com alguns dos pressupostos da teoria interna, *in verbis*: *"(...) por vezes, a concretização parece limitar o direito, na medida em que define ou delimita o domínio da realidade que constitui a respectiva esfera normativa; e, nalguns casos, aparenta mesmo restringi-lo, seja quando concretiza excepções definidas pelos próprios preceitos constitucionais ('restrições' que constituem limites intrínsecos), seja quando exclui autonomamente do domínio protegido uma certa forma (necessariamente atípica) de exercício do direito, mas ainda deverá ter-se por interpretativa se não fizer mais do que delimitar ou declarar os limites imanentes do direito fundamental"*. Cf. ibidem, p. 226-227. Saliente-se que, quiçá em um problema de consistência interna amainado por uma rica construção terminológica – a ser analisado –, o autor propõe estarem tais normas sujeitas a um *"controle intrínseco de reapreciação por parte das entidades com poderes de fiscalização de constitucionalidade"* (cit. p. 227), e depois a um *"(...)*

iv. Normas constitutivas ou conformadoras: constitucionalmente previstas de forma expressa e inequívoca para direitos, liberdades e garantias com o fito de configurarem ou determinarem seu conteúdo; também não o restringem porque é a elas que cabe tal determinação (com respeito ao núcleo essencial do direito, já constitucionalmente posto);[300]

v. Normas protetoras: cumprem encargos legislativos de estabelecer proteções e garantias especiais a certos direitos ou valores pessoais[301];

vi. Normas promotoras: criam condições favoráveis ao exercício dos direitos;[302]

vii. Normas ampliadoras: alargam o âmbito de protecção do direito constitucionalmente definido;[303]

viii. Normas harmonizadoras: solucionam, em abstrato, problemas de colisão (constituem, pois, categoria autônoma frente às leis restritivas ou às leis que definem limites imanentes).[304]

Embora as questões específicas da reserva de lei e da vinculação jusfundamental do legislador não se configurem como nosso objeto central, faz-se notar que esse extenso rol de modalidades de intervenções meramente regulamentares[305] afasta-se, por certo, da percepção de parte da corrente teórica externa calcada na distinção entre regras e princípios, como a de Virgilio Afonso da Silva, que não aceita o "regulamentar" sem, propriamente, o predicado do "restringir".[306] E, de fato, sob nosso olhar, as definições expostas podem apresentar algumas dificuldades tanto em nível teórico quanto prático ao se considerar uma ideia lata de restrição,

---

controle total pelo juiz, porque pretendem concretizar o sentido da própria norma constitucional, embora, em contrapartida, não sejam de emanação obrigatória" (cit., p. 233), embora se esteja a falar, expressamente, de *declaração de limites imanentes*, por definição unidos ao conteúdo verdadeiro do direito e, portanto, fora da égide do controle de constitucionalidade.

[300] Cf. *idem, ibidem*, p. 227-228. Adiante-se que a categoria é ainda a regra para os direitos econômicos, sociais e culturais, também podendo ser aplicada para direitos cujo conteúdo é juridicamente construído pelo legislador e para as garantias institucionais. Ainda, parece que aqui pode ser enquadrado o debate trazido por Gilmar Ferreira Mendes acerca do chamado "âmbito de proteção estritamente normativo", não desenvolvido inicialmente nesse trabalho, mas pertinente ao debate teórico realizado. Cf. *Curso de Direito Constitucional*, p. 298 e ss.

[301] Cf. *idem, ibidem*, p. 229.

[302] Cf. *idem, ibidem*, p. 229.

[303] Cf. *idem, ibidem*, p. 229-230, em duas hipóteses ou modalidades: (i) criação de novas faculdades e (ii) excepcionando alguma "restrição" já constitucionalmente dada.

[304] Cf. *idem, ibidem*, p. 222 e cap. VIII, p. 320-330.

[305] Salvo a última categoria, a ser detidamente observada abaixo.

[306] Cf. *idem, O Conteúdo Essencial dos Direitos Fundamentais e a Eficácia das Normas Constitucionais (Tese)*, p. 125-137, em que aponta, por exemplo: *"as regulamentações quanto ao local, horário e modo de exercício de um direito fundamental podem configurar* – na tese aqui defendida: sempre configuram – *uma restrição a esse direito"*. Cf. cit., p. 131-132 (grifo nosso). Cf. também, em sentido bastante próximo, R. Alexy, *Teoría de los Derechos Fundamentales*, p. 321-329.

em que pesem serem todas compatíveis com o conceito restritivo adotado pelo próprio autor (há, pois, coerência teórico-dogmática).[307]

Veja-se, por exemplo, o problema de se assumir que as normas constitutivas ou conformadoras determinam conteúdos jusfundamentais; independente de existir ou não autorização constitucional para tal, é inegável perceber que uma determinação significa, efetivamente, uma aposição de fronteiras, uma escolha entre inclusão / exclusão de algo, ou ainda a definição do que está e do que não está inserido em um âmbito protetivo. Parece que a ação carrega em si, pois, inexoravelmente, uma carga restritiva.

O mesmo se passa, em outro exemplo, com o já anotado caso das normas condicionadoras, que conforme sugere o autor se diferenciariam das restrições, na prática, por uma verdadeira questão de grau.[308] A dificuldade provém da percepção de que uma questão de grau ou de quantidade, como se adiantou em rodapé, indicaria, por certo, que uma medida poderia ser mais ou menos restritiva, em verdadeira gradação que por definição trabalha em um eixo único, não significando, porém, que ela perca essa característica ablativa. Assim, uma medida "condicionadora" que em maior grau passasse a ser considerada como efetivamente restritiva já traria em si desde o início, de maneira inequívoca, um caráter de restrição.

Ainda muito importante de ser explorada, ademais, é a apontada cisão entre leis restritivas e leis harmonizadoras. Para Vieira de Andrade, o modelo principiológico que considera todos os direitos como limitáveis e que identifica as leis restritivas com as leis que solucionam colisões ou conflitos de direitos fundamentais deveria ser afastado em prol da seguinte diferenciação (relevante para efeitos de grau de vinculação legislativa aos preceitos constitucionais):

> A lei restritiva propriamente dita pressupõe a *prefiguração constitucional* da necessidade de *sacrificar o conteúdo protegido de um direito*, seja por se considerar esse direito (muitas vezes a liberdade ou uma liberdade) como potencialmente "agressivo" relativamente a outro direito, potencialmente "vítima" (pois que seria prejudicado pelo exercício não limitado daquele), seja para assegurar um valor comunitário, cuja realização efectiva exige "forçosamente" aquela limitação. Por sua vez, as leis que solucionam problemas de colisão têm um objetivo diferente, já que visam resolver um *conflito não prefigurado* ao nível constitucional

---

[307] Para o autor, só é possível falar em restrição se expressamente autorizada pela Constituição. Em verdade, Vieira de Andrade constata o equívoco da doutrina interna purista, que tenta afastar completamente o conceito de restrição se baseando essencialmente na ideia de correta delimitação; no entanto, e também expressamente, contrapõe-se às visões de R. Alexy e R. Dworkin, que apontariam um conjunto indiferenciado de "leis limitadoras" em que todos os direitos fundamentais seriam, à partida, "limitáveis", calcado na distinção entre princípios e regras. Cf. *idem, ibidem*, p. 230-231 e p. 286 e ss.

[308] Cf. *idem, ibidem*, p. 223-224, em especial [n. 50], e os comentários acima realizados acerca das normas condicionadoras.

(mas que se revela inevitável ou para o qual o legislador considera conveniente solução geral e abstracta), através de *critérios* de harmonização, dirigidos à *limitação de ambos os direitos ou de um direito e de um valor comunitário*, na proporção do respectivo peso normativo nas situações legislativamente hipotizadas (grifos no original).[309]

Seriam ainda outras duas diferenças importantes (i) a precisão em abstrato das leis restritivas frente à abertura e à indeterminação das harmonizadoras – a permitirem as últimas, por certo, a ponderação nos casos concretos –, bem como (ii) a existência exclusiva das últimas apenas em colisões de nível constitucional, cuja solução normativa tem de estar sujeita a reexame judicial, em contraposição a um eventual momento de conformação legislativa autônoma inerente às leis restritivas propriamente ditas, sujeitas apenas a um controle de proporcionalidade sob o critério de defensabilidade.[310]

Embora já se perceba, de antemão, que o autor não segue a conceituação defendida na presente dissertação, já que trata restrição como limitação – talvez espécie de um gênero de limitação *lato sensu* –, bem como as propostas de matriz alexyana, outras dúvidas podem emergir, cabendo, pois, e ainda que sem a necessária densidade ou o devido rigor, breve discussão.

De início, todavia, faz-se fundamental perceber a efetiva diferenciação proposta e as consequências daqui oriundas, na tentativa de se evitarem equívocos. Em nosso entendimento, toma-se no trecho citado a ideia de prefiguração como a de autorização ou previsão constitucional, em uma espécie de pré-adiantamento pela Lei Maior de situações conflituosas a serem obrigatória e vinculadamente definidas, posteriormente, pelo legislador ordinário, que exatamente por isso ganha certo espaço de conformação legislativa autônoma. Somente nesses casos, por certo, é que seria possível falar em restrição propriamente dita, não sendo razoável ao modelo constitucional português, portanto, apontar efetivamente a existência de restrições não expressamente autorizadas pela Constituição.[311] Se assim o é, ademais, a defesa de algo como um controle aparentemente "abrandado" das restrições – critério de defensabilidade e não um controle total, como seria o esperado para o caso das normas harmonizadoras,

---

[309] Cf. *idem, ibidem*, p. 231-232.

[310] Cf. *idem, ibidem*, p. 232-234 e p. 291. Portanto, ao passo que as leis harmonizadoras – bem como as interpretativas ou concretizadoras – estariam sujeitas a um *controle total* do juiz, estariam as normas restritivas propriamente ditas sujeitas, apenas, a esse chamado *critério de defensabilidade*, que, por estar relacionado a um relativo espaço de conformação, não admite uma ponderação rigorosa nem um reexame judicial da decisão legislativa. Essa clarificação de espécies de controles judiciais é oriunda, expressamente, de construção de C. Starck, *Über Auslegung und Wirkung der Grundrechte*, 1990, *apud idem, ibidem*, p. 234 [n. 76].

[311] Cf., em especial, *idem, ibidem*, p. 298 e ss., em que o autor discute densamente a questão e afasta uma espécie de reserva geral de colisão, nos termos alemães.

visto que essas sim não foram inicialmente previstas pelo poder constituinte – estaria calcada, em essência, na própria previsão constitucional, que carregaria em si uma escolha prévia.

A lógica desenvolvida parece, de fato, irretorquível, acentuando em nosso trabalho mais o caráter meramente analítico do que, propriamente, o desejável viés crítico. Todavia, crê-se possível manejar aqui ao menos uma ressalva apriorística, mais exploratória do que propriamente definitiva, a ampliar o debate existente

A diferenciação com a consequente aplicação de sistemas de controle bastante diversos calca-se ao final, substancialmente, na existência ou não de previsão constitucional, o que, se de um lado garante força normativa à previsão constitucional portuguesa, de outro permite a mobilização de crítica realista que também atinge a teoria externa em sua vertente purista: poderia haver, nesse ponto, uma crença desmedida e irreal na figura do sistema diferenciado de reservas legais, como se o mesmo fosse efetivamente pensado e hierarquizado de forma coerente – a definição dos direitos passíveis de reserva seria tão plena e intencionalmente realizada que teria o condão de permitir uma aplicação bastante diferenciada de regimes.

Depois, e já no que tange às dúvidas frente ao critério de defensabilidade proposto, adiante-se que as definições sub judice parecem crer que a Constituição positiva, de forma clara, qual direito é o agressor e qual direito é a suposta "vítima", não havendo, contudo, a devida atenção para a exata fronteira da amputação de conteúdo do primeiro – qual seu limite –, o que é, de fato, o problema fulcral a ser analisado. O critério em causa, que leva em conta o espaço de conformação político-legislativo, embora rígido, não parece permitir um controle tão rigoroso desse aspecto (ou, ao menos, equivalente ao do controle total).[312]

Por fim, e já em um viés mais simbólico, porém vital, é de se estranhar que uma lei tida como restritiva propriamente dita acabe por ter um controle, ao final, aparentemente mais amainado e brando do que as demais hipóteses de intervenção legislativa – sejam normas harmonizadoras, sejam, em essência, normas interpretativas ou concretizadoras, meramente reguladoras, portanto –, também sujeitas, na proposta, a controle judicial total.

---

[312] Ou então, a *contrario sensu*, em pouco ou quase nada se afasta do chamado *controle total*. De se notar, todavia, que a crítica só faz sentido perante a diferença adiantada pelo autor entre sua teoria e as propostas de R. Alexy, já que o critério de defensabilidade baseado apenas na regra de proporcionalidade pode ser identificado, razoavelmente, com o principal instrumento de controle da visão principiológica. No entanto, o próprio critério de defensabilidade parece ser, posteriormente, alargado, a incluir os demais limites aos limites como critérios de validade das leis restritivas. CF. *idem, ibidem*, p. 298 e ss., em especial p. 302 e ss. Também em viés crítico acerca da distinção proposta por Vieira de Andrade, cf. J. Loureiro, *Constituição e Biomedicina: contributo para uma teoria dos deveres bioconstitucionais na esfera da genética humana*, p. 760 e ss.

6.3. Limites e restrições dos direitos, liberdades e garantias nas situações de conflito

É no capítulo VIII da terceira edição de *Os Direitos Fundamentais na Constituição Portuguesa de 1976*, todavia, que é possível observar, em todas as suas nuances, o objeto principal dessa dissertação. Fala-se especificamente das questões relativas ao "âmbito de proteção" dos direitos, liberdades e garantias (sua delimitação), ao conflito entre as concepções restritivas e ampliativas de seu suporte fático e à teoria dos limites imanentes dos direitos fundamentais.

Vieira de Andrade inicia sua explanação negando o caráter absoluto e ilimitado dos direitos, seja em sua dimensão subjetiva, seja enquanto valores constitucionais. A conflitualidade seria inevitável e inerente ao sistema, bem como, em resultado lógico, a existência de limites jusfundamentais internos e externos.[313] Fundamental perceber, não obstante, que para o autor existem nesse âmbito categorias problemáticas autônomas, exigindo-se para cada uma delas construções e soluções normativo-dogmáticas distintas e subsequentes.

Seu esforço argumentativo dá-se, então, com o intuito de separar o que se refere especificamente (i) à delimitação do âmbito de proteção constitucional dos direitos (no qual se insere a teoria dos limites imanentes); (ii) ao problema da restrição propriamente dita e das leis restritivas de direitos fundamentais; e ainda, como já visto, (iii) à harmonização dos direitos oriunda dos problemas de colisões ou de conflitos, surgidas tanto em abstrato quanto em concreto.[314]

A diferenciação citada, crucial ao bom entendimento da teoria exposta e em síntese bastante simplista, pode ser apresentada de forma rápida e sequencial: primeiro, cabe a delimitação do que na obra se qualifica de "âmbito de proteção constitucional", que define o objeto e o conteúdo principal do direito e se configura em

> (...) determinar os bens ou esferas da acção abrangidos e protegidos pelo preceito que prevê o direito e de os distinguir de figuras e zonas adjacentes, para saber, *em abstrato*, também em função de outros preceitos constitucionais, se inclui, não inclui ou exclui em termos absolutos as várias situações, formas ou modos pensáveis do exercício do direito – está em

---

[313] In verbis: "(...) além dos limites 'internos' do sistema jusfundamental, que resultam das situações de conflito entre os diferentes valores que representam as diversas facetas da dignidade humana, os direitos fundamentais têm também limites 'externos', pois hão de conciliar as suas naturais exigências comas imposições próprias da vida em sociedade: a ordem pública, a ética ou moral social, a autoridade do Estado, a segurança nacional, entre outros". Cf. *idem, ibidem*, p. 283-284 e, no mesmo sentido, p. 107-111 e p. 273-275.

[314] Cf. *idem, ibidem*, p. 284-286. Importante notar que, considerando a classificação em análise, existiriam ainda *situações especiais de restrição legislativa*, em que o autor contempla distintamente (iv) os estatutos especiais de determinadas categorias de cidadãos, (v) a proteção dos cidadãos contra si próprios e, finalmente, (vi) as situações de conflitos oriundas dos casos de auto-limitação. Tais hipóteses, contudo, não são objeto do presente trabalho. Cf., a propósito, p. 286, 330-336 e *passim*.

causa um problema de interpretação das normas constitucionais, *que compreende o problema da determinação dos limites imanentes ou intrínsecos de um direito fundamental*.[315] (grifo nosso).

Em seguida, já ocorrida a delimitação constitucional, ter-se-ia a possível restrição desse conteúdo, operada mediante intervenção legislativa abstrata com o intuito de salvaguardar outros valores constitucionais e, como analisado, somente possível nos termos de expressa previsão ou autorização constitucional. Por fim, e somente como terceira hipótese – em clara contraposição ao modelo principiológico –, ter-se-ia o problema das colisões ou conflitos de direitos e valores comunitários, possíveis tanto em abstrato – nível legislativo – quanto, fundamentalmente, em concreto, "em face dos compromissos naturais e inevitáveis entre os direitos e os valores constitucionais que conflituam ou podem conflituar directamente em determinadas situações ou tipos de situações concretas, e que, nessas circunstâncias, reciprocamente se limitam".[316]

Passando ao largo de pontos já debatidos e da questão das leis harmonizadoras, é essencial atentar para a clara definição de um processo bifásico de definição de determinado direito. Ter-se-ia, primeiro, um momento prévio de delimitação do conteúdo do direito, um exame para se saber se determinada conduta ou evento fático está ou não abarcado pela hipótese normativa, em procedimento de ocorrência em abstrato mediante interpretação e com a mobilização da categoria dos limites imanentes. Depois, em segunda instância, haveria um momento posterior de aplicação dos direitos, em que poderiam surgir conflitos entre os conteúdos jusfundamentais, aqui sim solucionáveis mediante a técnica do sopesamento e o recurso à harmonização. Se o hipotético conflito fosse constitucionalmente previsto, redundando em uma previsão ou autorização constitucional para tanto, aqui – e somente aqui – existiria espaço para se falar em lei restritiva de direitos fundamentais propriamente dita.

Verificada a construção e o seu desenvolvimento, parece razoável apontar que as marcas da teoria interna no primeiro momento – que é, por certo, o que aqui nos interessa – são indeléveis. Há mobilização da categoria dos limites e afastamento efetivo da doutrina das restrições, do pensamento de intervenção e limites, especialmente se observado sob a ótica da teoria dos princípios. Resta saber, no entanto, em que termos os limites imanentes são utilizados, bem como se as consequências apontadas à teoria interna são também, aqui, perceptíveis.

---

[315] Cf. J. Loureiro, *Constituição e Biomedicina: contributo para uma teoria dos deveres bioconstitucionais na esfera da genética humana*, p. 285.
[316] Cf. *idem, ibidem*, p. 285.

6.4. A delimitação do âmbito normativo dos direitos: os limites imanentes

Considerando, enfim, o delimitar do âmbito normativo de um direito fundamental – seu objeto e conteúdo principal –, faz-se importante recorrer à outra passagem em que o autor, ao apontar a complexidade estrutural e a multiplicidade de conteúdos dos direitos fundamentais, vale-se de figura ilustrativa bastante próxima da que já foi anteriormente adiantada, colhida da obra de Suzana de Toledo Barros.[317] Haveria um conteúdo principal, calcado no núcleo essencial e em suas camadas envolventes, e um conteúdo instrumental, constituído por faculdades e deveres não abarcados no programa normativo do direito em si:

> O domínio de protecção do direito terá um perímetro exterior, definido *(delimitado) pelos seus limites intrínsecos ou imanentes*, e deve ser entendido como um "espaço contínuo", que, sem quebras abruptas, tem uma intensidade normativa decrescente a partir do núcleo essencial.[318] (grifo nosso)

Mas em que consistiriam, de fato, tais limites, capazes de incluir ou excluir determinadas condutas de um domínio de proteção jusfundamental? Para Vieira de Andrade, os limites imanentes, internos ou intrínsecos seriam "as fronteiras definidas pela própria Constituição"[319] e, enquanto tais, em consonância com seus conceitos de objeto e limites outrora adiantados, poderiam ser observados tanto em um sentido material quanto em um sentido jurídico. Materialmente, seriam os limites do objeto, que indicariam o âmbito abrangido pelo direito – o bem jurídico protegido ou a parcela de realidade incluída na hipótese normativa (o que protege); juridicamente, por sua vez, seriam os limites de conteúdo, que delimitariam o conteúdo protegido pelo dispositivo – situações, formas ou modo de exercício pensáveis para cada direito (como protege).[320]

Os limites imanentes materiais decorreriam, portanto, da própria interpretação dos princípios constitucionais, sendo papel dos intérpretes jurídicos a delimitação dos direitos a partir de conceitos muitas vezes indeterminados ou de cláusulas gerais. Já os limites imanentes jurídicos, de conteúdo, caracterizados como restrições constitucionais ao programa normativo do preceito (estando já pressuposta, aqui, a definição do âmbito do direito), poderiam ser explícitos ou implícitos – expressamente

---

[317] Cf. cap. I, tópico 1.3.2.2.
[318] Cf. *idem, ibidem,* p.176. Para núcleo essencial, que o autor considera como o que corresponde *"às faculdades típicas que integram o direito, tal como é definido pela hipótese normativa, e que correspondem à projecção da idéia de dignidade humana individual na respectiva esfera de realidade (...)"*, cf. cap. I, tópico 1.3.2.2., *supra.*
[319] Cf. *idem, ibidem,* p. 292.
[320] Cf. *idem, ibidem,* p. 292-295. Para definição rigorosa de categorias como objeto e conteúdo dos direitos fundamentais, cf. cap. I, tópico 2.

previstos na Constituição, no próprio preceito, ou determináveis por interpretação constitucional, já que diluídos pelo todo constitucional.

A mobilização da ferramenta ocorre, pois, de maneira análoga à já descrita anteriormente em âmbito de teoria interna, não fugindo do padrão funcionalizante que almeja evitar tratar como conflito aquilo que não o é ou só o é de forma aparente, e em que não há, de verdade, real contraposição de direitos. O recurso aos já utilizados exemplos retóricos que justificam essa exclusão apriorística, como os casos da morte de um ator no palco em nome da liberdade artística ou dos sacrifícios humanos em nome da liberdade religiosa,[321] comprovaria essa necessidade.

É de se notar que o autor assume, contudo, a dificuldade de se proceder a essa delimitação mediante a utilização da figura dos limites,[322] apresentando, nesse ponto, o restrito campo hipotético de verificação e utilização do instrumento dogmático, com a utilização de critério que se apresentou na presente dissertação como de intuição ou evidência:

> Preferimos, por isso, considerar a existência de limites imanentes implícitos nos direitos fundamentais, sempre que (*e apenas quando*) se possa afirmar, *com segurança e em termos absolutos*, que não é pensável *em caso algum* que a Constituição, ao proteger especificamente um certo bem através da concessão e garantia de um direito, possa estar a dar cobertura a determinadas situações ou formas do seu exercício; sempre que, pelo contrário, deva concluir-se que a Constituição as exclui sem condições nem reservas.[323] (grifo nosso).

Por fim, e quiçá como ponto mais relevante do tópico, cabe ainda apontar que, ao defender seu desenho teórico, contrapõe-no de maneira forte à teoria principialista de Alexy, tida como problemática fundamentalmente porque consome praticamente todo e qualquer caso em uma situação de colisão ou de conflito e porque abarca, no suporte fático jusfundamental extremamente amplo que defende, as situações impensáveis acima destacadas.

Em suma, e em tentativa de sistematização aliada à argumentação do próprio autor, seriam três as grandes vantagens oferecidas por seu modelo: (i) não se consideraria como conflito aquilo que é mero conflito aparente – não teria sentido realizar uma ponderação, que pressupõe a existência de dois valores, "perante um comportamento que não pode,

---

[321] Cf. cap. I, tópico 3.1., e também *idem, ibidem*, p. 294.

[322] *In verbis*: "*é muitas vezes difícil determinar os contornos da respectiva protecção, sobretudo quando o seu exercício se faça por modos atípicos ou em circunstâncias especiais, que afectam, de uma maneira ou de outra, valores comunitários ou outros direitos também constitucionalmente protegidos*". Cf. *idem, ibidem*, p. 293-294.

[323] Cf. *idem, ibidem*, p. 295. Perceba-se, a propósito, que o critério de evidência aqui proposto e anteriormente adiantado – cap. I, tópico 3.1. – é diferente do *critério de evidência* que Vieira de Andrade utiliza em sua obra enquanto espécie de controle judicial. Note-se ainda, finalmente, que por óbvio a dificuldade apontada diz respeito, em essência, aos limites implícitos, já que os explícitos, claro, não precisam de maiores esforços interpretativos.

em caso algum, considerar-se constitucionalmente protegido, pois que, não existindo à partida um dos direitos, a solução só pode ser a afirmação total do outro"[324] (grifo nosso); (ii) assegurar-se-ia plenamente o conteúdo essencial de todos os direitos fundamentais – haveria aqui uma teoria normativa forte dos direitos fundamentais, que justificaria a limitação imanente de um direito em detrimento da visão principialista que poderia enfraquecer axiologicamente o sistema; e (iii) a construção dogmática da figura dos limites imanentes seria indispensável – seja porque alguns deles já estariam previstos na própria Constituição, seja porque reconhecimentos reiterados em situações concretas das mesmas circunstâncias permitiriam a formulação de uma regra de exclusão *a priori*.[325]

6.5. Análise crítica: uma teoria híbrida?

Considerando a longa exposição de seus pressupostos e desenvolvimentos, parece razoável apontar que a teoria da delimitação do âmbito normativo e, por conseguinte, dos limites imanentes dos direitos fundamentais de Vieira de Andrade apresenta, de início, características importantes que permitem sua aproximação com a teoria interna, em que pese sua tentativa expressa de a rejeitar, ao menos em seu sentido mais purista, qualificando-a negativamente como um "modelo pré-formativo, que sustente[a] a recondução à hipótese normativa constitucional de todas as limitações possíveis".[326] Os elementos para tal identificação teórica, de fato, não são poucos.

É ao menos curioso perceber que, não obstante a negação expressa a que se fez referência, na própria nomenclatura utilizada na obra em causa é indubitavelmente identificável uma influência teórica de F. Müller, cuja doutrina, como vimos, constitui-se na típica defesa de um suporte fático restrito. Não passa incólume a utilização de expressões como programa normativo, faculdades típicas, ou garantias ou faculdades específicas, a relembrar propostas como concretização, estrita delimitação do âmbito de proteção dos direitos e critério de especificidade do autor alemão. A própria tipologia ampla de leis não restritivas, ademais, contribui para essa visão, afastando o autor da teoria principialista.

Além disso, a escolha das ferramentas jurídico-dogmáticas que a pautam também aponta para esse sentido. Fica patente, em movimento

---

[324] Cf. *idem, ibidem*, p. 288.

[325] Cf. *idem, ibidem*, p. 288. Traz o autor, em nota de rodapé: "*Isto é, quando se conclua que, se previsse expressamente essas circunstâncias, a Constituição as excluiria do âmbito de protecção do direito; ou que a protecção do direito nessas circunstâncias seria absolutamente incompatível com a protecção constitucional de outros direitos ou valores*".

[326] Cf. *idem, ibidem*, p. 287.

contrário ao idealizado pela corrente externo-principialista, a grande importância depositada no momento da delimitação do suporte fático do direito fundamental, bem como a possibilidade de exclusão *a priori* de condutas "evidentemente absurdas" ou "extremas", ainda que apresentem, em termos já adiantados, alguma característica que, isoladamente considerada, faça parte do seu 'âmbito temático', com a mobilização da figura dos limites imanentes.

Essa proposta, aliás, e ainda que aceita apenas para os casos evidentemente extremos, é a chave da similaridade com as sugestões da teoria interna – em específico com a que identifica a delimitação jusfundamental com a restrição do suporte fático. Isso porque, ainda que somente para tal padrão típico, todos aqueles pressupostos tem que ser necessariamente aceitos, sob pena de incoerência lógico-sistemática. Ademais, é possível verificar aproximação com as duas correntes internas aqui delineadas, embora que de forma aparentemente miscigenada: seja aquela que percebe limites como pertinentes ao direito em si e, portanto, como limites intrínsecos – qualificação utilizada pelo autor, aliás, como sinônimo de imanência –, seja aquela que percebe tais limitações, fundamentalmente, como provenientes do ordenamento jurídico-constitucional por excelência, de seu aspecto comunitário.

Até esse ponto, portanto, seria possível adiantar verdadeira defesa da teoria interna em suas características essenciais, não havendo motivos aparentes, por certo, para propor à obra em análise qualificação como uma espécie híbrida ou mitigada. Mas há razões, em contrapartida, para esse enquadramento diferenciado.

Inicialmente, de se retomar a clara percepção que o autor tem da insuficiência do modelo de limitação apriorística. O desenho pré-formativo, que permitiria a justaposição dos suportes fáticos dos direitos fundamentais já internamente limitados em âmbito constitucional, é rechaçado pelo autor e estaria, à partida, afastado. Depois, e em certa aproximação com o modelo de intervenção e limites clássico – não com a teoria de matriz alexyana, afastada expressamente –, assume as restrições como verdadeiros sacrifícios de conteúdo, portanto ablativas e possíveis *a posteriori*, embora somente se constitucionalmente autorizadas e nos limites dessa autorização.

Além disso, e com bastante relevância, é de se perceber a extrema preocupação aventada pelo autor no que se refere à controlabilidade desse tipo de "revelação de limites", cujas dificuldades são centrais à crítica que as correntes contrárias mobilizam. Embora soe aparentemente incongruente, em termos conceituais, nominais ou terminológicos, com o uso da ideia de limites imanentes ou intrínsecos – visto que, se efetivamente intrínsecos e pertinentes à própria configuração do direito em si, não podem de forma alguma estar sujeitos a verdadeiro controle de constitucionalidade –, a proposta tipológica relativa às diferentes intervenções legislativas permitiu ao autor defesa nesses termos.

É assim que, por exemplo, propõe estarem as leis interpretativas ou concretizadoras sujeitas ao que qualificou de "controle intrínseco de reapreciação por parte das entidades com poderes de fiscalização de constitucionalidade",[327] ou, ainda, a um "(...) controle total pelo juiz, porque pretendem concretizar o sentido da própria norma constitucional, embora, em contrapartida, não sejam de emanação obrigatória".[328] Embora se esteja a falar expressamente de declaração de limites imanentes, por definição teórico-terminológica unidos ao conteúdo verdadeiro do direito e, portanto, fora da égide do controle de constitucionalidade – a configurar problema conceitual importante sob a ótica das definições rigorosas de limite e restrição –, a sugestão é consistente sob o ponto de vista da lógica interna da teoria como um todo e, fundamentalmente, materialmente adequada, no sentido de tentar impedir abusos na utilização dessa figura declaratória.

De modo que, embora claramente afastada das propostas que aqui se adiantam e, se vistas especificamente sob esses olhos, com certa miscigenação conceitual, parece a proposta internamente coerente e rica, com concatenação suficiente para ser observada como justificadamente híbrida: acode-se de pressupostos da teoria interna, mas não deixa de perceber algumas de suas aporias, construindo fundamentadamente, então, aparato argumentativo que se afasta de algumas dessas dificuldades e que se aproxima, em última análise, de importantes elementos da abordagem externa.

---

[327] Cf. *idem, ibidem*, p. 227.
[328] Cf. *idem, ibidem*, p. 233.

Capítulo III

Os limites imanentes dos direitos fundamentais: um modelo apropriado à legitimidade jurídico-decisória?

1. Proposta de Desenvolvimento

Expostas as delimitações terminológicas e conceituais pertinentes ao debate, em especial as ideias de âmbito de proteção e de suporte fático dos direitos fundamentais; apontada a factível relação entre suporte fático amplo e restrito e, respectivamente, as teorias externa e interna; examinadas as teorias, finalmente, em seu histórico, características, dificuldades de abordagem e modelos híbridos, com o adiantamento de algumas das percepções pertinentes, bem como, essencialmente, a ferramenta dos limites imanentes dos direitos fundamentais; cabe agora a análise crítica de tudo aquilo que foi apontado. Resgatando a opção por um texto conceitualmente evolutivo, em que as definições sequenciais se aglutinam no intuito de viabilizar, como em um pano de fundo de pressupostos e consequências a eles pertinentes e imputados, a abertura de novos debates, chega-se, enfim, ao capítulo de fechamento analítico.

Para tanto, pretende-se realizar breve exame de consistência lógica e de funcionalidade das teorias debatidas e de suas principais correntes típicas, em termos essencialmente doutrinários, com a indicação de conclusões preliminares referentes à discussão; em um segundo momento, far-se-á rápida indicação de casos jurisprudenciais exemplares, com o fito de se testar a hipótese de que a teoria dos limites imanentes dos direitos fundamentais carrega em si problemas de controlabilidade e, em última instância, de oferecimento de elementos de legitimidade à argumentação jurídico-decisória.

2. Análise crítica e conclusões preliminares

Em que pese a insuperável miscelânea nominal e terminológica que circunda o tema das limitações e restrições dos direitos fundamentais, bem como sua inexorável interconexão com outras questões jusfundamentais de relevo dogmático – a confundir, em certa medida, as tentativas de tratamento próprio de determinado ponto –, viu-se possível apresentar dois grandes tipos teóricos ideais que circundam o problema em voga: fala-se, claro, da teoria interna e da teoria externa do direito.

Para cada tipo indicado, observou-se também que há peculiaridades e subdivisões de fôlego, com influência importante para o andamento da análise. Argumentos vantajosos e desvantajosos foram mobilizados, cada um a seu tempo, com o intuito de elucidar pressupostos lógicos e consequências de sua adoção. O quadro teórico-doutrinário já parece suficientemente definido, pois, para a apresentação e o exame de um rol crítico estruturado.

2.1. Críticas à doutrina da teoria externa

Do lado da teoria externa, primeiramente, e em que seria possível observar ao menos dois grandes eixos – o da teoria pura calcada sem mais no sistema de reservas constitucionais, afastada quase que de plano pela falta de factibilidade,[329] e, essencialmente, a teoria dos princípios aqui exposta sob a ótica de R. Alexy –, o principal bastião de sua defesa e fundamentação reside no fato de se apresentar uma proposta teórico-dogmática sempre controlável, por exigir justificação constitucional a toda e qualquer intervenção do poder público.

Descrente tanto em termos teóricos quanto práticos das defesas de limitação liminar ou interna dos direitos, afasta-se de ideias como a de limites, regulamentação ou configuração,[330] trabalhando basicamente com o conceito de restrição. Alicerçada na metódica do pensamento de intervenção e limites, propõe dois momentos lógicos distintos – direitos prima facie e definitivos –, em que na definição do último pode haver atuação ablativa no suporte fático – prima facie amplo – do direito fundamental.

Ao considerar de maneira ampla e irrestrita qualquer atitude tangencial aos direitos fundamentais como restritiva ou potencialmente restritiva, a teoria obriga, portanto, que tanto a atividade legislativa quanto

---

[329] E em que pese, claro, sua maior proximidade com a defesa literal de inúmeros dispositivos constitucionais.

[330] Cf. L. Virgilio Afonso da Silva, *O Conteúdo Essencial dos Direitos Fundamentais e a Eficácia das Normas Constitucionais (Tese)*, p. 125-137, para quem, em regra, toda regulamentação contém em si verdadeiros aspectos restritivos.

a judicante observem critérios que servem de controle a essa gama de ações, validando-se, apenas, as constitucionalmente adequadas. Configuram-se como suas principais ferramentas, por óbvio, o sopesamento e a regra da proporcionalidade – a variar conforme a existência ou não de medida concreta *sub judice* –, mediante as quais seria possível realizar o exame de constitucionalidade aqui exigido e por meio das quais, finalmente, seria possível o acompanhamento do *iter* jurídico-decisório pela comunidade.

Para a manutenção de sua coerência interna, porém, essa linha argumentativa tem que se valer obrigatoriamente de recursos como o da forte ampliação do suporte fático dos direitos, a permitir que a atividade jurídico-estatal sempre seja observada como restritiva e, pois, sujeita a controle formal e material. A estratégia, todavia, é alvo de inúmeras críticas, que finalmente devem ser analisadas de maneira um pouco mais minuciosa.

Com base em obra de M. Borowski, Gomes Canotilho aponta nada menos que quatorze grandes questionamentos aplicáveis ao debate como um todo, mobilizando concretamente onze em sua discussão.[331] Aliado a levantamento proposto também por Virgilio Afonso da Silva[332] e à coleta bibliográfica realizada, e desconsiderando alguns pontos já efetivamente atacados – como, por exemplo, a questão da hierarquia de normas (norma infraconstitucional atingindo previsões constitucionais de grau superior) –, é factível apresentar o seguinte rol aglutinativo de dificuldades apontadas ainda *sub judice*: (i) o argumento da contradição lógica; (ii) o argumento da ilusão desonesta; (iii) o argumento da irrealidade; (iv) o argumento da inflação das pretensões; (v) o argumento da racionalidade e da segurança jurídica; (vi) o argumento da liberdade constituída e da liberdade negativa; (vii) o argumento do pensamento espacial. Alie-se à extensa lista, ainda, elemento que parece essencial, qual seja, (viii) o argumento simbólico e da força legitimadora.

---

[331] Cf. *Dogmática de Direitos Fundamentais e Direito Privado*, p. 348 e ss., que baseia seu levantamento na obra de M.Borowski, *Grundrechte alsPrinzipien. Die Unterscheidung Von prima-facie Position und definitiver Position als fundamentaler Konstruktionsgrundsatz der Grundrechte*, 1998, p. 190-204. Os questionamentos mais utilizados seriam, em suma, os seguintes: (i) o argumento da contradição lógica; (ii) o argumento de ideais irrealísticos; (iii) o argumento de ideais extrajurídicos; (iv) o argumento da vinculação comunitarista; (v) o argumento da liberdade constituída; (vi) o argumento do pensamento espacial; (vii) o argumento da hierarquia de normas; (viii) o argumento da deslealdade; (ix) o argumento da falsa força legitimante; (x) o argumento da inflação das pretensões; (xi) o argumento da falsa vinculação dos direitos fundamentais; (xii) o argumento da racionalidade; (xiii) o argumento da liberdade como liberdade negativa; (xiv) o argumento da vinculação demasiado forte dos direitos fundamentais.

[332] Cf. L. Virgilio Afonso da Silva, *O Conteúdo Essencial dos Direitos Fundamentais e a Eficácia das Normas Constitucionais (Tese)*, p. 186-204, também com base na obra de M. Borowski [vide nota anterior]. Cf., ainda, J. Reis Novais, *ibidem*, p. 292 e ss., em especial p. 307 e ss. (para a teoria externa clássica), e p. 322 e ss., em especial p. 344 e ss. (para modelo de matriz alexyana).

2.1.1. Contradição lógica

O argumento da contradição lógica[333], primeiramente, aponta incoerência entre as ideias de garantia e de restrição ou, mais especificamente, de uso abusivo do direito – um direito não poderia estar a um mesmo tempo garantido em sua integridade e comportar um "agir sem direito", um abuso, ou a vedação de determinados exercícios. Tal crítica só faz eco, todavia, ao se trabalhar na lógica da teoria interna de limitação de conteúdos à partida e apenas com a estrutura das regras, apresentando-se infundada ao se considerar a distinção feita pela teoria dos princípios entre direitos prima facie e direitos definitivos. Na visão principiológica, ligada à teoria externa mas afastada de sua apresentação purista, o que pode ser amputado é o direito *prima facie*, que ainda não é conferido em caráter de regra – ao contrário do definitivo –, estando, portanto, em um nível efetivamente diferente. A contradição mobilizada, então, deixaria de fazer sentido.

2.1.2. Ilusão desonesta

Como segunda questão, aponta-se para a "desonestidade" da teoria externa, que prometeria falsos e ilimitados direitos, ainda que *prima facie*, não concretizáveis à chegada, em abordagem deslocada da realidade[334]. A resposta, nesse ponto, novamente provém do próprio pressuposto de base da teoria dos princípios, qual seja, a existência de direitos *prima facie* e definitivos. Não haveria aqui, de fato, nenhuma promessa infundada, pois ainda não se estaria no campo do direito em definitivo. Como aponta Borowski, um direito *prima facie* não fundamenta uma real pretensão a determinado direito, mas apenas e tão somente uma pretensão a um sopesamento – ou à aplicação da regra da proporcionalidade, adicione-se –, entre os eventuais princípios colidentes.

No eixo argumentativo em questão, no entanto, efetivamente parece existir ao menos uma espécie de "apresentação ilusória" de direitos mais alargados do que efetivamente o são. Esquece-se a crítica, porém, ao nosso ver, que o modelo principiológico almeja simplesmente apresentar um esquema explicativo-regulativo das restrições, mais adequado por ser argumentativamente controlável – ou por adicionar à disputa acerca das hegemonias interpretativas inerentes aos problemas jusfundamentais um iter procedimental detalhado que permite esse controle pela comunidade jurídica –, não querendo apontar, em essência, mais do que aquilo já

---

[333] Cf. J. J. Gomes Canotilho, *Dogmática de Direitos Fundamentais e Direito Privado*, p. 350-351; L. Virgilio Afonso da Silva, *ibidem*, p. 187-188.

[334] Cf. *Idem. ibidem*, p. 352 e p. 356-357; *Idem, ibidem*, p. 188-189.

adiantado na abertura do capítulo anterior: "a regra do direito e a excepção da regra da restrição".[335]

No mais, é ainda importante salientar que a teoria interna ou do Tatbestand restrito, salvo se pela infactível definição justaposta e apriorística de todos os suportes fáticos jusfundamentais, também não resolve adequadamente a questão quando recorre às estratégias de limitação imanente. Isso porque as mesmas dependem, frequentemente, de interpretação jurídica baseada nos elementos do caso concreto, com similar e invariável afastamento de algumas parcelas jusfundamentais para a boa acomodação comunitária de todos os bens e valores constitucionais.

2.1.3. Irrealidade

Intrinsecamente relacionada à questão anterior – e com a argumentação simbólica que se apresentará – está uma terceira linha crítica, forte, que aponta não serem os direitos prometidos tão somente ilusórios mas também, e fundamentalmente, acriticamente irreais. Valeriam aqui os mesmos argumentos e contra-argumentos de base adiantados no parágrafo supra, permanecendo, contudo, ressalva frente à consequência da aceitação de uma teoria externa e, em essência, de um suporte fático alargado dos direitos fundamentais de defesa: a aquiescência, pelo menos inicial, de condutas inaceitáveis e até mesmo ilícitas como constitucionalmente garantidas – como o direito de caluniar, difamar e injuriar inseridos no suporte fático amplo da liberdade de expressão ou, ainda, o de matar na liberdade artística ou religiosa.

Esse passo, como já se sabe, é inegável e inevitável à coerência da doutrina principiológica calcada em uma proteção alargada; sua defesa, nesse ponto, baseia-se nessa inevitabilidade para sua consistência lógica, para a funcional reconstrução do problema teórico e, mais do que isso, para sua aplicação dogmática adequada. Um direito *prima facie* não seria, novamente, um direito definitivo, não havendo, pois, maiores dificuldades em se aceitar de plano tais condutas como inicialmente protegidas; a teoria externa não se configuraria, em suma, como uma teoria normativa, a prescrever tais direitos.[336]

---

[335] Cf. J. J. Gomes Canotilho, *Dogmática de Direitos Fundamentais e Direito Privado*, p. 350-351, p. 353 e p. 356-357.

[336] Cf. L. Virgilio Afonso da Silva, *ibidem*, p. 199-204, em especial p. 200. É vital transcrever trecho de sua obra: *"é óbvio, contudo, que ninguém – nem mesmo os defensores do suporte fático amplo e da teoria externa – imaginam que no direito definitivo de liberdade estão incluídas ações como furtar, ou que no direito definitivo de liberdade de expressão está incluída a possibilidade de caluniar à vontade, ou, por fim, que no direito definitivo à liberdade religiosa está incluída a possibilidade de se fazer sacrifícios humanos. Pensar diferente seria, mais uma vez, confundir os planos* prima facie *e definitivo, além de imaginar que a teoria externa seja uma teoria normativa que prescreve tais direitos. O que a teoria externa faz, repita-se, é reconstruir um problema teórico a partir de uma premissa. Essa premissa é a de que os direitos fundamentais têm suportes fáticos*

Do outro lado, é possível analisar essa necessidade não pelo aspecto operativo – na qual, se se mantiver a coerência com os pressupostos da teoria, não parece a exigência de todo problemática –, mas sim pelo aspecto simbólico: em termos de legitimação e reforço dos direitos fundamentais, essa estratégia ainda seria adequada? Embora importe retomar a querela adiante, há duas questões de relevo que aqui retornam em sentido contraposto: (i) a inexistente relação do aspecto simbólico com a coerência interna de uma teoria, não sendo possível afastar um modelo adequado ou insistir em um modelo funcionalmente problemático apenas com base nesse vetor; (ii) o problema que a negação desse pressuposto carrega em si como eventual alternativa, qual seja, o do critério de evidência que define o que é ou não passível de exclusão apriorística, por seu caráter grotesco ou ilícito[337].

2.1.4. Inflação de pretensões

Em paralelo, e embora aqui já em crítica que mistura os planos lógico e empírico, levanta-se o relevante empecilho da inflação de pretensões subjetivas e de sua resultante ampliação de demandas ao Judiciário[338], acionando de forma desmedida e desnecessária a máquina burocrática estatal com anseios para os quais já seria possível definir, à partida, a característica de não realizáveis. Essa "externalidade negativa" colocaria em xeque, de fato, tanto a eficiência quanto a efetividade da prestação jurisdicional. É colocação que atinge, por certo, mais a ideia de suporte fático amplo do que, propriamente, outros pressupostos da teoria externa.

Claro que aparentemente se coloca, novamente, a confusão entre direitos *prima facie* e definitivos. Há nessa órbita, porém, um ponto interessante, já que o que chega ao Judiciário não são propriamente os direitos definitivos, mas, sim, fundamentalmente, as expectativas e as pretensões a esses direitos – correlatos, portanto, embora talvez sem imediata identificação, com os direitos *prima facie*.

Embora não se possa colocar na conta da teoria externa, como bem percebe Gomes Canotilho, a "multiplicação artificial de direitos" da con-

---

amplos e que as restrições a eles são produtos de um sopesamento com princípios colidentes. Nesse sentido, seria teoricamente inconsistente supor, por exemplo, que o direito prima facie à liberdade de expressão não inclui a possibilidade de caluniar, difamar e injuriar. Excluir tais ações do suporte fático significaria abandonar as suas próprias premissas teóricas. Com isso, ainda que talvez isso não seja pra todos perceptível, toda a teoria dos princípios cairia por terra". (grifos do autor).

[337] Cf. L. Virgilio Afonso da Silva, *ibidem*, p. 201-204. Para defensores do critério de evidência e breve desenvolvimento, cf. cap. I, tópico 3.1, e cap. II, tópico 6.4, e cap. III, tópico 2.1.8, *infra*.

[338] Cf. J. J. Gomes Canotilho, *Dogmática de Direitos Fundamentais e Direito Privado*, p. 357-358; L. Virgilio Afonso da Silva, *ibidem*, p. 195-199.

temporaneidade,[339] a resposta substancial apresentada por Virgilio Afonso da Silva – relativa à igualdade de hipóteses com chances de êxito tanto com base na teoria interna quanto na teoria externa – não satisfaz, visto que, no sentido da crítica, importa verdadeiramente a quantidade de demandas que ingressam na máquina burocrático-estatal e não, propriamente, o tipo de seus resultados.[340]

Suas ponderações qualificadas como processual e empírica, todavia, parecem fazer maior sentido.[341] Do lado processual, inicialmente, é de se supor que o modelo argumentativamente controlável da teoria externa favorece a emergência e necessita dos chamados precedentes judiciais, que em um momento subsequente poderiam estabilizar a entrada das demandas e até mesmo as reduzir. Do ponto de vista empírico, por seu turno, e já com base na especificidade do caso brasileiro, não parece factível que o recurso à teoria interna reduza ou ao menos controle a explosão das demandas a que hoje se assiste.

Esse último ponto, a propósito, parece ser efetivamente um dos mais interessantes. É que, se de um lado as demandas calcadas em pressupostos da teoria externa chegariam com base em eventuais pretensões de direito prima facie, é inegável admitir que, sob a ótica da teoria interna, as mesmas demandas chegariam aos Tribunais sob o questionamento dos parâmetros interpretativos que permitiram identificar uma limitação como imanente ou intrínseca ao direito. Em que pese a justificação teórica dos limites se dar em âmbito interno, apriorístico, a consequência de não fruição ou do não exercício de um direito – ainda que aparente – é rigorosamente a mesma, podendo dar ensejo ao questionamento judicial nos exatos moldes em ambas as teorias.

2.1.5. Racionalidade e segurança jurídica

O quinto vetor crítico comumente mobilizado diz respeito, de maneira mais específica, à teoria dos princípios por excelência, e se refere ao problema da racionalidade e da segurança jurídica da estratégia do sopesamento: segundo a vertente contrária, tal ferramenta significaria verdadeira abertura a um decisionismo disfarçado, colocando em causa, logo, o pilar legalista da segurança jurídica.[342] Embora já se tenha realizado, ainda que de maneira breve, a refutação dessa ideia em passagem anterior – ao menos como forma de legitimação da teoria interna contraposta –,

---

[339] Cf. *Dogmática de Direitos Fundamentais e Direito Privado*, p. 357-358.
[340] Cf. *Ibidem*, p. 196-197.
[341] Cf. *Ibidem*, p. 197-198.
[342] Cf. L. Virgilio Afonso da Silva, *ibidem*, p. 189-195.

cabe sua reapresentação pela quantidade de críticas que nessa altura são ativadas.

Tenha-se, de início, a hipótese bastante plausível de impossibilidade de um modelo que exclua de modo integral a subjetividade na interpretação/aplicação normativa, com impacto imediato tanto na racionalidade quanto no ideal de segurança jurídica, já que tais atividades se compreendem como inseridas em verdadeira disputa ideológica pela hegemonia interpretativa das questões jusfundamentais. Como contributo importante ao duelo travado em um Estado Democrático de Direito, contudo, cabe aos modelos teóricos a apresentação de propostas com parâmetros controláveis, que contenham de forma mais clara pressupostos, justificativas e percurso decisório, com a consequente abertura de suas defesas ao crivo sociojurídico comunitário.

Ademais, faça-se notar que crítica análoga é plenamente mobilizável em sentido inverso, ou seja, ao padrão sugerido pela teoria interna. E isso, como se verá abaixo, mesmo considerando seus dois eixos argumentativos: (i) na visão mais purista, em que praticamente desaparecem os instrumentos de controlabilidade, parece clara a abertura ao suposto decisionismo; (ii) na visão mais comunitarista, de limitação imanente que, no limite da prática, acaba por também recorrer a práticas de sopesamento, há o recebimento, a contrario sensu, das próprias críticas de que se utiliza.

Faz-se ainda premente notar que a análise em questão pode estar partindo de uma ilação entre método aplicado e previsibilidade – segurança jurídica – que é parcial ou incompleta. Embora o método seja exigência fundamental de um Estado Democrático de Direito, essencialmente ao proporcionar maiores ou menores instrumentos de controle, "a verdadeira previsibilidade da atividade jurisdicional se dá a partir de um acompanhamento cotidiano e crítico da própria atividade jurisdicional".[343] Se o método tem impacto nessa possibilidade, sua ocorrência fática deixa de estar diretamente a ele vinculada e passa a depender, quase que deterministicamente, da efetiva cobrança da comunidade jurídica por coerência, a resultar em previsibilidade. Esse exercício doutrinário subsequente independe, por óbvio, do pressuposto teórico de partida, não podendo, pois, qualificar crítica mobilizada de uma parte a outra.

2.1.6. Liberdade constituída e liberdade negativa

Em uma sexta dificuldade, aponta-se com frequência o problema da liberdade negativa e da liberdade constituída, a opor a suposta visão-base

---
[343] Cf. L. Virgilio Afonso da Silva, *ibidem*, p. 194.

operada pela teoria externa com a percepção mobilizada, por exemplo, e como já visto, pela teoria institucional de P. Häberle.[344] Aqui, efetivamente, há um problema de divergência de pressuposto, por certo mais afeto à filosofia política e à filosofia do direito, com reais impactos tanto em nível simbólico quanto na seara ideológica. Entretanto, tal desacordo não necessariamente contém as relevantes consequências que a crítica deseja, notadamente, apresentar.

É que, também como outrora abordado, partir de um conceito amplo de esfera de liberdade não significa desconsiderar aspectos comunitários ou a dimensão objetiva dos direitos fundamentais.[345] A diferença dá-se, efetivamente, quanto ao momento em que as restrições ou limitações comunitárias surgem aos direitos. Se imanentes, internos ao próprio conceito libertário, os limites são dialeticamente construtivos e, portanto, apriorísticos ou concomitantes; se restrições, baseadas na óbvia acomodação necessária a todo e qualquer direito fundamental em seu meio sociojurídico, são externas e posteriores. Não parece haver razão, portanto, salvo simbólica, à censura mobilizada.

2.1.7. Pensamento espacial

Em sétimo vetor, tem-se o chamado argumento do "pensamento espacial", em que em uma espécie de "geometria dos direitos fundamentais" seriam os direitos ocupantes de um espaço posteriormente restringível, como que em uma invasão, pela eventual restrição.[346] Em verdade, e salvo escusável incompreensão completa do viés aportado, enxerga-se aqui menos uma crítica e mais uma caricatura da corrente teórica que, *a priori*, não a desabona.

O desenho apresentado condiz, em pleno, com os pressupostos teóricos de um suporte fático alargado e com os dois momentos – *prima facie* e definitivo – aqui inerentes. Ademais, a proposta da teoria interna não é desvinculável dessa moldura, já que trabalha exatamente com a necessária delimitação do "espaço geométrico" do próprio direito em voga.

2.1.8. Argumento simbólico e força legitimadora

Por fim, como último tópico dessa extensa análise, é essencial retomar e examinar mais de perto o problema simbólico e legitimador que cerca a proposta da teoria externa e, em específico, a doutrina principio-

---

[344] Cf. J. J. Gomes Canotilho, *Dogmática de Direitos Fundamentais e Direito Privado*, p. 353-354 e toda a bibliografia adiantada no cap. II, tópico 3.3.3. *supra*.
[345] Cf. cap. II, tópico 2, *supra*.
[346] Cf. J. J. Gomes Canotilho, *Dogmática de Direitos Fundamentais e Direito Privado*, p. 354-355.

lógica, no que se refere aos direitos fundamentais. Embora já em esfera não dogmática, trata-se de saber, primeiramente, se a metódica por ela proposta não teria o condão de enfraquecer ou deslegitimar o sistema e a sua tutela, considerando-se toda a plêiade de críticas como a ilusão desonesta, a irrealidade de direitos garantidos e o alargamento exorbitante do suporte fático dos direitos fundamentais. Em um efeito negativo similar ao da excessiva "fundamentalização do direito", a ampliação desmedida de condutas abarcadas *prima facie* pela proteção constitucional – como as ações de roubar, matar e caluniar – poderia ter, de fato, um efeito perverso.

De início, e embora haja certa mistura de âmbitos analíticos, parece existir alguma razão inicial aos críticos. Embora apenas a servir como elemento da reconstrução de um problema dogmático, a inclusão *prima facie* de condutas efetivamente apartáveis ecoa publicamente e é publicizada na comunidade jurídica – deve ser por ela, inclusive, mobilizada –, apesar de soar completamente contraintuitiva. Uma defesa generalizada desse aspecto, em que pese fundamental à consistência da teoria e à coerência das decisões com sua matriz realizadas, poderia deslegitimar, em um momento inicial e em nível de discurso não técnico, toda a base garantista do sistema jusfundamental. Apostar no contrário seria assumir, por óbvio, um pesado ônus: explicar a relação principiológica e restritiva que deu origem a todas as regras já positivadas e historicamente consagradas no ideário jurídico comunitário.

No entanto, não parece que a crítica se sustente com o peso que lhe é empregado, em contra-argumentação armada em duas frentes. Primeiro, em sentido fraco, mas ainda no âmbito meramente simbólico, é de se notar que a crítica assim mobilizada assume como problema algo que é ou que ao menos pode ser, em verdade, sinal de fortalecimento: a necessidade de se justificar constitucionalmente toda e qualquer regra, mesmo que já positivada, que meramente tangencie algum direito fundamental. O exercício de reconstrução do percurso metódico que levou à positivação da calúnia ou da injúria, por exemplo, significaria verdadeira reafirmação da importância do sistema de direitos fundamentais e de seu caráter objetivo-comunitário, para além de permitir, em efeito paralelo bastante benéfico, a controlabilidade – ainda que pretérita – das decisões tomadas pelos poderes constituídos.

Segundo, já em sentido forte, mas voltando ao nível funcional e operativo, é de se acentuar novamente que o aspecto simbólico em absolutamente nada afeta – ou deve afetar – a consistência lógico-jurídica da proposta em causa e, quiçá mais importante, sua inclinação ao controle argumentativo e à aferição do iter decisório, que reforça permanentemente uma exigência vital colocada às democracias constitucionais contemporâneas.

Ainda sob essa égide e adiantando questões mais estritamente relacionadas ao tópico seguinte, é fundamental perceber que, se porventura fosse aceita a crítica simbólica em sua vertente metódica, a alternativa dada também seria facilmente posta em causa. É que para fugir das ocasiões aparentemente grotescas de proteção jusfundamental de condutas, a única alternativa lógica seria, novamente, a de se restringir essa proteção, sendo necessário, pois, o recurso ao já bastante citado critério de evidência. Esse, por sua vez, embora bastante utilizado, apresenta problemas que aqui se qualificarão, em homenagem analógica a todo o debate desenvolvido, de (i) intrínsecos e (ii) extrínsecos, a serem desenvolvidos no tópico subsequente.

Finalmente, e continuando nessa trilha, faz-se mister retomar uma dificuldade do pensamento de intervenção e limites que pareceu relevante: enxergar o aspecto comunitário sempre como exceção à regra da liberdade do indivíduo.[347] Sob nossa ótica, e embora seja possível contra-argumentar quase que com a mesma força em vetor contrário – levantando-se, por exemplo, o eventual caráter opressor que acompanha visões hipertrofiadas das feições estatal-comunitárias inerentes ao sistema jusfundamental, especificamente no que tange aos direitos de defesa –, afigura-se pertinente a ideia de que a abordagem tem o condão de enfraquecer, apenas e tão somente quanto à força simbólica, essa característica.

Por óbvio que a construção teórica de um modelo de "comunitarismo excepcional" frente à "regra libertária individualista" retira, em certa medida, relevo e importância semântica de alguns bens ou valores comunitários que, de outro lado ou em outra esfera, são essenciais à construção e à manutenção dos lampejos de Estado Social ainda existentes. Mas também devem ser retomados, nesse ponto, alguns argumentos que fragilizam a crítica: o aspecto simbólico, embora importante, deve ser visto em concorrência com demais aspectos fundamentais de um Estado Democrático de Direito que almeja decisões jurídicas legítimas e precisa ser, por assim dizer, "sopesado", por exemplo, com o grau de controlabilidade que determinado modelo teórico de reconstrução da questão restrições oferece.

2.2. Críticas à doutrina da teoria interna

Foram detalhadas as principais mobilizações adversas destinadas à teoria externa e à teoria dos princípios naquilo que tange ao tema em pauta, bem como, claro, a argumentação que lhes é contraposta. Se de um

---

[347] Para questão, cf. cap. II, tópico 2.

lado há aspectos do exame crítico que parecem desenvolvidos e pertinentes, de outro é fundamental observar a coerência das respostas adiantadas e, fundamentalmente, a consistência das alternativas sugeridas, de modo a se permitir uma valoração mais adequada do debate doutrinário. Considerando, no entanto, não ser tal proposta o centro de nossa dissertação – servindo ela, efetivamente, como importante fornecedora de parâmetros analíticos –, passe-se, então, ao detido exame da teoria interna – com ênfase especial na proposta de limites imanentes dos direitos fundamentais.

2.2.1. Dificuldades gerais

No que se refere à teoria interna, em que também há enorme heterogeneidade de abordagens e diversidade de conceitos – pelo que se optou, no presente trabalho, por concentrar grande parte das estratégias mobilizadas debaixo de um grande tipo guarda-chuva dos "limites imanentes", embora nem mesmo sua utilização como estratégia de limitação interna seja consensual –, emergem, de plano, duas grandes vantagens aparentes: (i) a retidão lógico-dogmática de sua proposta (ao menos em nível formal) e (ii) o mérito de se acentuar o caráter objetivo e comunitário dos direitos fundamentais.

Mas seja ao se considerar suas diferentes conceituações, seja por se observar suas comprováveis consequências práticas, também aqui pode ser mobilizável imensa gama de questionamentos e aporias, qualificáveis ao menos sob três distintas vertentes: (i) sua factibilidade, (ii) seu inescapável recurso final a instrumentos de ponderação – a colocar em causa a coerência de seus modelos mais puristas – e (iii) sua inadequação à argumentação jurídico-decisória controlável.

No que tange à sua coerência interna e à sua factibilidade, inicialmente, é premente retomar as duas diferentes abordagens que foram aqui sugeridas: (i) a que enxerga os limites como intrínsecos ou provenientes da própria essência do direito e (ii) a que percebe os limites – ainda internos, diga-se – como oriundos de uma dimensão relacional ou comunitária dos direitos fundamentais.

Na primeira linha, mais próxima da defesa do suporte fático restrito feita, exemplificativamente, por F. Müller, haveria de fato uma correção lógico-sistemática evidente. Ao se conseguir hipoteticamente uma exata delimitação prévia do âmbito de proteção de todos os direitos fundamentais, separando-se de maneira exclusiva – mediante a clarificação dos limites constitucionalmente existentes de forma explícita ou implícita – o que é conteúdo verdadeiro daquilo que não o é, em uma sujeição expressa aos princípios da unidade e da superioridade normativa da Constituição, estariam sanados os problemas de intervenção restritiva: não haveria restrições legítimas ou modalidades de compressão por parte de um poder constituído, cabendo ao intérprete-legislador, em suma, apenas verificar se determinada ocorrência fático-jurídica se enquadra ou não na proteção constitucional de cada um dos direitos.[348]

Aos nossos olhos, não obstante, o problema dessa corrente apresenta-se menos no campo da coerência – meramente formal – e mais no campo da factibilidade. É que partir da suposição de uma justaposição exata de suportes fáticos jusfundamentais, realizada a priori, não parece nem factível nem crível, principalmente após a fundamentada percepção da estrutura principiológica de grande parte dos direitos fundamentais e de sua inerente inclinação ao conflito (legítima e absolutamente compatível com o sistema, reforce-se).

Parece mais próxima da realidade a visão de que a definição das fronteiras dos direitos depende, em suma, do caso concreto e da interpretação jurídica que lhes é inerente, pois somente nesse momento se apresenta como factível a consideração de todos os elementos importantes à delimitação em voga. Não pode ser a mesma qualificada como apriorística ou intrínseca, visto que variável conforme as circunstâncias fáticas e jurídicas ocasionais. Sob esse aspecto, portanto, em uma espécie de movimento circular, há verdadeiro retorno ao instrumento da ponderação, normalmente afastado em defesa da coerência teórico-dogmática da corrente, visto que logicamente contrário à definição prévia e exata de âmbitos de proteção.

De outro lado, na linha que insiste em algumas das estratégias dogmático-interpretativas dos "limites imanentes" em sentido mais comunitário, como se a imanência fosse proveniente do ordenamento como um todo, as dificuldades agravam-se não no campo do aspecto simbólico, mas fundamentalmente no âmbito da coerência entre pressupostos teóricos e utilização dogmática. Nesses casos, o inevitável recurso ao instrumento do sopesamento, ligado de maneira umbilical ao caso concreto e, portanto, a elementos que não são dados internos, apriorísticos ou abstratos, fica ainda mais patente e evidente, colocando em causa a coesão global da proposta "imanentemente" delimitadora.[349]

---

[348] Cf. J. Reis Novais, *ibidem*, p. 317 e ss. Aponta o autor: *"do ponto de vista lógico, a teoria interna é inatacável e 'resolve' as dificuldades dogmáticas que atrás assinalámos à problemática dos direitos fundamentais"*. E adiante: *"a partir do momento em que os direitos fundamentais encontram sua consagração em Constituição formal, então a possibilidade da sua restrição por efeito de actos dos poderes constituídos é, para a teoria interna, logicamente impossível. Essa pretensa actividade restritiva não pode ser mais que concretização, revelação, delimitação ou conformação dos conteúdos que, sob pena de contradição lógica, têm que ser concebidos como estando já constitucionalmente fixados, de forma expressa, implícita ou imanente"*.

[349] Aparentemente no mesmo sentido, cf. M. Bacigalupo, *La Aplicación de la Doctrina de los "Límites Inmanentes" a los Derechos Fundamentales Sometidos a Reserva de Limitación Legal*, p. 306-307.

Sob pena de coerência lógica, a exclusão da ideia de restrição ou de intervenção ablativa deve ser mantida, bem como a defesa da unidade entre conteúdo e limites, da limitação interna e, pois, de algo que, por ser ínsito ao direito e constitucionalmente imanente, seria logicamente desprovido das necessárias justificativas que se impõem, por exemplo, aos casos de restrição. Acaba-se por derrubar um pensamento lógico e aparentemente coerente a partir de suas consequências, já que, essencialmente ao se apreciar a seara da factibilidade material, insurgem-se instrumentos ponderativos aos quais é necessário recorrer na aplicação real. Nas palavras certeiras de Gomes Canotilho, em resumo da crítica: "o ponto de partida é fatal à teoria interna: dá como demonstrado o que é preciso demonstrar".[350]

No campo da funcionalidade e da adequação à argumentação jurídico-decisória que, no estágio atual das democracias constitucionais, pode ser considerada legítima se, dentre outros aspectos, atender a critérios de justificação controláveis pelos demais operadores jurídicos, os problemas da teoria interna e, mais especificamente, da estratégia da limitação imanente, também são graves. Nesse ponto, a propósito, é possível encontrar a imensa maioria das desconfianças doutrinárias, transformadas, por certo, em argumentos de oposição.

Por haver defesa da limitação jusfundamental interna ou imanente, ou por não existir separação – ao menos no plano teórico da justificação – entre os momentos prima facie e definitivo e, portanto, por não ser possível falar em restrição de direitos ou em intervenções restritivas, ficam coerentemente os atos normativos, por serem meramente "reveladores" desses limites, livres dos requisitos de controle jurisdicional impostos à atividade restritiva.[351] Não há, em respeito aos termos da coerência lógica pura, como questionar judicialmente – seja sob requisitos formais, seja sob requisitos materiais – ato que meramente delimite ou clarifique o próprio suporte fático do direito, já que não haveria qualquer intenção ou resultado ablativo; o critério oferecido à decisão judicial é somente o

---

[350] Cf. *Dogmática de Direitos Fundamentais e Direito Privado*, p. 351.

[351] Nesse sentido, por exemplo, J. Reis Novais, *ibidem*, p. 317-320 e p. 354-360, que, embora assumindo a não intencionalidade da teoria em permitir essa espécie de manipulação, enxerga-a como corrente: *"com efeito, sempre que num contexto argumentativo se invoca a existência de limites imanentes a [de] um direito fundamental a decorrência prática naturalmente inevitável é a da conseqüente legitimação da acção restritiva do poder público. Porém, esse resultado – baseado exclusivamente na afirmação da existência imperativa de limites imanentes – é dificilmente acessível ao crivo da análise crítica, já que, ao contrário do que acontece no modelo da teoria externa, se 'esconde' o jogo de interesses opostos em disputa e das correspondentes razões e contra-razões que, na realidade, determinaram a decisão"* (cit., p. 320). Também J. Machado que, sem atacar expressamente nesta passagem a utilização da figura em si, aponta sua principal deficiência, afirmando com base em Arnaud que *"os limites constitucionalmente imanentes devem ser mediados e concretizados pelo legislador através de uma ponderação constitutiva, que não de uma actividade meramente interpretativa e declarativa, cujos resultados devem ser clara e contundentemente fundamentados"*. Cf. *Liberdade de Expressão: dimensão constitucional da esfera pública no sistema social*, p. 710-711.

de exclusão fronteiriça: ou se está dentro ou se está fora da esfera constitucionalmente garantida.[352]

Se se concebe, enfim, o Estado Democrático de Direito como construção humana, dependente, em grande parte, do jogo de argumentação e contra-argumentação político-jurídica, e se porventura se almeja que o debate argumentativo desemboque em soluções efetivamente aferíveis, controláveis pela comunidade jurídica e, portanto, sob esse único aspecto, legítimas, sendo ainda papel da doutrina oferecer instrumentos teóricos operativos para tal mister, não é de se aceitar de todo um modelo que, embora com supostas vantagens teórico-formais e simbólicas, não se alinhe a esse objetivo, ainda que de forma mediata ou não intencional.

2.2.2. Problemas do critério de evidência

Louvável, ainda, desenvolver mais detidamente uma última análise de relevo. É que, como visto no tópico anterior, muitas das críticas mobilizadas à teoria externa devem ser examinadas também sob a luz das alternativas oferecidas em substituição ao desenho posto em causa. Considerando a premissa, portanto, é de se lembrar a recorrência da proposta de utilização do que aqui se qualificou como critério de evidência ou de intuição, empregado especificamente em oposição ao modelo de intervenção e limites, com o intuito de se evitar o tratamento de conflitos meramente aparentes enquanto conflitos reais.

Posta em dúvida em nossa linha argumentativa, já se apontou à ferramenta problemas de duas ordens, denominados como (i) intrínsecos e (ii) extrínsecos. Os primeiros, qualificados de intrínsecos porque relativos ao próprio critério em si, dizem respeito à sua inerente falta de controle racional-argumentativo. Se algo é qualificado como evidente assim o é, simplesmente, porque o é, não havendo metódica ou parâmetros comprobatórios de seus resultados. O que se pode ou o que se deve examinar mais a fundo, porém, é se esse recurso não significaria, em realidade, verdadeiro acesso direto ao resultado de uma ponderação – no caso, ao resultado de uma ponderação de resposta fácil –, o que encobriria a evolução de um percurso argumentativo de relação quase automática com o pensamento de intervenção e limites.

---

[352] Perceba-se, a título de nota, que aqui não se vende a ideia de que a abordagem delimitadora ou interna não alcança os tribunais. Como adiantado, o critério de exclusão utilizado por um agente público pode sim ser questionado judicialmente, inserido em verdadeira batalha pela hegemonia interpretativa de determinada matéria (no caso, sobre o real suporte fático ou âmbito normativo de determinado direito fundamental). O ponto de divergência reside justamente no fato de que, embora questionável a fronteira posta, não há critérios que possam embasar a dúvida: não há apresentação pública do percurso decisório, acentuando-se o caráter arbitrário, quiçá decisionista, das propostas conflitantes. Há, nessa ótica, clara diminuição da controlabilidade da decisão, com consequente redução de sua legitimidade.

Ademais, já no que se chama de dificuldade extrínseca – porque fora do próprio conceito –, tem-se o problema de sua utilização em casos menos óbvios, bem como a falta de consenso ou de previsibilidade de seus resultados. Isso de dá, ao menos, em duas situações distintas: primeiro, naquelas em que, embora com aparência de tranquila solução mediante a amputação de condutas do suporte fático, empecilhos emergem com força suficiente para atingir a operacionalidade do critério; segundo, e embora se fale corriqueiramente em evidência, não é por acaso que sua mobilização doutrinária sempre ocorra em casos simples: em situações mais complexas a estratégia perde – e muito – sua funcionalidade, com a agravante de carregar consigo, também, a perda de controlabilidade.

O critério de evidência parece adequado aos casos fáceis, já clássicos, como a morte do ator no palco em nome da liberdade artística, o sacrifício humano em nome da liberdade religiosa, a hipótese do pintor de quadros que instala seu cavalete em um cruzamento viário de grande trânsito ou o furto de materiais para a realização de uma obra de arte. São hipóteses em que, partindo-se de um conceito básico bastante similar ao apontado por Vieira de Andrade, não seria pensável, de forma alguma, a existência de cobertura constitucional protetiva, com exclusão liminar das condutas – mediante a imposição de limites (imanentes) – do suporte fático jusfundamental.

Não obstante, questiona-se se um desenho de Picasso em uma tela alheia eventualmente furtada deixaria de ser uma obra de arte, ou se a pintura no cruzamento viário em um feriado ou em um dia de bloqueio completo do tráfego se manteria como imanentemente, aprioristicamente, proibido. Embora alteradas as circunstâncias fáticas, o que, para ser exato, quiçá coloca em causa a validade dos exemplos adiantados por Virgilio Afonso da Silva,[353] são perceptíveis a sensação de incômodo ou a eventual inclinação aqui sentida para a alteração das regras de exclusão anteriormente postas – o que leva, inequivocamente, à percepção da importância das variáveis do caso concreto e, quase que inevitavelmente, ao uso de instrumentos "externos" como o do sopesamento.

---

[353] Os exemplos e a percepção crítico-teórica são de L. Virgilio Afonso da Silva. Cf. *O Conteúdo Essencial dos Direitos Fundamentais e a Eficácia das Normas Constitucionais (Tese)*, p. 124 e p. 203-204. Embora em equívoco percebido apenas em fase de revisão, a ensejar a inclusão desta ressalva, os exemplos não nos parecem exatos ou plenamente mobilizáveis porque as alterações fáticas efetivamente dão ensejo a novas delimitações (possíveis, por exemplo, para as correntes "comunitárias" da teoria interna, embora não para os defensores dos limites intrínsecos e em abstrato). Ademais, o exemplo da obra de arte de Picasso parece confundir dois momentos distintos: por óbvio que a pintura de Picasso pode e deve ser considerada como exercício pleno da liberdade artística, mas ela em nada se comunica com o furto anterior da tela em causa – momento em que, de fato, discute-se se houve ou não exercício legítimo desse direito fundamental; a aposição posterior da pintura artística à tela por um autor de renome não valida por si só o furto, nem o insere de antemão na liberdade jusfundamental referida.

Além disso, e talvez ainda mais importante, há hipóteses em que essa alteração de circunstâncias fáticas sequer se faz necessária. Já se aludiu antes, por exemplo, a visões absolutamente contraditórias entre defensores da teoria interna, como no caso do exercício do ofício da prostituição, a colocar em dúvida o cerne da ideia de evidência.[354] Torna-se ainda demasiado difícil distinguir o que seria evidentemente excluído da proteção constitucional em situações reais um pouco menos caricaturais, como nas discussões acerca da proteção da conduta dos grafiteiros pela liberdade artística,[355] da proteção da eventual união civil entre pessoas do mesmo sexo, ou da proteção das condutas dos chamados "naturistas" – pessoas que por ideologia aboliram as vestes e andam nuas – pela liberdade de expressão ou, quem sabe, pela liberdade de reunião. Fica patente, em resumo, a baixa funcionalidade do modelo para casos menos extremos, a adicionar-se às demais dificuldades que atingem a proposta dos limites imanentes.

2.3. Conclusões preliminares

Em suma, é factível perceber que ambas as abordagens tipológicas – teorias interna e externa – apresentam debilidades, sendo mais ou menos problemáticas conforme o critério analítico em pauta. As visões híbridas, por seu turno, que em tese poderiam dirimir algumas dessas dificuldades – cada uma a seu modo e em pontos específicos –, também sofrem com aporias similares em uma espécie de efeito reverso: embora mais adequadas em determinados aspectos, reeditam problemas inerentes aos pressupostos mitigadamente assumidos.[356]

Por ora, e considerando nunca ter sido o escopo da presente dissertação uma espécie de escolha pela abordagem aparentemente mais qualificada, valendo a contraposição fundamentalmente como repertório de argumentos no âmbito da temática estudada, parece razoável apontar, apenas, uma breve constatação prática: trata-se da inafastabilidade, no contexto atual de positivação e judicialização dos direitos fundamentais e no presente estágio de desenvolvimento das democracias constitucionais,

---

[354] Cf. novamente J. Reis Novais, *ibidem*, p. 419 [n. 738], em que o autor aponta a frontal discordância entre F. Müller e I.de Otto y Pardo a respeito da inclusão/exclusão desse mister no suporte fático da liberdade laboral.

[355] Exemplo colhido de J. Reis Novais, *ibidem*, p. 436-437.

[356] Na economia do presente trabalho, faremos apenas essa indicação, sem desenvolver detalhadamente o argumento. Tal escolha se dá, basicamente, por dois motivos principais: (i) primeiro, por serem as propostas híbridas muito diferentes entre si, o exame demandaria a retomada de cada uma delas nos moldes anteriormente adiantados, parecendo ser a estratégia, para além de pouco factível, demasiado repetitiva; (ii) depois, e supondo correta a percepção de que elas carregam em si os problemas intrinsecamente relacionados a cada um dos pressupostos adotados, as críticas mobilizáveis já estão completamente expostas, bastando o cruzamento das premissas com as críticas cabíveis.

da utilização de ferramentas como a da ponderação, do sopesamento ou da regra da proporcionalidade, por serem mais consentâneas com a própria estrutura normativa dos direitos fundamentais e com as exigências de transparência e controle inerentes ao Estado Democrático de Direito. Parâmetros procedimentais que ordenem o trâmite jurídico-decisório contribuem de maneira relevante para o processo evolutivo de legitimação, auxiliando tanto na reconstrução e na compreensão teórico-jurídica dos fenômenos jurídicos reais quanto no incremento da qualidade da relação de poder posta.[357]

No que tange ao nosso objeto – os limites imanentes dos direitos fundamentais – e ao seu principal problema – a possibilidade de sua utilização oferecer maior funcionalidade e adequação à argumentação jurídico-decisória frente às exigências sociodemocráticas contemporâneas, conferindo-lhe ao menos mais um importante elemento de legitimidade –, é razoável propugnar, preliminarmente, um parecer negativo. Se de um lado há avanços principalmente sob o aspecto da simbologia jusfundamental, a atacar os eventuais excessos observados na proposta da teoria externa, sob a égide da factibilidade de sua mobilização dogmática e da controlabilidade de sua metódica o exame de seus resultados não permite uma defesa efusiva, cabendo ressalvas de relevo ou, até mesmo, a conclusão por seu afastamento.

Com Reis Novais, temos que a doutrina da limitação imanente pode efetivamente cumprir um papel de "cavalo de Tróia" infiltrado na fortaleza do sistema jusfundamental,[358] ao se apresentar dogmaticamente de uma forma ilusória que, na prática, não se afigura nem funcional nem operativa, acompanhada da deletéria "externalidade negativa" referente à sua controlabilidade. De carona em uma de suas conclusões, em resumo,

> Não se considera adequado – nem aceitável, do ponto de vista da controlabilidade racional da actividade dos poderes constituídos no domínio dos direitos fundamentais – chegar, de um lado, a uma enumeração abstracta, genérica, hierarquizável e estática dos bens ou interesses susceptíveis de funcionarem aprioristicamente como limites imanentes dos direitos fundamentais nem, por outro, e sobretudo, se considera possível fazer deduzir dessa pré-delimitação a possibilidade de discernir, de forma racional e intersubjetivamente controlável, quando se estaria perante uma mera concretização ou revelação desses limites pré-existentes ou já perante uma verdadeira restrição do conteúdo do direitos fundamental.[359]

---

[357] Nesse ponto seria possível adicionar ao debate, dentre inúmeros outros elementos de relevo, o aspecto da participação democrática efetiva que, todavia, não foi objeto desse texto.
[358] Cf. *ibidem*, p. 542.
[359] Cf. *ibidem*, p. 358-359.

Para se poder afirmar com certeza, porém, a dificuldade de aceitação da teoria em causa, é fundamental buscar dados da ocorrência real de alguns dos problemas adiantados. Para tanto, pois, faz-se vital um breve levantamento de indicativos jurisprudenciais ao menos alusivos ao que aqui se defende, em busca de um último aspecto justificativo.

2.4. Um falso debate?

Antes do desenvolvimento acima proposto, é relevante trabalhar sobre uma última contenda de mérito. Referimo-nos ao argumento de que a discussão do presente texto seria verdadeiramente estéril, meramente nominal, com base no exame de seus efeitos. Considerando-se, como certamente já se percebeu, que as duas abordagens básicas normalmente chegam a um mesmo resultado prático final, questiona-se (i) se a discussão é verdadeiramente relevante e, (ii) ainda que o seja, se ao final não perderia ela seu sentido, já que comprovada a indiferença da opção em termos conclusivos.

A crítica, mobilizada em certa medida por autores de renome e cujo poder de sedução e persuasão, assuma-se, de início nos encantou, atualmente não parece ser verdadeiramente cabível[360]. Sua aceitação pressupõe uma visão bastante restritiva, que enxerga como relevantes apenas os resultados finais alcançados. Esquece a condenação, por exemplo, que o iter argumentativo que os origina é também fundamental, podendo ser concebido ainda, em certa medida, como uma espécie de resultado-meio. E que esse, por sua vez, é capaz de se afigurar, até mesmo, como mais importante do que o próprio resultado-fim, visto que, uma vez aceito o trâmite pela comunidade jurídica, passa ele a ter o condão de oferecer legitimidade a uma série de soluções.

Quando o debate é visto sob esse ângulo, carregando em si a discussão acerca do procedimento decisório e, por consequência, de sua controlabilidade, longe de ser falsa a questão é bem real. Discuti-la é, assim, vital à teoria jurídica efetivamente preocupada com os resultados práticos a que leva. Trata-se, novamente, da qualidade da relação entre governante e governado na democracia, que não deve ser afastada por uma abordagem pragmático-funcionalista.

---

[360] Cf., a propósito, L. Virgilio Afonso da Silva, *O Conteúdo Essencial dos Direitos Fundamentais e a Eficácia das Normas Constitucionais (Tese)*, p. 204-206; M. Bacigalupo, *La Aplicación de la Doctrina de los "Limites Inmanentes" a los Derechos Fundamentales Sometidos a Reserva de Limitación Legal*, p. 314-315; por fim, aparentemente, J. Miranda, *Manual de Direito Constitucional (Tomo IV – Direitos Fundamentais)*, p. 336-337.

3. Os limites imanentes na jurisprudência constitucional

Uma das ideias amiúde adiantadas no presente trabalho é a de que a proposta da teoria interna e, em específico, daquela que se utiliza da ferramenta dos limites imanentes em quaisquer de suas visões, apresenta graves problemas de controlabilidade. Ao trabalhar de maneira apriorística com os limites e com a delimitação do direito em si, retiraria da esfera de verificação e questionamento os critérios de inclusão ou de exclusão de determinada conduta ou ocorrência do âmbito de proteção ou do suporte fático de determinado direito fundamental. Em analogia já utilizada, a estratégia poderia significar verdadeiro "cavalo de Tróia" na fortaleza dos direitos fundamentais.

Resta saber, no entanto, se essa percepção condiz efetivamente com a realidade decisória, comprovando-se a hipótese aventada. Para esse teste, recorre-se aqui a alguns casos exemplares trazidos pela doutrina de utilização da ideia de limites imanentes, no intuito de apresentar a dificuldade de tratamento homogêneo e a eventual fragilização que o modelo comporta para o sistema jusfundamental.

3.1. Ressalvas metodológicas

Antes, porém, de se dar início ao levantamento exemplificativo das decisões judiciais, cabe realizar importante ressalva no que diz respeito à chamada pesquisa de jurisprudência. Almeja-se deixar claro que o presente tópico não realiza e sequer pretende realizar verdadeiro exame jurisprudencial, recorrendo simplesmente a alguns casos exemplares no âmbito temático pertinente ao trabalho.

A advertência, que em um primeiro momento parece descabida, afigura-nos essencial para uma correta diferenciação frente ao modelo parecerista, anteriormente criticado, que legitima seus resultados acadêmicos a posteriori como se em uma peça processual de convencimento ao cliente ou ao juiz.[361] Tem-se a clareza de que um trabalho de jurisprudência efetivo é um mister de fôlego, que compreende a opção fundamentada por marcos temporais e materiais limitadores da pesquisa e que, uma vez adequadamente realizada, inclusive com eventual auxílio de ferramentas estatísticas, indica ao seu final as principais linhas de força de um tribunal ou de vários tribunais em determinada matéria – bem como seus supostos desvios e exceções. Decisões esparsas, embora importantes, não podem ser consideradas verdadeiramente como "jurisprudência", a sub-

---

[361] Cf. introdução, tópico 2.

sidiar determinado argumento doutrinário, embora seja esse o seu principal uso em grande parte da academia brasileira.

Um exame jurisprudencial não é tarefa simples nem tampouco rápida. Considerando, aliás, a opção pela não adoção de um ordenamento em específico, seria a mesma despropositada e infactível. Elege-se, desse modo, a simples indicação de casos exemplares, já colhidos pela doutrina aqui investigada, suficientes para o teste que se pretende.

Como último ponto a título de parênteses, faz-se premente breve referência à efetiva dificuldade de se realizar pesquisa jurisprudencial em seara constitucional, especificamente no caso brasileiro. Ainda que se houvesse optado por este caminho, é importante afirmar que não seria o mesmo plenamente realizável, sendo inúmeros os fatores que contribuem para essa afirmação.

Em tese de doutorado defendida na Universidade de São Paulo em 2004, Jean Paul Veiga da Rocha aponta quatro elementos bastante problemáticos para a realização de pesquisas desse porte:[362] (i) a descomunal quantidade de ações julgadas ou por julgar pelos Tribunais brasileiros, fruto das características do nosso próprio sistema de controle de constitucionalidade e de entraves processuais como a inexistência – ou a existência mitigada ou muito recente – de instrumentos para uma triagem de relevância das matérias;[363] (ii) a falta do instrumento do *stare decisis* e, por sua vez, a dificuldade de se falar em *leading cases*, aliado à falta de mecanismos fortes de uniformização de jurisprudência; (iii) as estratégias informais de decisão do Supremo Tribunal Federal brasileiro que, diante de questões de grande impacto político ou econômico, utiliza-se de outros meios que não a deliberação de mérito,[364] dificilmente acessíveis por pesquisas desse gênero; e (iv) os próprios problemas intertemporais da história constitucional brasileira, com nada menos do que sete constituições alternadas entre períodos de autoritarismo e democracia, inviabili-

---

[362] Cf. Jean Paul C. V. da Rocha, *A Capacidade Normativa de Conjuntura no Direito Econômico: o déficit democrático da regulação financeira*. Tese (Doutorado junto ao Departamento de Direito Econômico da Universidade de São Paulo) – Faculdade de Direito, Universidade de São Paulo, 2004, cap. III. Não se adentra, aqui, no mérito de eventuais propostas modificadoras do quadro adiantado.

[363] Nesse ponto, faz-se fundamental a referência aos esforços brasileiros no âmbito da chamada Reforma do Judiciário, lançado ao final de 2004 mediante a assinatura conjunta pela cúpula dos três poderes do Pacto de Estado em Favor de um Judiciário Mais Rápido e Republicano, composto por onze compromissos básicos. A reforma, operacionalizada essencialmente em três níveis – constitucional, infraconstitucional e administrativo –, já obteve importantes vitórias legislativas e de gestão em busca da celeridade processual e da ampliação do acesso à Justiça. Para visão completa do Pacto e de seus avanços, conferir a documentação existente no sítio eletrônico do Ministério da Justiça, em especial da Secretaria de Reforma do Judiciário e da Secretaria de Assuntos Legislativos, disponível [*on line*] em <www.mj.gov.br>.

[364] Fala-se aqui, por exemplo, da perda de objeto das ações por decurso de prazo "induzido", pelo falta de julgamento tempestivo.

zando a percepção de um coerente *iter* argumentativo de longo prazo e de suas mudanças.

Adicione-se ao rol, ainda, (v) as dificuldades na escolha dos critérios para a indexação dos julgados nos repertórios de jurisprudência, com relativa confusão entre *ratio decidendi* e *obiter dictum* – que por certo têm impacto importante nesse tipo de pesquisa –, e tem-se, finalmente, um quadro bastante complexo, quase a inviabilizar esse modelo de pesquisa no Brasil.

Sem negar a necessidade da redescoberta da verdadeira pesquisa jurisprudencial no âmbito da academia brasileira,[365] parece mais do que justificável a escolha por casos exemplares, fugindo-se, pois, dos imensos entraves inerentes a qualquer tipo de levantamento jurisprudencial que se queira crível ou, ao menos, confiável.

3.2. Os limites imanentes nos tribunais

No âmbito dos Tribunais Constitucionais, que por certo cumprem um papel de "refinamento dos direitos fundamentais",[366] os problemas da utilização das ferramentas de limitação imanente são densos e emblemáticos, já que, para além de toda a confusão nominal e terminológica presente em importante parcela jurisprudencial, a teoria acaba por servir, amiúde, de "cobertura" a decisões restritivas jusfundamentais tomadas pelo poder público.[367]

Alguns autores trazem em seus contributos, cada um seu contexto específico, pequeno levantamento jurisprudencial relacionado ao uso de pressupostos da teoria interna e, claro, dos limites imanentes dos direitos fundamentais, como Reis Novais, Casalta Nabais, Otto y Pardo, Gavara de Cara, M. Bacigalupo e Virgilio Afonso da Silva.[368] Discute-se, em ge-

---

[365] Pertinente adiantar que alguns esforços nesse sentido têm sido observados nos últimos anos, mesmo que ainda bastante centralizados no eixo da Sociologia do Direito. Como bom exemplo de pesquisa jurisprudencial de qualidade, veja-se o trabalho vencedor do 1º. Prêmio IPEA-Caixa de 2004, realizado por grupo de pesquisa liderado por Camila Duran Ferreira, sob a tutela do Prof. José Eduardo Faria, a respeito das políticas públicas de saúde – em especial a questão da distribuição de medicamentos a portadores do vírus HIV – no Judiciário do Estado de São Paulo.
Disponível *[on line]* em: <http://getinternet.ipea.gov.br/SobreIpea/40anos/estudantes/monografiacamila.doc> (acesso em 21.12.2007).

[366] Para ideia, cf. F. Alves Correia, *Os Direitos Fundamentais e a sua Protecção Jurisdicional Efectiva*, p. 68-69.

[367] Cf. J. Reis Novais, *As Restrições aos Direitos Fundamentais Não Expressamente Autorizadas pela Constituição*, p. 317-320 e p. 359-360. Também, para intermitência finalística da utilização do conceito de limites imanentes nos Tribunais espanhóis, cf. I. de Otto y Pardo, *Derechos Fundamentales y Constitución*, p. 107 e ss.

[368] Cf. J. Reis Novais, *ibidem*, p. 423 [n. 746], p. 445 [n. 771] e p. 528 e ss., em especial p. 532-533; J. Casalta Nabais, *Os Direitos Fundamentais na Jurisprudência do Tribunal Constitucional*, p. 81-85; e, do mesmo autor, para casos em que os impostos são vistos como verdadeiros limites imanentes a outros

ral, sua operacionalidade, com a identificação de eventuais problemas. O corte analítico não foge da percepção, aliás inerente à ferramenta utilizada, de seu uso enquanto estratégia de delimitação do suporte fático dos direitos.

Há casos, entretanto, de aprofundamento do exame crítico, com o apontamento de questões muito próximas à hipótese aqui trabalhada. É o caso, por exemplo, das análises de Reis Novais no âmbito da justiça portuguesa, que ao final permitem ao autor conclusões bastante enfáticas:

> Na primeira jurisprudência do nosso Tribunal Constitucional, encontramos exemplos claros dessa debilitação das garantias dos direitos fundamentais induzida pela utilização da doutrina dos limites imanentes, numa confirmação eloquente da *suspeita* de que esta doutrina é muito mais apta a funcionar como retórica de justificação que como critério de controlo efectivo das intervenções restritivas no domínio dos direitos fundamentais.
>
> (...) nessa fase, o Tribunal recorre à fórmula e à doutrina da imanência sempre que, e só quando, se orienta para a pronúncia ou decisão de não inconstitucionalidade da actuação do poder público.[369] (grifos do autor)

Para justificar sua interpretação bastante pessimista da utilização da doutrina da imanência em sede de jurisprudência portuguesa, principal-

---

direitos fundamentais e, pois, fora de controle –, *O Dever Fundamental de Pagar Impostos: contributo para a compreensão constitucional do estado fiscal contemporâneo*, p. 550 e ss.; L. Virgílio Afonso da Silva, *O Conteúdo Essencial dos Direitos Fundamentais e a Eficácia das Normas Constitucionais* (Tese), p. 144-161; M. Bacigalupo / F. Velasco Caballero, *'Limites Inmanentes' de los Derechos Fundamentales y Reserva de Ley*, p. 115-131; M. Bacigalupo, *La Aplicación de la Doctrina de los "Limites Inmanentes" a los Derechos Fundamentales Sometidos a Reserva de Limitación Legal*, p. 305 e ss.; J. C. Gavara de Cara, *Derechos Fundamentales e Desarrollo Legislativo: la garantía del contenido essencial de los derechos fundamentales em la ley fundamental de Bonn*, p. 171 e ss. e p. 281 e ss.; I. de Otto y Pardo, *Derechos Fundamentales y Constitución*, p. 107 e ss.

[369] Cf. J. Reis Novais, *As Restrições aos Direitos Fundamentais Não Expressamente Autorizadas pela Constituição*, p. 532-533. Continua o autor, em passagem que embora longa é fulcral ao argumento: "*trata-se, em geral, de uma jurisprudência que, por revelar uma superficialidade e decisionismo tão ostensivos, acaba por comprometer toda a força persuasiva que a coerência própria da* teoria interna *proporcionava à doutrina da imanência. (...) Como se viu, o Tribunal Constitucional tende a inverter esta lógica: verifica, previamente, se uma dada intervenção pública é razoável, justificada ou proporcional e, em caso afirmativo, se tal intervenção não estiver coberta por autorização constitucional expressa, considera-a legitimada pela pretensa existência de correspondentes limites imanentes dos direitos fundamentais. Só que uma tal lógica conduz o Tribunal a resultados e, sobretudo, a fundamentações, potencialmente arbitrárias. Mesmo quando a decisão é altamente controversa, mesmo se ela divide* a meio o colégio de juízes, *mesmo se a pretensa fronteira que é suposta excluir aquilo que não deve ser protegido pela Constituição é tudo menos evidente, o percurso argumentativo do Tribunal Constitucional passa a ser o seguinte: se a maioria dos juízes considera a* restrição *ajustada, o Tribunal proclama a existência do correspondente limite imanente do direito fundamental e, assim, salva a constitucionalidade da intervenção; em caso contrário, ou seja, se a sensibilidade da maioria dos juízes se manifesta contrária à intervenção, o Tribunal proclama a violação do direito fundamental, mesmo se outros tantos limites imanentes pudessem ser invocados para a justificar. A doutrina da imanência fica reduzida à dimensão de pura retórica*". (grifos do autor, *cit.*, p. 536). A ideia de primeira jurisprudência no âmbito da utilização da doutrina da imanência, por fim, diz respeito aos julgados da década de 80, em que se *"usa e abusa dos 'limites imanentes' como saída de serviço para qualquer questão mais complexa de direitos fundamentais"*. (grifos do autor, *cit.*, p. 532 [n.973]); tal linha de força teria sofrido alterações a partir da década seguinte, embora sem consistência efetiva (o ponto de viragem teria sido, a propósito, o Acórdão no. 289/92, *in Acórdãos*, 23º. vol., p. 28 e ss.).

mente se em causa as decisões da década de 1980, vale-se o autor de uma robusta plêiade de julgados, sendo os Acórdãos no. 7/87 e 103/87, porventura, os mais típicos.[370] Chama a atenção, todavia, para decisões atuais esparsas que muito esporadicamente retomam a imanência no sentido consoante ao acima exposto, qual seja, a justificação retórica de posicionamentos prévios, o afastamento da necessidade de preenchimento de requisitos formais inerentes às restrições expressamente autorizadas e a falta de mobilização critérios que permitam a controlabilidade racional da argumentação decisória.

Exemplar, nesse sentido, o Acórdão n° 194/99, em que limitações ao *jus edificandi* baseadas em exigências de preservação ambiental foram consideradas como "dispensadas de preenchimento dos requisitos formais exigidos às restrições de direitos fundamentais, na medida em que aquelas necessidades constituiriam limites imanentes ao direito de propriedade"; assim, "as medidas restritivas que se concretizavam seriam não restrições, mas condicionamento concreto do direito fundamental enquanto pressuposto ou condição de seu exercício adequado".[371]

Como novo exemplo ter-se-ia o Acórdão n° 425/87, que versou sobre a constitucionalidade de norma que impede o locador de retomar sua habitação para uso próprio se o inquilino lá o estiver por 20 anos ou mais.[372] No caso, o Tribunal Constitucional optou pela constitucionalidade da previsão legal, mas em sede justificativa recorreu à teoria da imanência, apontando ser um "limite imanente ao direito de propriedade" o direito à habitação que lhe é oposto.

Sem qualquer discussão de mérito acerca da decisão atacada, o ponto que aqui interessa é, por certo, a transformação de um típico caso de conflito jusfundamental – a exigir, sem sombra de dúvidas, a mobilização da regra da proporcionalidade – em exemplo de solução mediante a suposta "correta delimitação dos âmbitos de proteção dos direitos" característica da teoria interna. Questiona Reis Novais, demonstrando os problemas da ferramenta teórica escolhida para o caso:

---

[370] Cf. J. Reis Novais, *ibidem*, p. 423 [n. 746], p. 445 [n. 771] e p. 528 e ss., em especial p. 532-533; os acórdãos citados – o primeiro refere-se a questões relativas à segurança a e à ordem pública e o segundo, por sua vez, ao direito de representação ao Provedor de Justiça por parte dos agentes de segurança pública sem a necessidade de se esgotar a via hierárquica de reclamação – podem ser encontrados, respectivamente, em *Acórdãos*, 9°. Vol, p. 34, e *Acórdãos*, 9°. Vol, p. 132, não sendo possível encontrá-los em versão eletrônica no sítio do Tribunal Constitucional português. Para análise detalhada do último, cf. *cit.*, p. 536 e ss.

[371] Cf. J. Reis Novais, *As Restrições aos Direitos Fundamentais Não Expressamente Autorizadas pela Constituição*, p. 532-533 [n. 983]. Acórdão disponível em *Acórdãos*, 43°. Vol., p. 173 e ss.; e também [*on line*] em <http://www.tribunalconstitucional.pt/tc/acordaos/19990194.html> (acesso em 22.01.2008).

[372] Cf. J. Reis Novais, *As Restrições aos Direitos Fundamentais Não Expressamente Autorizadas pela Constituição*, p. 538-539 [n. 983]. Acórdão disponível em *Acórdãos*, 10°. Vol, p. 451 e ss.

Mas como pretender que a reivindicação da casa pelo senhorio não beneficia da protecção de direito fundamental, no caso, do direito de propriedade, por facto do direito à habitação funcionar como limite imanente, quando é exactamente este mesmo direito, titulado agora pelo senhorio, que vem reforçar a pretensão originária que este tinha já baseado no seu direito de propriedade? Como defender que o direito à habitação tem a virtualidade de recortar e excluir de protecção jusfundamental faculdades ínsitas, à partida, no direito de propriedade, quando é o mesmo direito fundamental à habitação que é igualmente invocado como apoio da reivindicação da propriedade?[373]

Já no âmbito do Supremo Tribunal Federal brasileiro, onde a recorrência à ferramenta dos limites imanentes é, ao menos expressamente, bastante escassa,[374] também é factível encontrar alguns casos exemplares de suposta aplicação da teoria interna por ao menos um dos interessados e, pois, da exacerbação de algumas das suas dificuldades. Virgílio Afonso da Silva apresenta um pequeno leque de decisões em que, ao final, é possível apoiar o debate.

Para além do adiantado caso Ellwanger,[375] um dos casos mais emblemáticos trazidos pelo autor é, por certo, o caso da Ação Direta de Constitucionalidade no. 2566, de 2001, em que, ainda em âmbito liminar, discutiu-se se a vedação do "proselitismo de qualquer natureza" na programação das rádios comunitárias atingiria a liberdade de imprensa ou a liberdade de crença garantidas constitucionalmente.[376]

Embora não se possa afirmar que nos votos dos Ministros já haja explícita mobilização teoria interna, é interessante notar que esse tipo de argumentação chega, inequivocamente, aos Tribunais, e que, portanto, há de ser considerada. No caso em questão, a defesa da norma atacada pela Advocacia Geral da União baseia-se com clareza na defesa de um suporte fático restrito, na tentativa de se diferenciar "livre expressão" de "tentativa de conversão" e, assim, de se excluir a última conduta do suporte fático do direito. Os problemas daqui oriundos, como bem já se sabe, relacionam-se com os problemas intrínsecos a essa remissão à evidência e, fundamentalmente, à falta de clareza e de controlabilidade do critério que definiu estar tal conduta, à partida, excluída da proteção jusfundamental, ainda que *prima facie*.

---

[373] Cf. J. Reis Novais, *ibidem*, p. 538-539 [n. 983].

[374] Em verdade, com base em pesquisa livre de jurisprudência no sítio eletrônico do STF com a utilização do critério "limites imanentes" a resposta é, de fato, nula.

[375] Cf. cap. I, tópico 3.1.

[376] Cf. L. Virgilio Afonso da Silva, *O Conteúdo Essencial dos Direitos Fundamentais e a Eficácia das Normas Constitucionais (Tese)*, p. 145-153. Até o fechamento da dissertação, a decisão de mérito ainda não havia sido proferida. Cf., para andamento do caso,
<http://www.stf.gov.br/portal/processo/verProcessoAndamento.asp?numero=2566&classe=ADI-MC&codigoClasse=0&origem=JUR&recurso=0&tipoJulgamento=M> (acesso em 22.01.08).

Tópico conclusivo

Falar em legitimidade é, sem dúvida, percorrer um tortuoso caminho conceitual e terminológico. São incontáveis as possibilidades de abordagem aqui inseridas, bem como muito comuns as misceláneas argumentativas que permeiam os diferentes níveis de discurso. Como já se discutiu em outra oportunidade, é possível partir desde a tripla tipologia weberiana – carismática, tradicional e legal-racional –, passando por discussões relativas ao binômio direito/democracia – o que leva, obrigatoriamente, a debater conceitos como legitimidade democrática, *accountability*, legitimidade de origem e legitimidade de exercício, horizontal e vertical –, até se chegar a discussões mais afetas à filosofia político-jurídica como, por exemplo, as formas de legitimidade ou de legitimação a que aqui se qualifica de (i) técnica, (ii) procedimental e (iii) por resultados.[377]

Para o presente texto, a imagem de legitimidade utilizada tangencia alguns aspectos procedimentais, sem, todavia, cair em um "otimismo metodológico" exacerbado ou despolitizante.[378] Não se perde de vista, quanto ao elemento procedimental do processo jurídico-decisório, questões como (i) a sua insuficiência e (ii) a sua necessária dependência de uma teoria jurídica material, não cabendo ao procedimento em si mesmo fornecer respostas socialmente mais justas.

A ideia de procedimento enquanto elemento legitimador do trâmite decisório, a ser agregado a outros componentes de maior relevo, busca oferecer condições para que o debate pela hegemonia interpretativa em torno das questões jusfundamentais se dê de forma pública, aberta e con-

---

[377] A esse respeito há imensa bibliografia, sendo impossível apresentá-la com o rigor desejável. Como textos verdadeiramente básicos, que servem para mapear a questão, cf. N. Bobbio / N. Mateucci / G. Pasquino, *Dicionário de Política*, p. 90 e ss., 398-399 e 675-679; J. P. Galvão de Souza / C. L. Garcia / J. F. Teixeira de Carvalho, *Dicionário de Política*, p. 307 e ss ; P. Bonavides, *Ciência Política*, cap. VIII; e também J. E. Faria, *Poder e Legitimidade*, p. 58, para quem a última pode ser vista como *"o grau de aceitação dos sistemas políticos e dos ordenamentos jurídicos"*. Para debate acerca da legitimidade democrática dos Tribunais e Cortes Constitucionais cf., por todos, AAVV, *Legitimidade e Legitimação da Justiça Constitucional, passim*. Por fim, para desenvolvimento de nossa visão, cf. *O Desenho Jurídico-institucional do Estado Regulador: apontamentos sobre eficiência e legitimidade*, tópico 3.2.2.

[378] Cf. Introdução. Ainda para críticas à ideia de legitimação pelo procedimento, enquanto único elemento de legitimador do exercício de poder, cf. nosso *O Desenho Jurídico-institucional do Estado Regulador: apontamentos sobre eficiência e legitimidade*, tópico 3.2.2.

trolável. Um iter argumentativo racional – ou mais racional, se pensarmos em um espectro contínuo de propostas teóricas – permite a participação da comunidade jurídica e minimiza o exercício retórico a serviço da mera legitimação do poder vigente.

É sob esse viés que se pretendeu realizar a análise das diferentes propostas que reconstroem as atividades de limitação dos direitos fundamentais, e, de maneira mais próxima, das correntes que se utilizam da ferramenta dogmática dos limites imanentes. Após o amplo debate doutrinário apresentado, com breve passagem por alguns aspectos jurisprudenciais, parece razoável apontar que a estratégia pode significar, a depender de seu modo de utilização, verdadeiro retrocesso frente a esse objetivo.

Ao menos sob a ótica que ao longo da pesquisa foi consolidada, e em que pesem suas eventuais vantagens de consistência lógica e simbolismo, é presumível aceitar a ideia de que a mobilização dos limites imanentes dos direitos fundamentais traz consigo grande carga de redução de parâmetros de controle argumentativo, podendo gerar efeitos deletérios à garantia dos direitos fundamentais. Se se acredita em um Estado Democrático de Direito baseado verdadeiramente em seus dois pilares, quais sejam, o direito e a democracia, e ainda que se saiba haver sobre eles uma forte divergência semântica que não cabe aqui ser desenvolvida, não se pode optar por um modelo que tendencialmente diminui a verificabilidade das decisões, sob pena de se desbalancear a já tensa relação entre ambos.

Coube a J. Habermas qualificar o debate acerca dos limites imanentes dos direitos fundamentais como verdadeira "discussão complexa",[379] em que inúmeros elementos teóricos e dogmáticos se cruzam em uma terminologia bastante díspar e heterogênea. Não é razoável, portanto, almejar uma pretensiosa solução ou uma análise definitiva do problema.

O presente texto deve ser observado, pois, como mera tentativa de sistematização da questão, colocando em causa – ainda que em termos mais exploratórios do que propriamente definitivos – a consistência, a adequação, a funcionalidade e a operacionalidade da teoria dos limites imanentes. Vale, assim, mais o iter percorrido, a conformidade do modelo de pesquisa empregado e a coerência da exposição do que, propriamente, nosso ponto de chegada.

Deixa-se à análise crítica dos leitores, por certo mais abalizados, o juízo sobre nossas conclusões. Já em sede de linhas finais, espera-se que o contributo sirva, ao menos, para reacender o desejo do debate sobre as questões relativas aos direitos fundamentais – esse, sim, "imanente" a uma comunidade que se pretenda digna. O nosso, por certo, permanece vivo.

---

[379] Cf. *Direito e Democracia: entre faticidade e validade*, vol. I, p. 307 e ss.

Epílogo

Conforme exposto na nota de apresentação da presente obra, optou-se por não realizar alterações estruturais à proposta original do texto, mantendo-se quase intacta a linha conceitual que serviu à obtenção do grau de mestre em ciências jurídico-políticas pela Faculdade de Direito da Universidade de Coimbra. Entretanto, parece relevante trazer ao debate algumas das principais críticas mobilizadas pela banca e, principalmente, pelo arguente, o prof. da Universidade de Lisboa Dr. Jorge Reis Novais, com o intuito de clarear questões eventualmente pendentes.

De modo a facilitar o trabalho, e aqui sob a ótica do arguido, talvez seja possível agrupar os principais argumentos do debate em quatro feixes essenciais: (i) a falta de liberdade frente à matriz teórica de Robert Alexy; (ii) o problema do principal objeto em causa ao longo da dissertação; (iii) o problema da qualificação ou não da teoria dos princípios como verdadeira representante da teoria externa e, em dificuldade que lhe é subjacente, (iv) a categorização de determinadas teorias como "teorias híbridas".

Inicialmente cabe refutar a primeira crítica, qual seja, a da falta de liberdade frente à teoria de matriz alexyana a ensejar, quiçá, uma limitada mobilidade teórica por parte do autor. De fato, é verídica a percepção de que a evolução do texto em causa acaba por se aproximar, em grande medida, da teoria de R. Alexy; isso não significa, não obstante, sua aceitação inequívoca, a falta de análise crítica de suas propostas ou mesmo uma filiação doutrinária sem ressalvas.

A questão central relativa a essa caracterização parece estar, em verdade, na busca pela coerência conceitual do trabalho – o que significa dizer, em termos rasos, que se tentou a todo momento extrair das opções iniciais suas consequências quase que necessárias. Se se almejou congruência em termos teóricos, e considerando que a assunção de determinados pressupostos leva-nos inequivocamente a determinadas linhas de argumentação, parece claro que houve convergência com a teoria de matriz alexyana em suas definições iniciais, a condicionar, portanto, todo o restante da estrutura textual – o que não significa, reitere-se, concordância plena com sua teoria. Admitir o contrario significaria assumir espécie de sincretismo metodológico, que carrega em si grande ônus argumentativo, em escolha não condizente com as diretrizes definidas para esse trabalho.

Ainda nesse ponto, é importante adiantar outras asserções que parecem pertinentes. Primeiro, aponte-se que, embora seguida de perto, a teoria dos princípios de R. Alexy e seu desenvolvimento por parte de autores como M. Borowski e Virgílio Afonso da Silva não escaparam de ressalvas ao longo do trabalho – basta ver, por exemplo, crítica quanto à insuficiência de algumas respostas apresentadas no cap. III, tópico 2.1., ou a repisada dificuldade simbólica que a teoria alargada do suporte fático dos direitos fundamentais carrega em si. Ademais, é fulcral atentar para o fato de que a teoria de R. Alexy não se configurou como objeto central da dissertação, sendo utilizada, como explicitamente assumido, de maneira funcionalizada ao debate e à comparação com os principais aspectos da teoria interna. Significa dizer, em suma, que há uma série de criticas mobilizáveis que não apareceram no texto por não serem, efetivamente, relevantes ao debate específico que se almejou travar.

Em uma segunda linha argumentativa, Reis Novais constatou algo que parece coerente e, por que não, verdadeiro. É que embora o título original da dissertação e a sua própria introdução apontem para uma análise crítica da teoria dos limites imanentes (essencialmente do desenho apresentado por Vieira de Andrade), o mote central do trabalho acabou por se apoiar na atribuição de relevância dogmática à aposição de limites internos, intrínsecos ou apriorísticos aos direitos fundamentais, ou ainda, a depender aqui da assunção de determinada linha teórica, na própria noção de suporte fático restrito.

Nesse caso, embora se tenha optado pela criação de uma espécie de conceito "guarda-chuva" de limites imanentes, a congregar sob si grande parte ou mesmo a totalidade das estratégias teórico-argumentativas da teoria interna, o que esteve em causa não foi apenas e tão somente a teoria dos limites imanentes – que, em verdade, configura-se espécie –, mas sim todo o gênero de limitação interna que diferentes correntes almejam defender. De modo que, em resumo, seria factível qualificar o texto como "os limites internos dos direitos fundamentais", ou ainda como "a (de)limitação dos direitos fundamentais", em homenagem à realidade da obra, o que de fato foi acatado para a presente publicação.

Em um terceiro eixo crítico, é possível perceber mais uma intensa divergência teórica do que, propriamente, um problema do texto em causa. Trata-se, inclusive, de divergência explicitamente assumida no cap. II, tópico 4.2. e seguintes, relacionada com a inclusão ou a exclusão da teoria dos princípios como pertencente à linha da teoria externa. Embora para nós, com apoio nos próprios autores de matriz alexyana, essa inclusão seja bastante defensável em termos metodológicos, ao arguente isso de fato não seria possível – a teoria dos princípios afastar-se-ia tanto das demais linhas da teoria externa que, em verdade, só seria qualificável como um terceiro e novo eixo. Considerado exposto o debate, cabe ao leitor retirar suas conclusões.

Todavia, e em ponto que realmente nos chamou a atenção, questionou Reis Novais se a teoria de R. Alexy efetivamente seguiria o esquema teórico-explicativo bifásico comum a todas as propostas do pensamento de intervenção e limites, qual seja, a de que primeiro existe o direito e depois, somente a posteriori, sua intervenção, ou se sua acepção radicalmente ampliativa do suporte fáticos dos direitos – e a consequente percepção de quase toda intervenção como restritiva – não acabaria, realmente, por caracterizar seu modelo como um desenho de "turno único": bastaria sempre e somente analisar a constitucionalidade da intervenção, não havendo, efetivamente, dois momentos lógicos diferenciados (o primeiro seria absolutamente irrelevante). Em que pese a clara diferenciação entre direitos *prima facie* e direitos definitivos, parece ser o ponto importante o suficiente para novas reflexões.

Por fim, e em questão intrinsecamente relacionada com a querela acima, parece fundamental analisar importante percepção do arguente relativa ao critério de eleição entre o que seria "teoria externa" e o que se qualificaria como "teoria híbrida". É que como grande parte dos autores que mobilizamos em prol da teoria externa são, de fato, tributários da matriz alexyana – e ainda que se supere a questão da inclusão/exclusão da teoria dos princípios enquanto pertencente à linha da teoria externa –, teria havido verdadeira "eleição" de determinada linha argumentativa como a efetiva representante da teoria externa, levando-nos a qualificar todas as demais propostas, apressadamente, como "teorias híbridas".

Cremos que aqui há, possivelmente, uma correção e dois equívocos. Um deles, e por certo menos importante, é o de a crítica não ter considerado as demais correntes da teoria externa expostas ao longo do trabalho; chegamos inclusive a apontar uma distinção entre teorias externas ditas "puras" e a teoria dos princípios de R. Alexy (embora sem a devida mobilização de seus autores, frise-se), de modo a consolidar a existência de outras linhas argumentativas inseridas nessa corrente. Outro equívoco, talvez mais relevante, seja o de não se perceber que o caráter "híbrido" neutramente atribuído só faz sentido se aceitas todas as premissas do presente trabalho, essencialmente os critérios utilizados para distinguir limites e restrições e suas necessárias consequências: as teorias expostas como híbridas são assim consideráveis se, e somente se, claramente inseridas nos termos conceituais aqui adotados – não significa, portanto, serem inerentemente híbridas, ou que não possam representar uma importante linha da teoria externa.

Por outro lado, um elemento desse ponto da arguição pareceu bastante coerente. É que se de fato mobilizamos a teoria externa baseados essencialmente em autores de matriz alexyana, e considerando que as teorias aqui ditas "híbridas" podem apresentar características comuns entre si ou com as demais correntes da teoria externa, não existe critério suficiente para afirmar quem é efetivamente híbrido e quem traz em si as características mais próxima de um "tipo ideal" de teoria externa. De modo que, sob essa ótica, seria possível inclusive termos optado pelo arranjo inverso: qualificar como "híbridas" as teorias de R. Alexy e de seus tributários, em detrimento das demais. Embora tal eleição ensejasse uma completa revisão de todos os pressupostos anteriormente mobilizados, é pertinente perceber que, em uma eventual nova construção textual, esse outro desenho seria plenamente concebível.

Em suma, cremos ter exposto algumas das principais linhas da discussão travada acerca do presente texto – as quais, por certo, não são nem serão as únicas ou as últimas. Espera-se contribuir ainda mais para um debate que, embora delineado em linhas prioritariamente teóricas, afigura-se essencial à coerência e à legitimidade das decisões jurídicas que pautam as democracias constitucionais contemporâneas, acentuadas a cada análise critica exposta a público.

Referências bibliográficas

AAVV. *Legitimidade e Legitimação da Justiça Constitucional*. Coimbra: Coimbra, 1995.
AGRA, Walber de Moura. A Legitimação Constitucional pelos Direitos Fundamentais. *Revista Brasileira de Estudos Constitucionais*, ano 1, n. 2, abr./jun. 2007, p. 127-152.
ALEXY, Robert. Epílogo a la Teoría de los Derechos Fundamentales. *Revista Española de Derecho Constitucional*, n. 66, sep./dic. 2002, p. 13-64.
——. Formation y Evolution de los Derechos Fundamentales. *Revista Española de Derecho Constitucional*, n. 25, enero/abr. 1989, p. 35-62.
——. La Institucionalización de los Derechos Humanos en el Estado Constitucional Democrático. Derechos y Liberdades – *Revista Del Instituto Bartolomé de las Casas*, n. 8, enero/jun. 2000, p. 21-41.
——. *Teoria da Argumentação Jurídica*: a teoria do discurso racional como teoria da justificação jurídica. 2ª ed. São Paulo: Landy, 2005.
——. *Teoría de los Derechos Fundamentales*. Madrid: Centro de Estudios Políticos y Constitucionales, 2002.
——. *Teoría del Discurso y Derechos Humanos*. Bogotá: Universidad Externado de Colombia, 1995.
AMUCHÁSTEGUI, Jesús Gonzáles. Los Limites de Los Derechos Fundamentales. In: BETEGÓN, Jerônimo *et al.* (org). *Constitución y Derechos Fundamentales*. Madrid: Centro de Estudios Políticos y Constitucionales, 2004, p. 437-472.
ANDRADE, José Carlos Vieira de. Os Direitos dos Consumidores como Direitos Fundamentais na Constituição Portuguesa de 1976. *Boletim da Faculdade de Direito da Universidade de Coimbra*, v. 78, 2002, p. 43-64.
——. *Os Direitos Fundamentais na Constituição Portuguesa de 1976*. 3ª ed. Coimbra: Almedina, 2004.
ÁVILA, Humberto Bergmann. A Distinção Entre Princípios e Regras e a Redefinição do Dever de Proporcionalidade. *Revista de Direito Administrativo*, v. 215, jan./mar. 1999, p. 151-179.
BACIGALUPO, Mariano. La Aplicacion de la Doctrina de los 'Limites Inmanentes' a los Derechos Fundamentales Sometidos a Reserva de Limitación Legal. *Revista Española de Derecho Constitucional*, n. 38, mayo/agosto 1993, p. 297-315.
——; CABALLERO, Francisco Velasco. 'Limites Inmanentes' de los Derechos Fundamentales y Reserva de Ley (Dos puntos de vista a propósito de la Sentencia de lo Contencioso Administrativo Del Tribunal Supremo de 15 de Julio de 1993). CIVITAS – *Revista Española de Derecho Administrativo*, n. 85, 1995, p. 115-131.
BARCELLOS, Ana Paula de. *A Eficácia Jurídica dos Princípios Constitucionais*: o princípio da dignidade da pessoa humana. Rio de Janeiro: Renovar, 2002.
——. *Ponderação, Racionalidade e Atividade Jurisdicional*. Rio de Janeiro: Renovar, 2005.
BARROS, Suzana de Toledo. *O Princípio da Proporcionalidade e o Controle de Constitucionalidade das Leis Restritivas de Direitos Fundamentais*. Brasília: Brasília Jurídica, 1996.
BARROSO, Luís Roberto. *O Direito Constitucional e a Efetividade de Suas Normas*: limites e possibilidades da Constituição brasileira. 8ª. ed. atualizada. Rio de Janeiro: Renovar, 2006.
BASTOS, Celso; BRITTO, Carlos Ayres. *Interpretação e Aplicabilidade das Normas Constitucionais*. São Paulo: Saraiva, 1982.

BAQUER, Lorenzo Martín-Retortillo; OTTO y PARDO, Ignácio. *Derechos Fundamentales y Constitución*. Madrid: Civitas, 1988.

BOBBIO, Norberto, MATTEUCCI, Nicola, PASQUINO, Gianfranco. *Dicionário de Política*. 7ª ed. Brasília: UNB, 1995.

BONAVIDES, Paulo. *Ciência Política*. 11ª ed. São Paulo: Malheiros, 2005.

BOROWSKI, Martin. La Restricción de los Derechos Fundamentales. *Revista Española de Derecho Constitucional*, n. 59, mayo/agosto 2000, p. 29-56.

BRANDÃO, Rodrigo. Emendas Constitucionais e Restrições aos Direitos Fundamentais. *Revista Brasileira de Direito Público*, ano 5, n. 17, abr./jun. 2007, p. 7-47.

BUSTAMANTE, Thomas. Princípios, Regras e a Fórmula de Ponderação de Alexy: um modelo funcional para a argumentação jurídica? *Revista de Direito Constitucional e Internacional*, n. 54, jan./mar. 2006, p. 76-107.

——. Sobre o Conceito de Norma e a Função dos Enunciados Empíricos na Argumentação Jurídica Segundo Friedrich Müller e Robert Alexy. *Revista de Direito Constitucional e Internacional*, n. 43, jan./jun. 2003, p. 98-109.

CANARIS, Claus-Wilhelm. *Direitos Fundamentais e Direito Privado*. Coimbra: Almedina, 2006.

CANAS, Vitalino. O Princípio da Proibição do Excesso na Constituição: arqueologia e aplicações. In: MIRANDA, Jorge (org), *Perspectivas Constitucionais nos 20 Anos da Constituição de 1976*. V. 2. Coimbra: Coimbra, 1997, p. 323-357.

——. Proporcionalidade. In: AAVV, *Dicionário Jurídico da Administração Pública*. V. VI. Lisboa: s/ ed, 1994, p. 591-649.

CANOTILHO, José Joaquim Gomes. *Direito Constitucional e Teoria da Constituição*. 7ª ed. Coimbra: Almedina, 2003.

——. 'Discurso Moral' ou 'Discurso Constitucional', 'Reserva de Lei' ou 'Reserva de Governo'? *Boletim da Faculdade de Direito da Universidade de Coimbra*, v. 69, 1993, p. 699-717.

——. Dogmática de Direitos Fundamentais e Direito Privado. In SARLET, Ingo Wolfgang (org), *Constituição, Direitos Fundamentais e Direito Privado*. 2ª ed. Porto Alegre: Livraria do Advogado, 2006, p. 341-359.

——. Método de Interpretação de Normas Constitucionais. Peregrinação Constitucionalista em Torno de um Prefácio de Manuel de Andrade à Obra 'Interpretação e Aplicação das Leis' de Francesco Ferrara. *Boletim da Faculdade de Direito da Universidade de Coimbra*, v. 77, 2001, p. 883-899.

——. Metodologia 'Fuzzy' e 'Camaleões Normativos' na Problemática Actual dos Direitos Econômicos, Sociais e Culturais. In CANOTILHO, José Joaquim Gomes, *Estudos Sobre Direitos Fundamentais*. Coimbra: Coimbra, 2004, p. 97-114.

——. Tomemos a Sério os Direitos Econômicos, Sociais e Culturais. In CANOTILHO, José Joaquim Gomes, *Estudos Sobre Direitos Fundamentais*. Coimbra: Coimbra, 2004, p. 35-68.

——. Tópicos de um Curso de Mestrado Sobre Direitos Fundamentais, Procedimento, Processo e Organização. *Boletim da Faculdade de Direito da Universidade de Coimbra*, v. 66, 1990, p. 151-201.

——; MOREIRA, Vital. *Constituição da República Portuguesa Anotada*. Vol. I. 4ª ed. Coimbra: Coimbra, 2007.

CLÈVE, Clémerson Merlin. A Eficácia dos Direitos Fundamentais Sociais. *Revista de Direito Constitucional e Internacional*, n. 54, jan./mar. 2006, p. 28-39.

COELHO, Inocêncio Mártires. *Interpretação Constitucional*. 3ª ed. São Paulo: Saraiva, 2007.

COMPARATO, Fábio Konder. *A Afirmação Histórica dos Direitos Humanos*. 3ª ed. São Paulo: Saraiva, 2003.

——. Ensaio Sobre o Juízo de Constitucionalidade de Políticas Públicas. *Revista dos Tribunais*, s/l, v. 737, 1997, p. 11-22.

——. Reflexões Sobre o Método do Ensino Jurídico. *Revista da Faculdade de Direito da Universidade de São Paulo*, v. 74, 1979, p. 119-138.

CORDEIRO, António Manuel da Rocha e Menezes. *Da Boa Fé no Direito Civil*. Coimbra: Almedina, 2007.

——. *Tratado de Direito Civil Português*. V. I (Parte Geral). Tomo IV. Coimbra: Almedina, 2007.

CÓRDOVA, Luis Fernando Castillo. ¿Existen los Llamados Conflictos entre Derechos Fundamentales? Cuadernos Constitucionales – *Revista Mexicana de Derechos Fundamentales*, n. 12, enero/jun. 2005, p. 99-129.

CORREIA, Fernando Alves. Os Direitos Fundamentais e a sua Protecção Jurisdicional Efectiva. *Boletim da Faculdade de Direito da Universidade de Coimbra*, v. 79, 2003, p. 63-96.

DIAS, Eduardo Rocha. *Os Limites às Restrições de Direitos Fundamentais na Constituição Brasileira de 1988*. Disponível [on line] em <https://redeagu.agu.gov.br/UnidadesAGU/CEAGU/revista/Ano_V_novembro_2005/eduardo_limites.pdf>. (acesso em 27.08.2007)

DIÉZ-PICAZO, Luis María. *Sistema de Derechos Fundamentales*. 2ª. ed. Madrid: Thomson / Civitas, 2005. cap. IV.

DINIZ, Maria Helena. *Norma Constitucional e Seus Efeitos*. 2ª ed. São Paulo: Saraiva, 1992.

DWORKIN, Ronald. Is Law a System of Rules? In DWORKIN, Ronald (ed.), *Philosophy of Law*. 6ª ed. Oxford / Hong Kong: Oxford University Press, 1991, p. 38-69.

——. *Levando os Direitos a Sério*. São Paulo: Martins Fontes, 2002.

ECHAVARRIA, Juan José Solozabal. Algunas Cuestiones Básicas de la Teoria de los Derechos Fundamentales. *Revista de Estudios Políticos* (Nueva Era), n. 71, enero-mar. 1991, p. 87-109.

FARIA, José Eduardo. O Modelo Liberal de Direito e Estado. In: FARIA, José Eduardo (org). *Direito e Justiça*. São Paulo: Ática, 1989, p. 19-35.

——. *Poder e Legitimidade*. São Paulo: Perspectiva, 1978.

FERRAZ JUNIOR, Tércio Sampaio. *Introdução ao Estudo do Direito: técnica*, decisão, dominação. 2ª ed. São Paulo: Atlas, 1994.

FERREIRA, Camila Duran et alli. O Judiciário e as Políticas Públicas de Saúde no Brasil: o caso AIDS. (Monografia vencedora do 1º Prêmio IPEA-Caixa, tema "Desafios das Políticas Públicas no Brasil", categoria estudante, em 2004). Disponível [on line] em: <http://getinternet.ipea.gov.br/SobreIpea/40anos/estudantes/monografiacamila.doc> (acesso em 21.12.2007)

FERREIRA FILHO, Manoel Gonçalves. *Direitos Humanos Fundamentais*. 4ª ed. São Paulo: Saraiva, 2000.

FREIRE Jr, Amérido Bedê. Restrição a Direitos Fundamentais: a questão da interceptação de e-mail e a reserva de jurisdição. *Revista de Informação Legislativa*, n. 171, jul./set. 2006, p. 55-62.

FREITAS, Luiz Fernando Calil de. *Direitos Fundamentais*: limites e restrições. Porto Alegre: Livraria do Advogado, 2007.

GAVARA DE CARA, Juan Carlos. *Derechos Fundamentales e Desarrollo Legislativo*: la garantía del contenido essencial de los derechos fundamentales em la ley fundamental de Bonn. Madrid: Centro de Estudios Constitucionales, 1994.

GOUVEIA, Jorge Bacelar. *Manual de Direito Constitucional*. 2ª ed. Coimbra: Almedina, 2007, 2 v.

——. Regulação e Limites dos Direitos Fundamentais. In: AAVV, *Dicionário Jurídico da Administração Pública*. 2º suplemento. Lisboa: s/ ed, 2001, p. 450-472.

GRAU, Eros Roberto. Despesa Pública – Conflito Entre Princípios e Eficácia das Regras Jurídicas – O Princípio da Sujeição da Administração às Decisões do Poder Judiciário e o Princípio da Legalidade da Despesa Pública. *Revista Trimestral de Direito Público* – RTDP, n. 2, 1993, p. 130-148.

GUERRA FILHO, Willis Santiago. Notas em Torno ao Princípio da Proporcionalidade. In MIRANDA, Jorge (org), *Perspectivas Constitucionais nos 20 Anos da Constituição de 1976*. V. 1. Coimbra: Coimbra, 1996, p. 249-261.

HABËRLE, Peter. *La Libertad Fundamental en el Estado Fundamental*. Granada: Editorial Colmares, 2003.

HABERMAS, Jürgen. *Direito e Democracia*: entre facticidade e validade. Vol. I. Rio de Janeiro: Tempo Brasileiro, 1997.

HESSE, Konrad. *Elementos de Direito Constitucional da República Federal da Alemanha*. Porto Alegre: Sérgio Antônio Fabris, 1998.

KAUFMANN, Arthur; HASSEMER, Winfried (org.). *Introdução à Filosofia do Direito e à Teoria do Direito Contemporâneas*. Lisboa: Calouste Gulbenkian, 2002.

KELSEN, Hans. *Teoria Pura do Direito*. 6ª ed. São Paulo: Martins Fontes, 1998.

KRELL, Andreas Joachim. *Direitos Sociais e Controle Judicial no Brasil e na Alemanha*: os (des)caminhos de um direito constitucional 'comparado'. Porto Alegre: Sergio Antonio Fabris Editor, 2002.

LOPES, Ana Maria D'ávila. Hierarquização dos Direitos Fundamentais. *Revista de Direito Constitucional e Internacional*, n. 34, jan./jun. 2001, p. 168-183.

LOUREIRO, João Carlos Simões Gonçalves. *Constituição e Biomedicina*: contributo para uma teoria dos deveres bioconstitucionais na esfera da genética humana. Tese (Doutoramento em ciências jurídico políticas) – Faculdade de Direito da Universidade de Coimbra, 2003.

──. O Direito à Identidade Genética do Ser Humano. *Boletim da Faculdade de Direito da Universidade de Coimbra – Studia Jurídica* n. 40, Colloquia n. 2, Portugal – Brasil Ano 2000, Coimbra, Coimbra, 1999, p. 263-389.

──. Os Genes do Nosso (Des)contentamento – dignidade da pessoa humana e genética: notas de um roteiro. *Boletim da Faculdade de Direito da Universidade de Coimbra*, vol. 72, Coimbra, Coimbra, 2001, p. 163-210.

LUÑO, Antonio Enrique Perez. *Derechos Humanos, Estado de Derecho y Constitución*. 7ª ed. Madrid: Tecnos, 2001.

LUQUE, Luis Aguiar de. Los Limites de los Derechos Fundamentales. *Revista Del Centro de Estudios Constitucionales*, n. 14, enero/abr. 1993, p. 9-34.

MACEDO Jr, Ronaldo Porto. O Método de Leitura Estrutural. *Cadernos Direito GV*, v. 4, n. 2, mar. 2007.

MACHADO, Jônatas E. M. Liberdade de Expressão: dimensões constitucionais da esfera pública no sistema social. *Boletim da Faculdade de Direito da Universidade de Coimbra – Studia Jurídica*, n. 65, 2002.

MARTÍNEZ, Gregório Peces-Barba. *Curso de Derechos Fundamentales*: teoria general. Madrid: Universidad Carlos III de Madrid / Boletín Oficial del Estado, 1999.

MARTÍNEZ-PUJALTE, Antonio-Luis. *La Garantía Del Contenido Esencial de los Derechos Fundamentales*. Madrid: Centro de Estudios Constitucionales, 1997.

MARTINS, Leonardo. Proporcionalidade como Critério de Controle de Constitucionalidade: problemas de sua recepção pelo direito e jurisdição constitucional brasileiros. *Cadernos de Direito*, v. 3, n. 5, UNIMEP, 2003, p. 15-45.

MELO, Sandro Nahmias. A Garantia do Conteúdo Essencial dos Direitos Fundamentais. *Revista de Direito Constitucional e Internacional – RDCI*, n. 43, jan./jun. 2003, p. 82-97.

MENDES, Conrado Hübner. Reforma do Estado e Agências Reguladoras: estabelecendo os parâmetros de discussão. In: SUNDFELD, Carlos Ari (org). *Direito Administrativo Econômico*. São Paulo: Malheiros, 2000, p. 99-139.

MENDES, Gilmar Ferreira. *Direitos Fundamentais e Controle de Constitucionalidade*. São Paulo: Celso Bastos, 1999.

──; COELHO, Inocêncio Mártires; BRANCO, Paulo Gustavo Gonet. *Curso de Direito Constitucional*. 2ª ed. São Paulo: Saraiva, 2008.

──; COELHO, Inocêncio Mártires; BRANCO, Paulo Gustavo Gonet. *Hermenêutica Constitucional e Direitos Fundamentais*. Brasília: Brasília Jurídica, 2002.

MIRANDA, Jorge. Direitos Fundamentais. In: AAVV, *Dicionário Jurídico da Administração Pública*. V. IV. Lisboa: s/ ed, 1991, p. 71-101.

──. *Manual de Direito Constitucional*. Tomo IV. 3ª ed. Coimbra: Coimbra, 2000.

MORAES, Alexandre de. *Direito Constitucional*. 20ª ed. São Paulo: Atlas, 2006.

MÜLLER, Friedrich. Concepções *Modernas e a Interpretação dos Direitos Humanos*. Cadernos do Ministério Público do Paraná, v. 2, n. 1, fev/1999, p. 39-46.

──. *Direito, Linguagem e Violência: elementos de uma teoria constitucional I*. Porto Alegre: Sergio Antonio Fabris Editor, 1995.

──. *Métodos de Trabalho do Direito Constitucional*. 3ª ed. Rio de Janeiro: Renovar, 2005.

──. Teoria Moderna e Interpretação dos Direitos Fundamentais, Especialmente com Base na Teoria Estruturante do Direito. *Anuário Iberoamericano de Justicia Constitucional*, n. 7, 2003, p. 315-327.

──. Tesis Acerca de la Estrutura de las Normas Juridicas. *Revista Española de Derecho Constitucional*, n. 27, sep./dic. 1989, p. 111-126.

NABAIS, José Casalta. *O Dever Fundamental de Pagar Impostos: contributo para a compreensão constitucional do estado fiscal contemporâneo*. Coimbra: Almedina, 1998.

——. Os Direitos Fundamentais na Jurisprudência do Tribunal Constitucional. *Boletim da Faculdade de Direito da Universidade de Coimbra*, v. 65, 1989, p. 6-120.

NEVES, António Castanheira. A Crise Actual da Filosofia do Direito no Contexto da Crise Global da Filosofia. *Boletim da Faculdade de Direito da Universidade de Coimbra – Studia Jurídica*, n. 72, Coimbra: Coimbra, 2003 (separata).

——. Método Jurídico. In: NEVES, António Castanheira. *Digesta*. v. 2. Coimbra: Coimbra, 1995, p. 283-336.

——. Metodologia Jurídica: problemas fundamentais. In: *Boletim da Faculdade de Direito da Universidade de Coimbra – Studia Jurídica* n. 1, Coimbra, Coimbra, 1993.

——. *O Direito Hoje e com que Sentido?* – o problema actual da autonomia do direito. Lisboa: Piaget, 2002.

——. *O Problema Actual do Direito*. – um curso de filosofia do direito. Coimbra / Lisboa: s/ed, 1997, p. 15-52.

NOBRE, Marcos. *Apontamentos Sobre a Pesquisa em Direito no Brasil*. Novos Estudos Cebrap, n. 66, 2003, p. 145-155.

—— et alli. *O que é Pesquisa em Direito?* São Paulo: Quartier Latin, 2005.

NOVAIS, Jorge Reis. *As Restrições aos Direitos Fundamentais não Expressamente Autorizadas pela Constituição*. Coimbra: Coimbra, 2003.

——. *Direitos Fundamentais: trunfos contra a maioria*. Coimbra: Coimbra, 2006.

PAULA, Felipe de. O Desenho Jurídico-institucional do Estado Regulador: apontamentos sobre eficiência e legitimidade. *Boletim de Direito Administrativo – BDA*, ano XXII, n. 12, dez. 2006, p. 1348-1371.

——. Terapia Gênica Humana: o desafio do direito frente a parâmetros de tempo e risco. *Revista Jurídica da Presidência da República*, v. 8, n. 83, fev./mar. 2007, p. 119-148.

PEIXOTO, Marco Aurélio Ventura. *Os Direitos Fundamentais e o Princípio da Legalidade*: uma compatibilização possível? Disponível [*on line*] em <https://redeagu.agu.gov.br/UnidadesAGU/CEAGU/revista/Ano_V_dezembro_2005/marco_aurelio_direitos_Fundamentais.pdf >. (acesso em 27.08.07).

PEREIRA, Jane Reis Gonçalves. *Interpretação Constitucional e Direitos Fundamentais*. Rio de Janeiro: Renovar, 2006.

PINHEIRO, Alexandre Souza. Restrições aos Direitos, Liberdades e Garantias. In: AAVV, *Dicionário Jurídico da Administração Pública*. V. VII. Lisboa: s/ed, 1996, p. 280-285.

QUEIROZ, Cristina M. M. *Direitos Fundamentais (teoria geral)*. Coimbra: Faculdade de Direito da Universidade do Porto / Coimbra, 2002.

ROCHA, Jean Paul Cabral Veiga da. *A Capacidade Normativa de Conjuntura no Direito Econômico*: o déficit democrático da regulação financeira. Tese (Doutorado junto ao Departamento de Direito Econômico da Universidade de São Paulo) – Faculdade de Direito, Universidade de São Paulo, 2004.

ROIG, Rafael de Asís. Sobre los Limites de los Derechos. Derechos y Liberdades – *Revista Del Instituto Bartolomé de las Casas*, n. 3, mayo/dic. 1994, p. 111-130.

RORIZ, Liliane. *Conflito entre Normas Constitucionais*. Rio de Janeiro: América Jurídica, 2002.

SANCHÍS, Luis Prieto. La Limitación de los Derechos Fundamentales y La Norma de Clausura Del Sistema de Liberdades. Derechos y Liberdades – *Revista Del Instituto Bartolomé de las Casas*, n. 8, enero/jun. 2000, p. 429-468.

SARLET, Ingo Wolfgang. *A Eficácia dos Direitos Fundamentais*. 8ª ed. Porto Alegre: Livraria do Advogado, 2007.

——. *Dignidade da Pessoa Humana e Direitos Fundamentais na Constituição Federal de 1988*. 6ª ed. Porto Alegre: Livraria do Advogado, 2008.

SILVA, José Afonso da. *Aplicabilidade das Normas Constitucionais*. 7ª ed. São Paulo: Malheiros, 2007.

——. *Curso de Direito Constitucional Positivo*. 19ª ed. São Paulo: Malheiros, 2001.

SILVA, Virgilio Afonso da. *A Constitucionalização do Direito*: os direitos fundamentais nas relações entre particulares. São Paulo: Malheiros, 2005.

——. A Evolução dos Direitos Fundamentais. *Revista Latino-Americana de Estudos Constitucionais*, v. 6, 2005, p. 541-558.

―――. Direitos Fundamentais e Relações Entre Particulares. *Revista Direito GV*, v. I, maio 2005, p. 173-180.

―――. Interpretação Constitucional e Sincretismo Metodológico. In: SILVA, Virgilio Afonso da (org). *Interpretação Constitucional*. São Paulo: Malheiros, 2005, p. 115-143.

―――. La Interpretación Conforme a la Constitución: entre la trivialidad y la Centralización Judicial. Cuadernos Constitucionales – *Revista Mexicana de Derechos Fundamentales*, n. 12, enero/junio 2005, p. 3-28.

―――. *O Conteúdo Essencial dos Direitos Fundamentais e a Eficácia das Normas Constitucionais*. Tese (Titularidade junto ao Departamento de Direito do Estado da Universidade de São Paulo) – Faculdade de Direito, Universidade de São Paulo, 2005. (publicada sob o título Direitos Fundamentais: conteúdo essencial, restrições e eficácia. São Paulo: Malheiros, 2009).

―――. O Conteúdo Essencial dos Direitos Fundamentais e a Eficácia das Normas Constitucionais. *Revista de Direito do Estado*, n. 4, out./dez. 2006, p. 23-51.

―――. O Proporcional e o Razoável. *Revista dos Tribunais*, n. 798, 2002, p. 23-50.

―――. Os Direitos Fundamentais e a Lei: a Constituição brasileira tem um sistema de reserva legal? In: SOUZA NETO, Cláudio Pereira de; SARMENTO, Daniel; BINENBOJM, Gustavo (org.). *Vinte Anos da Constituição Federal de 1988*. Rio de Janeiro: Lumen Juris, 2009, p. 605-620.

―――. Princípios e Regras: mitos e equívocos acerca de uma distinção. *Revista Latino-americana de Estudos Constitucionais*, n. 1, 2003, p. 607-630.

SOARES, Rogério Ehrhardt. O Conceito Ocidental de Constituição. *Boletim da Faculdade de Direito da Universidade de Macau*, n. 1, 1997, p. 11-20.

SOUZA, José Pedro Galvão de; GARCIA, Clóvis Lema; CARVALHO, José Frago Teixeira de. *Dicionário de Política*. São Paulo: T. A. Queiroz, 1998.

SUNDFELD, Carlos Ari (org). *Direito Administrativo Econômico*. São Paulo: Malheiros, 2000.

―――. *Direito Administrativo Ordenador*. São Paulo: Malheiros, 2003.

VASCONCELOS, Enéas Romero de. As Leis Restritivas de Direitos Fundamentais e as Cláusulas Pétreas. In: TORRENS, Haradja Leite; ALCOROFADO, Mario Sawatani Guedes(org.). *A Expansão do Direito*: estudos de direito constitucional e filosofia do direito em homenagem a Willis Santiago Guerra Filho. Rio de Janeiro: Lúmen Júris, 2004, p. 55-66.

VAZ, Manuel Afonso. Reserva de Lei. In: AAVV, *Dicionário Jurídico da Administração Pública*. 2º suplemento. Lisboa: s/ ed, 2001, p. 472-482.

VILLAAMIL, Oscar Alzaga; GUTIÉRREZ, Ignácio Gutiérrez; ZAPATA, Jorge Rodríguez. *Derecho Político Español* (según la Constitution de 1978). 2ª. ed. Vol. II. s/l: Editorial Centro de Estudios Ramón Aceres, 1998. cap. 9. p. 219-242.

VILLALON, Pedro Cruz. El Legislador de los Derechos Fundamentales. *Anuário de Derecho Público y Estudios Políticos*, n. 2, 1989/1990, p. 7-17.

―――. Formation y Evolution de los Derechos Fundamentales. *Revista Española de Derecho Constitucional*, n. 25, enero/abr. 1989, p. 35-62.

VILLAVERDE, Ignacio. Concepto, Contenido, Objeto y Limites de los Derechos Fundamentales. In: REYES, Manuel Aragon *et. al*. *La Democracia Constitucional*: estudios em homenaje al Profesor Francisco Rubio Llorente. Madrid: Congresso de los Diputados / Tribunal Constitucional / Universidad Complutense de Madrid / Fundación Ortega y Gasset / Centro de Estudios Políticos y Constitucionales, 2002, p. 317-363.

Sítios eletrônicos
(indicação dos sítios-base ou das páginas iniciais)

Advocacia-Geral da União
ww.agu.gov.br

Comissão de Direitos Humanos da Universidade de São Paulo
www.direitoshumanos.usp.br

Instituto de Pesquisas Econômicas e Aplicadas – IPEA
www.ipea.gov.br

Ministério da Justiça da República Federativa do Brasil
www.mj.gov.br

Supremo Tribunal Federal
www.stf.gov.br

Tribunal Constitucional Português
www.tribunalconstitucional.pt

Impressão:
Evangraf
Rua Waldomiro Schapke, 77 - P. Alegre, RS
Fone: (51) 3336.2466 - Fax: (51) 3336.0422
E-mail: evangraf.adm@terra.com.br